편지를 쓴 바오로

로마 헬레니즘 시대 편지의 특징과 기교

Paul the Letter – Writer
His World His Options His Skills
© 1995 by Jerome Murphy O'Connor, O.P.
All rights reserved.

Korean translation edition © 2018 Living with Scripture Publishers, Seoul, Korea.
The Korean edition trans. by Prof. C. H. Youm is published by arrangement with The Liturgical Press.

편지를 쓴 바오로

His World, His Options, His Skills

제롬 머피 오코너 지음 | 염철호 옮김

성서와함께

차례

시작하며   10

I. 편지 쓰기

1. 저자의 작업 도구들   15
2. 바오로는 비서를 활용했다   24
3. 1세기 비서들의 기교   28
   1) 받아쓰는 이   29
   2) 편집자   39
   3) 대리 저자   41
4. 공동 저자인 협력자들   44
   1) 테살로니카 1서와 2서   50
   2) 코린토 1서   52
   3) 코린토 2서   62

4) 다른 편지들	76
5) 공동 저작의 실제	80
5. 바오로의 문체?	82
6. 필기장을 사용한 이들과 교회 전승	86
7. 편지 발송	89

II. 편지 구성

1. 편지인가 서간인가?	101
2. 인사말	106
1) 발신자	107
2) 수신자	114
(1) 교회에 보낸 편지	116
(2) 교회 구성원들에게 보낸 편지	120
(3) 개인에게 보낸 편지	122
3) 시작 인사	124

3. 감사   128

  1) 그리스어로 된 파피루스 편지들   129

  2) 감사 양식   132

  3) 편지 몸말에 나오는 감사 단락   135

  4) 감사의 부재   138

  5) 도입부로서의 감사   142

4. 편지의 몸말   147

  1) 편지의 수사 분석   149

    (1) 수사술의 세 가지 유형   149

    (2) 바오로 편지들의 수사적 분류   156

    (3) 설득 연설의 구성 요소   161

    (4) 바오로의 편지에 적용된 수사적 도식   172

    (5) 수사적 도식의 오용   177

    (6) 주제 제안의 중요성   184

    (7) 교차 구조와 동심 구조   192

  2) 편지들의 서간적 분류   210

5. 결문	215
1) 마침 축복	218
2) 마침 인사	223
(1) 마침 인사의 위치	226
(2) 마침 인사의 출처	228
(3) 마침 인사의 수신자	232
(4) 입맞춤 인사	235
3) 평화 기원	237
4) 추신	239

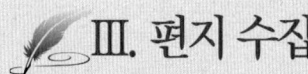 III. 편지 수집

1. 진화 이론	251
2. 빅뱅 이론	254
3. 바오로도 관여했는가?	259
4. 편지들의 순서와 길이	262
1) 편지들의 길이	263

   2) 편지들의 순서 266

5. 서간집 만들기 274

   1) 서간집 A 276

   2) 서간집 B 277

   3) 서간집 A와 B 280

   4) 서간집 C 281

약어 목록 284

참고 문헌 287

찾아보기 303

   고전문학 303

   신약성경 306

   주 제 310

역자 후기 316

시작하며

나는 앞서 출간된 책 《성 바오로의 코린토(*St. Paul's Corinth*)》에서 바오로가 18개월 동안 선교의 거점으로 삼아 활동했던 대도시 코린토에 관해 다루었다. 코린토 교회는 바오로에게 다른 어떤 교회보다 큰 어려움을 안긴 바 있다. 그 책에서 나는 헬레니즘과 로마 시대 사람들이 코린토의 구체적인 모습에 관해 쓴 자료들을 정리했는데, 이를 통해 코린토가 어떻게 운용되었으며 그 도시를 찾은 이들이 그곳을 어떻게 생각했는지를 볼 수 있었다. 본서는 그 책에서 작업한 바를 바오로 편지 전체로 확장한 것이다. 이 책에서 나는 바오로 편지들을 1세기라는 맥락 속에 배치하고 각 편지의 독특함을 부각시켜 바오로의 편지들이 지닌 본연의 모습을 좀 더 구체적으로 드러내고자 한다.

첫 번째 장에서는 1세기 무렵의 편지 작성 과정을 살펴볼 것인데, 편지를 쓰는 데 필요한 기본 재료들(펜, 잉크, 종이)과 편지를 실제로 써서 보내는 과정에 관해 다룰 것이다. 여기에는 바오로가 편지를 쓸 때 비서와 공동 저자를 이용했는지에 관한 논의도 포함된다. 이점과 관련해 바오로와 동시대의 자료를 가능한 한 많이 인용할 것이다.

두 번째 장에서는 히브리서를 제외한 모든 편지에 나타나는 편지의 형식적 특징에 집중할 것이다. 여기서는 편지 내용 자체가 아니라 편지의 내용이 어떻게 조직화되는지에 초점을 맞춘다. 바오로 편지들의 머리말과 맺음말을 공시적 관점에서 살펴보면 바오로가 당대의 서간 양식을 사용하고 있음이 드러난다. 하지만 이와 함께 우리는 바오로가 글을 쓸 때 지닌 마음 상태와, 바오로와 수신자들의 관계에 관해서도 관심을 기울일 것이다. 편지의 몸말은 수사 분석과 서간 분석이라는 관점에서 다룰 것이다. 동시에 현대에 발전한 이 두 접근법을 설명하고, 그 방법들이 지닌 장점과 단점도 평가할 것이다.

마지막 장에서는 바오로의 편지들이 어떻게 정경이 되었는지를 밝히면서, "바오로 사도가 넓은 지역에 흩어져 있던 여러 교회에 써 보낸 편지들이 어떻게 단일한 서간집을 형성하게 되었는가?"라는 질문에 답하고자 한다.

이 책은 몇 가지 학문적 논쟁점을 일부 다루지만, 분명 초보자를 위한 책이다. 바오로의 사상을 연구하는 일은 매우 어려워서 많은 사람이 쉽게 손대지 못한다. 하지만 겉으로 보기에 평범해 보이고 비본질적으로 보이는 요소들을 하나하나 살펴가다 보면, 바오로의 편지들도 정말 인간이 쓴 글로 보이기 시작할 것이다. 그렇게 되면 바오로 신학의 복잡성 때문에 흥미를 잃어버려 바오로의 편지 자체를 멀리하게 되는 일은 줄어들 것이다.

나는 이 책을 예루살렘 성서대학(École Biblique de Jérusalem)의 동료와 학생들에게 헌정한다. 이곳에서 나는 25년째 교편을 잡아 왔다. 진리 탐구의 동반자로 그들이 나에게 보여 준 관대한 협력은 언제나 나를 자극하고 지지하는 원천이 되었다. 어떤 말로도 이 고마움을 다 표현할 길이 없음을 잘 알고 있다. 특히 초고를 읽고 유익한 조언을 아끼지 않았던 안토니 워드(마리아의 작은 형제회)와 바올로 가루티(도미니코회)에게 크게 감사드린다. 이 책에 담긴 실수가 있다면 그것은 전적으로 내 책임이다.

제롬 머피 오코너
예루살렘 성서대학

I. 편지 쓰기

이 장에서는 바오로가 살고 활동하던 그리스 로마 세계의 편지 작성법과 발송 방식을 살펴보고자 한다. 이를 위해 먼저 당시에 편지를 쓰는 데 가장 필수적인 종이, 펜, 잉크가 어떻게 만들어졌는지를 살펴본 뒤, 편지 작성에 참여한 비서들의 권한과 그들이 어떻게 활용되었는지에 관해 살펴보겠다. 비서의 작업 속도와 능력은 저자의 문체와 작업 방식에 분명히 영향을 미쳤다. 하지만, 비서보다는 편지 주제를 결정하는 등 편지 작성에 많이 개입하는 공동 저자의 영향이 더 컸다. 각 절에서는 관련된 핵심 사항을 설명하고 그 예를 제시한 뒤, 이런 요소들이 바오로의 편지들을 이해하는 데 어떻게 연관되는지 밝힐 것이다.

1. 저자의 작업 도구들

키케로는 54년 7월 자기 동생 퀸투스의 편지에 다음과 같이 답장하였다.

> "이 편지에는 좋은 펜과 잘 섞어 놓은 잉크, 상아빛으로 윤이 나는 종이를 사용하려 한다. 최근에 내가 보낸 편지를 네가 거의 읽을 수 없을 정도였다고 써 보냈기 때문이야. 그런데, 그 때문에 네가 내 사랑하는 동생인가 하고 의심할 만한 이유는 전혀 없단다. 난 바쁘지도 않았고, 기분 나쁘지도 않았으며, 누구에게 화가 나서 그렇게 적은 것도 아니란다. 다만, 늘 손에 집히는 펜이라면 그게 마치 좋은 펜인 양 그것으로 글을 쓰는 습관이 있을 뿐이거든"(*QFr* 2:15b.1; Williams).

펜, 잉크, 종이는 글로 쓰이는 문서에 반드시 필요한 도구이다. 세 가지 가운데 어느 하나라도 없으면 글로 문서를 작성하는 것은 불가능하다. 그래서 종종 답장을 너무 늦게 보내는 이에게 부끄러움을 주려고, 또는 상대방이 좀 더 용이하게 답장할 수 있도록 돕기 위해 펜, 잉크, 종이를 선물로 보내곤 했다. 예를 들어, 테렌티아누스는 자기 누이 타수카리온에게 이렇게 답장하였다. "네가 건강한지 내게 글을 써 보낼 수 있도록 파피루스를 보냈단다"(*PMich* VIII, 481; White 1986, 177).

하지만 고대 저자들은 다소 원시적 형태의 펜, 잉크, 종이를 사용했기 때문에, 이런 도구들을 사용하려면 오늘날 저자들이 사용하는 도구보다 더 많은 도구가 있어야 했다. 다음에 소개하는 두 편의 시에는 능력 있는 서기관에게 필요한 도구 목록이 나열되어 있다.

> "오랜 노동 끝에 나이 들어 떨리는 굽뜬 손을
> 쉬게 하는 칼리메네스가 헤르메스께,
> 곧은 자를 똑바로 따라가며 능숙하게 그 자국을 남기는
> 납으로 된 원반을,
> 펜을 다듬는 데 사용하는 단단한 쇠를,
> 선이 비뚤거리지 않도록 이끌어 주는 자를,
> 오래 써서 펜촉의 두 이빨이 무뎌질 때
> 그것을 가는 데 쓰는 거친 표면의 돌을,
> 펜의 실수를 고쳐 주는,
> 바다 깊은 곳 트리톤의 침대인 해면을,
> 그리고 달필이 되는 데 필요한 모든 도구를 다 담을 수 있는
> 구멍이 많은 잉크통을 바칩니다."
>
> (*Greek Anthology* 6:65; Paton 1939)

"자국을 남기기 위해 검은 것으로 만들어진 원반,

선을 곧게 유지하는 관리인인 자,

흐르는 검은 잉크를 담는 그릇,

끝이 갈라졌고 잘 잘려 있는 펜,

닳아 버린 펜을 다시 벼려 주는 연마용 돌,

펜이 울퉁불퉁해져 버렸을 때 펜의 특성을 되살려 주는,

넓적하면서도 뾰족한 금속 창 모양의 펜 칼,

메네데무스는 늙어 눈이 침침해져 은퇴하면서

자신의 작업 도구들인 이것들을 헤르메스에게 바칩니다.

당신의 장인匠人을 돌보소서."

(Greek Anthology 6:63; Jay 1981)

두 편의 시에서 볼 수 있듯이 고대에는 갈대 펜(라틴어 calamus)이 일반적으로 사용되었던 것으로 보인다. 가장 초기의 금속 펜은 대략 기원후 3-4세기경의 것이고,[1] 새의 깃털로 만든 펜(라틴어 penna)은 기원후 7세기경에 가서야 비로소 언급된다.[2] 마르티알

---

1) 크리나고라스(기원전 70년-기원후 20년?)는 생일 선물과 함께 보낼 시를 다음과 같이 적은 바 있다. "새롭게 윤을 낸 펜대에 꽂혀 있는 이 은으로 된 펜촉 끝 부분은 두 갈래로 쉽게 나누어져서 매끄럽게 쓸 수 있기에 거침없이 글을 써 내려가 금세 종이를 가득 채울 수 있도록 만들어 줍니다"(Greek Anthology 6:227). 이 말 자체가 다소 과장되어 있기 때문에, 이것만으로 금속 펜이 사용되었는지 여부를 알 수는 없다.

2) "Feder", PW 6:2099-2100.

리스[3]는 펜을 만들기에 가장 좋은 갈대는 이집트 산이라고 보았다(*Natural History* 16:157; Rackham).[4]

> 펜 다발
> "멤피스 땅에서 나오는 갈대들이 글쓰기에 알맞다.
>   다른 습지에서 나는 갈대는
>   네 지붕을 엮는 데나 써라"(*Epigrams* 14:38; Ker).

대大 플리니우스는 이 점에 전적으로 동의하지는 않은 듯하다.

> "갈대들은 종이에 글을 쓰기 위한 펜으로 사용되는데, 특히 이집트산 갈대는 말하자면 파피루스와 유사한 성질을 지니고 있기에 펜으로 많이 사용되었다. 하지만 크니도스의 갈대와 아시아의 아네틱 호수 주변에서 자라는 갈대가 더 높게 평가받았다"(*Natural History* 16:157; Rackham).

---

3) 역주: 1세기 에스파냐 지방 출신의 로마 시인이다.
4) 크니도스는 오늘날 터키의 남서쪽 모서리에 돌출되어 있는 반도로, 로도스섬 맞은편에 위치해 있다. 아네틱 호수는 아르메니아 지역에 있는 호수로 유프라테스강 근처에 있다.

날카로운 칼은 갈대의 한쪽 끝을 잘라서 그 끝을 둘로 쪼개어 펜촉 모양을 만드는 데 사용했다. 펜촉 끝이 닳기 시작하면 삐져나오는 섬유질 털을 돌에 문대어 없앴다. 펜촉을 더 이상 사용하기 어려울 때가 되면 낡은 펜촉은 잘라 버리고 새 촉을 만들면 되었다. 하지만 모든 사람이 새 촉을 경제적으로 또 빠르게 만드는 기술을 가지지는 못했다.

빨간색 잉크는 대개 첫 글자 혹은 제목을 장식하는 데 사용했는데, 사해문서 가운데 민수기 사본(4QNum b)에서 그 예를 잘 볼 수 있다. 하지만 일반적으로 사용되는 잉크는 검은색이었다. 검은색 잉크의 가장 중요한 재료는 아궁이나 굴뚝 안에 남아 있는 숯 찌꺼기 곧 숯 검댕이었는데, 이것을 풀물에 녹여 금속 그릇이나 세라믹 그릇에 담아 잉크로 사용했다(Forbes 1955, 228). 사해문서가 만들어진 쿰란의 정착 마을에서는 구리나 진흙으로 만든 잉크통도 발견된 바 있다(de Vaux 1973, 29-30). 글을 쓰다가 실수하면 잉크가 마르기 전에 축축하게 적신 해면으로 글자를 지울 수 있었다. 해면은 글쓰기 작업이 끝난 뒤 펜을 깨끗이 닦는 데도 사용했다: "그가 크니도스산産 펜을 닦는 데 사용했던 해면"(Greek Anthology 6:295).

영어 단어 페이퍼(paper)는 그리스어 파피로스(πάπυρος)를 음역한 라틴어 파피루스(papyrus)에서 옛 프랑스어를 거쳐 차용된 단어로, 원래는 이집트 늪지나 홍수 기간 동안 나일강이 범람한 뒤에 남아 있던 낮은 물웅덩이에 자라던 식물 이름(*Cyperus papyrus*)이었다. 이 식물의 뿌리는 사람 팔뚝만큼 두꺼우며 삼면으로 되어 끝이 점점 얇아지면서 3-4미터 정도까지 자란다. 대 플리니우스는 자신의 저서 《박물지(*Natural History*)》 13:68-83에서 종이를 만드는 공정 중에 파피루스 줄기의 사용 과정을 상세히 언급하는데, 그 일부를 인용하면 다음과 같다.[5]

> "파피루스로 종이를 만드는 과정은 먼저 바늘로 그 껍질들을 가능한 한 얇고 넓게 벗겨 내는 일부터 시작된다. 종이 만들기에 가장 좋은 것은 식물의 가운데 부분이며, 거기서부터 벗겨 내는 순서대로 양질의 것으로 친다(§74).
>
> 모든 종이는 나일강 물에 풀을 섞어 적셔 놓은 판 위에서 파피루스 껍질을 엮어 만든다. 먼저, 벗겨 낸 파피루스 껍질들을 수직으로 판 위에 올리는데, 이때 양쪽 끝에 삐져나온 것은 잘라서 그 길이를 맞춘다. 이어 수평으로 파피루스 껍질을 놓아 격자 모양을 만든다. 마지막으로 그 껍질들을 눌

---

[5] 영문 번역은 본래 Loeb Classical Library에 나오는 Baukham의 번역을 가져온 것이다. 전체 본문은 Barrett(1987, 24-28)에서도 찾아볼 수 있다. (역주: 한글로는 흔히 《박물지》라 옮긴다)

러 붙인 뒤 태양 아래서 말린다. … 두루마리 하나를 만드는 데 사용되는 파피루스는 결코 20장을 넘지 않는다(§77).

종이를 붙일 때 일반적으로 사용하는 풀은 끓는 물에 좋은 밀가루를 풀어 잘 섞어 만든다. 목수가 쓰는 풀이나 점성 고무로 붙이면 너무 쉽게 깨져 버리기 때문이다. 풀을 만들 때 좀 더 세심하게 신경 써야 할 부분은 끓는 물에서 누룩 없는 빵 부스러기들을 걸러 내는 일이다. 이 방법으로 종이를 만들 때 이음매에는 풀을 최대한 적게 사용하는데, 이렇게 만들어지는 종이는 아마포보다도 부드럽다. 모든 풀은 정확히 하루를 묵힌 뒤에 사용해야 한다. 더 묵혀도 안 되고, 덜 묵혀도 안 된다. 이렇게 만들어진 종이를 나무 봉으로 얇게 두드린 다음 다시 그 위에 풀칠을 한 뒤 압력을 가해 구겨진 부분을 편 뒤 나무 봉으로 고르게 편다"(§82).

플리니우스에 따르면 종이를 만들 때 가장 기본적으로 요구되는 특징은 "좋은 재질, 견고함, 흰색, 부드러움이다"(§78). 플리니우스가 말하는 바에 따르면 이 특징의 차이로 인해 다양한 질의 종이가 생겨나는데, 종이의 질은 특히 종이의 길이와 밀접하게 연관된다. 가장 좋은 종이는 폭이 13로마 인치(현대의 9.75인치, 곧 24.7cm)였고, 클라우디우스 황제 때에는 종이의 길이가 표준화되어 폭이 12로마 인치(현대의 9인치, 곧 22.86cm)였다. 반면 질 낮은 종이는 폭이 9로마 인치(현대의 6.75인치, 곧 17cm)였다(§78). 오늘날과 비교해 보면 현재 미국에서 사용되는 표준 종이는 폭이 8.5인치(= 21.5cm)이고, 유럽의 A4 종이는 그보다 폭이 약간 좁다(현대의 8.25인치, 곧 21cm).

종이를 사용하려면 준비 작업을 거쳐야 하는데, 먼저 상아 조각이나 조개로 종이를 부드럽게 만들어야 했다. 플리니우스의 기록에 따르면, 이 작업은 매우 조심스럽게 이루어졌는데, 종이가 너무 번들거릴 정도로 부드러워지면 잉크가 제대로 스며들지 않기 때문이다(§81). 그래서 어떤 이들은 부석(浮石, pumice)을 더 즐겨 사용했다: "부드럽게 만드는 데 사용되는 그의 부석"(*Greek Anthology* 6:295; 참조 6:62). 종이를 부드럽게 한 뒤 다음 과정으로 둥근 납으로 테두리를 표시했는데, 테두리는 희미하지만 분명히 확인할 수 있도록 표시했다. 둥근 납은 줄을 긋는 데도 사용했으며 그 줄 위에 글을 썼다.[6]

앞서 인용한 플리니우스의 글에는 파피루스 종이를 합쳐 두루마리를 만드는 방법이 언급되어 있다. 이 외에도 대략 50장

---

6) 중심 줄 아래로 글을 쓰는 히브리어 수사본들의 경우는 그리스어 파피루스와는 반대가 된다. 이런 이유로 종종 히브리어 수사본 사진의 경우 위아래가 바뀌어서 인쇄되기도 한다.

정도의 종이를 쌓아 가운데를 접은 뒤, 끝 선에 따라 전체를 묶는 방식으로 서간집이나 제본 책자를 만들 수도 있었다. 이것은 "여러 겹의 양피지"로 책을 만드는 것보다 훨씬 쌌다(마르티알리스 14:184; 참조 14:185-192). 책을 만들 때에는 파피루스의 동일한 면이 서로 마주보는 방식으로 만들려고 노력했다. 곧, 파피루스의 양면 중 수직으로 줄기를 놓아 만든 면이 왼쪽에 오면, 오른쪽도 수직 줄기 면이 오게 만들었다. 그러다 보면 자연스럽게 다음 면은 수평 줄기 면이 나오게 되므로, 그다음 면은 다시금 수평 줄기 면이 오도록 만들었다.

현존하는 바오로 서간집 가운데 가장 오래된 것은 체스터 비티 파피루스(Chester Beatty Papyrus) p46이다. 200년경에 쓰인 것으로 보이는 이 파피루스는 파피루스 종이 52장을 책자 형식으로 묶은 것으로 총 104쪽이 남아 있고, 각 쪽은 24줄로 되어 있다. 안타깝게도 오늘날 p46 전체가 남아 있지 않다. 쪽 위에 쪽 숫자가 표기되어 있는데, 이를 통해 처음 7쪽과 함께 마지막 부분에도 그 정도의 분량이 소실되었음을 알 수 있다. 이 파피루스에는 티모테오 1·2서와 티토서를 제외한 바오로의 모든 편지가 담겨 있다(Finegan 1956, 92-93).

2. 바오로는 비서를 활용했다

바오로가 혼자서 또는 다른 이와 더불어 편지를 작성한 것은 분명하지만 자신이 직접 편지를 종이에 쓴 것은 아니었다. 고대의 편지 저자들은 대부분 전문적인 비서를 활용했는데, 바오로 사도 역시 예외는 아니었다(Eschlimann 1946, Bahr 1966, Richards 1991). 키케로는 자신이 비서에게 편지를 받아쓰게 한 경우 종종 이 사실을 편지 첫머리에 명백하게 언급했다.

> "내가 직접 쓰지 않은 편지를 자네가 읽은 적이 있다고 생각하지 않네"(*Att* 2:23.1; Winstedt).

> "비서의 손을 빌려 이 편지를 썼다는 분명한 사실 하나만 보더라도 내가 얼마나 바쁜지 알 수 있을 것이네"(*Att* 4:16.1; Winstedt).

> "진영으로 가는 길 도중에 마차에 앉아 있을 때, 이 편지를 받아쓰게 하였네"(*Att* 5:17.1; Winstedt).

바오로의 경우 이 점을 분명하게 언급하지는 않는다. 그러나 비서를 썼으리라는 사실 자체는 의문의 여지가 없다.

바오로가 로마서를 받아쓰게 한 비서는 자신의 존재를 편지에 명시적으로 써 넣었다. "이 편지를 받아쓴 저 테르티우스도 주님 안에서 여러분에게 인사합니다"(로마 16,22). 이 대목은 사도의 비서들 중 하나가 개인적으로 편지 내용에 개입해 자신이 누구인지를 밝힌 유일한 경우다. 테르티우스가 자유롭게 그런 식으로 말할 수 있었다는 점에서 그와 바오로의 관계를 엿볼 수 있다. 그는 이 편지를 작성하기 위해 직업적으로 고용된 인물이 아니어서, 그런 자유를 가졌을 것이다. 이렇게 본다면 테르티우스는 고용인이 아니라 바오로의 친구 또는 동료였을 것이다. 이와 관련해서 리처즈는 키케로도 자기 친구 아티쿠스의 비서에 관해 암시하고 있다는 점을 적절히 환기시켜 준다(Richards 1991, 170).

> "나는 알렉시스가 내게 자주 안부를 전한다는 점에 만족하네. 하지만 나의 알렉시스인 티로가 자네에게 그러는 것처럼, 그도 내 안부를 묻는 편지를 왜 자기 손으로 직접 써 보내지 않는가?"(*Att* 5:20.9; Winstedt)

신임이 두터운 비서인 경우 거의 주인의 인격이 확장된 존재로 볼 수 있다.

로마서 이외의 다른 편지들에서 바오로는 필적이 달라지는 데 유의하라고 알려 줌으로써 비서의 존재를 드러낸다. "이 인사말은 나 바오로가 직접[테 에메 케이리(τῇ ἐμῇ χειρί), "내 손으로"] 씁니다. 이것이 내 모든 편지의 표지입니다. 나는 이런 식으로 편지를 씁니다"(2테살 3,17). "보십시오. 내가 직접 이렇게 큰 글자로 여러분에게 씁니다"(갈라 6,11). "이 인사말은 나 바오로가 직접 씁니다"(1코린 16,21). "나 바오로가 이 말을 직접 씁니다"(필레 19). "이 인사말은 나 바오로가 직접 씁니다"(콜로 4,18). 리처즈는 고대에는 저자가 직접 쓴 것임을 언급하는 이러한 구절이 자신이 직접 쓴 단락의 시작 부분에 나타난다는 점에 주목한다(Bahr 1968을 반박한 것으로 Richards 1991, 173과 176-177). 그리고 갈라티아서와 필레몬서에 나타나는 아오리스트형 동사 '에그랍사(ἔγραψα)', 곧 "내가 썼다"라는 말이 편지 전체를 쓴 것을 뜻한다고 보는 몇몇 학자의 주장을 비판한다. 저자가 직접 쓴, 통상적으로 짧은 종결 단락은 저자가 편지의 마지막 내용을 검토했으며 그것에 책임을 진다는 것을 알려 주었다.

다른 편지들은 어떨까? 코린토 2서, 필리피서, 테살로니카 1서를 쓸 때에도 비서를 활용하였을까? 앞서 언급된 여섯 편지에서 찾아볼 수 있는 바오로의 습관을 보면 이때에도 비서가 활용되었다고 가정할 수 있다. 테살로니카 1서, 코린토 2서의 경우는 이와 관련해 매우 강한 논거를 발견할 수 있다.

리처즈는 다음 사실에 주목한다. ① 1테살 5,27-28의 내용이 2테살 3,17-18에서 바오로가 자신의 편지임을 보증하는 후기의 내용과 병행을 이룬다. ② 이 대목의 공식화된 표현("이것이 내 모든 편지의 표지입니다. 나는 이런 식으로 편지를 씁니다")은 바오로가 이전에도 이와 유사하게 편지를 적은 바가 있었음을 암시한다. ③ 게다가 테살로니카 1서의 대부분은 1인칭 복수로 쓰여 있지만, 편지의 마지막 부분에서는 1인칭 단수가 사용된다(1테살 5,27). 이 점을 바탕으로 테살로니카 1서의 저술에 비서의 도움이 있었을 것으로 보는 리처즈의 주장(1991, 189 n. 281)은 충분히 받아들일 만하다.

리처즈는 코린토 2서에 관해서도 동일한 방식으로 논거를 편다. 하지만 여기서 제시하는 논거는 그다지 설득력이 없다. 그는 2코린 10-13장을 본문 끝에 덧붙인 후기後記로 보나, 분명히 이 장들은 테살로니카 1·2서에 나오는 후기와 동일한 의미의 후기로 간주될 수 없다. 사실상 이 장들은 2코린 1-9장이라는 편지에 이어 붙여 놓은 독립된 편지이다(Murphy-O'Connor 1990, 50:2-3). 게다가 리처즈는 2코린 9,1에서 1인칭 복수가 1인칭 단수로 바뀌었다는 점(이 책 69-70쪽 참조), 2코린 9장과 갈라 6,11-18 사이에 병행이 나타난다는 점을 놓치고 있다. 나는 오히려 2코린 9장을 2코린 1-8장이 바오로 자신의 저술임을 확증해 주는 개인적 후기로 보아야 한다고 제안한다. 만약 나의 견해가 옳다면 2코린 1-8장은 비서가 쓴 것으로 볼 수 있다.

리처즈의 견해에 따르면, 필리피서와 관련해서 이야기할 수 있는 바는 전혀 없다. 그 이유는 필리피서가 본래 독립된 편지 세 통을 묶은 것이라는 그 서간의 특징과 관련된 듯 보인다. 내 견해로는(1966) 필리피서에 서간 세 통이 묶여 있다(서간 A: 1,3-3,1; 4,2-9; 서간 B: 3,2-4,1; 서간 C: 4,10-20). 편지 세 통이 모아질 때 일종의 편집 작업을 거치면서 친필 서명 부분들이 생략되었던 것 같다. 이는 바오로가 이 편지들을 썼다는 친저성親著性 자체가 큰 문제가 되지 않았기 때문에, 그리고/또는 서명 부분들의 내용 자체가 크게 중요하지 않았기 때문일 것이다.

바오로가 비서를 어떻게 고용했는지에 대한 질문에 답하려면 우선 다양한 가능성을 살펴보아야 한다. 1세기에 비서들은 어떻게 활용되었을까? 물론, 그 답은 비서들이 어느 정도 능력을 가지고 있었는지에 따라 각기 달라진다.

3. 1세기 비서들의 기교

앞서 리처즈가 제시한 증거들에 따르면 1세기 비서들은 각각 받아쓰는 이, 편집자, 대리 저자의 역할을 했음을 알 수 있다.

1) 받아쓰는 이

그리스 로마 세계에서 학교를 다니던 이들은 모두 받아쓰기를 통해 글 쓰는 법을 배우고 익혔다. 이 전통은 20세기 중반까지 많은 서방 교육체계의 일부로 남아 있었다. 그래서 교육받은 사람이면 누구나 다른 이가 천천히 말해 주는 것을 받아 적을 수 있었다. 키케로는 이렇게 말한 적이 있다. "나는 스핀타루스에게 한 음절 한 음절 받아쓰게 했다"(*Att* 13:25.3). 이것이 얼마나 느리고 힘겨운 일이었는지는 굳이 상상하지 않아도 충분히 알 수 있다. 퀸틸리아누스(기원후 약 35-95년)도 이 일이 얼마나 불편했는지에 관해 토로하고 있다.

> "만약 비서가 느린 필사자거나 지적 능력이 부족한 사람이라면, 그가 걸림돌이 되어 글 쓰는 속도에 지장을 준다. 그러면 속도가 지체되거나 어쩌면 그 때문에 감정을 조절하지 못해 생각의 흐름마저 끊기고 만다"(*Institutio Oratoria* 10:3.20; Butler).

바쁜 사람에게 받아쓰기 방법은 매우 효과적이었다. 하지만 비서가 철자를 하나씩 써 내려가는 동안 생겨날 수밖에 없는 시간의 빈틈을 다른 것으로 채울 수 있을 때만 그러하다. 율리우스

카이사르가 편지를 어떻게 받아쓰게 했는지를 살펴보면 받아쓰기 방법도 한 가지 좋은 선택 사항이 될 수 있음을 알 수 있다. 대 플리니우스는 율리우스 카이사르의 일하는 방식에 관해 다음과 같이 말한다.

> "그는 글을 쓰면서 글을 읽기도 하고 받아쓰게 하면서 동시에 이야기를 듣기도 하였다. 또한 중요한 용무를 보고 있을 때에는 편지 네 통을, 그리 바쁘지 않을 때에는 무려 편지 일곱 통을 동시에 받아쓰게 하기도 했다"(*Natural History* 7:91; Rackham).

카이사르는 분명히 좋은 기억력과 온전한 집중력을 가지고 있었기 때문에 이런 일이 가능했다. 하지만, 대부분의 사람은 그런 능력을 갖고 있지 않았다.

이 때문에 정상적인 말하기 속도에 따라 받아쓰는 데 꼭 필요한 속기법이 생겨날 수밖에 없었다. 학술 용어로는 '타키그라피'[*tachygraphy*: 빠르다는 의미의 타케이아(τάχεῖοα)와 글쓰기라는 뜻의 그라페(γραφή)에서 유래한 용어]라고 부르는데, '타키그라포스' 곧 '속기사'에 관한 최초의 증언은 6세기에 가서야 처음 나타난다(LSJ 1966, 1762a). 플루타르코스(기원후 약 46-120년)는 타키그라포스와 동의어인 '세메이오그라포스(σημειογράφος)', 곧 '기호 표기사'라는 용어를 사용한다(*Cato Minor* 23:5).

라틴어 속기가 1세기 중반에는 이미 확실하게 사용되었다. 63-64년에 쓴 편지에서, 세네카는 노예들이 고안해 낸 것들을 나열하면서 다음과 같이 말한다.

> "모든 단어마다 기호를 고안해 냈는데, 이것을 사용하면 아무리 빨리 이야기하더라도 손의 속도가 혀의 속도를 따라잡을 수 있어서(*celeritatem linguae manus sequitur*) 연설을 받아 적을 수 있게 해 줍니다"(*Ep* 90:25; Gummere).[7]

1세기 말엽 마르티알리스도 다음과 같이 말했다.

> "말이 빠르지만, 손은 더 빠릅니다. 혀가 멈추기도 전에 손놀림이 끝났습니다"(*Epigrams* 14:208).

퀸틸리아누스는 빠른 속기의 위험성을 강조하는데, 여기서 빠른 속기법이 광범위하게 보급되었음을 언급하고 있다.

---

7) 에우세비우스(*Chronica* 156)와 이시도르(*Etmologiae* 1:22.1.)에 따르면 해당하는 노예는 마르쿠스 툴리우스 티로였다. 그는 자유인으로 키케로의 비서이자 친구였다. 자세한 내용에 대해서는 Richards(31 n. 77)를 참조하라.

"저는 그런 부주의한 방식의 글쓰기를 비판해 왔습니다. 여기에서 받아쓰기의 호사스러움에 대한 내 생각이 분명하게 드러날 것입니다. 하지만 이런 글쓰기는 이제 매우 유행이 되어 버렸습니다. 사실 스스로 글을 쓸 때는 글쓰기 속도가 아무리 빠르다 해도 손은 결코 우리 사고의 속도를 따라갈 수 없기에 적어도 생각할 시간을 얻게 됩니다. 하지만 필사자가 있으면 우리는 다급해집니다. 그리고 간혹 우리는 머뭇거리거나 쉬거나 몇몇 부분을 바꾸는 데 부끄러움을 느낄 것입니다. 이는 증인 앞에서 자신의 부족함을 드러내기를 두려워하는 것과 마찬가지입니다. 그 결과 언어를 아무렇게 형태 없이 사용하게 되거나, 유창하게 말을 이어가고자 하는 열망에 사로잡혀 잘못된 받아 적기마저 슬쩍 넘어가게 될 것입니다. 이는 저자의 정확성도, 화자의 즉흥성도 나타내지 못하는 꼴입니다"(*Institutio Oratoria* 10:3.19-20; Butler).

이것은 분명 일반적으로 말하는 속도에 보조를 맞추어 받아쓸 수 없는 비서들과 관련된 문제다. 그렇다면 바오로 편지에 나오는 몇몇 실수를 두고 바오로가 유능한 전문 비서 앞에서 주눅이 들었기 때문에 생겨난 것이라고 말할 수 있을까?

그러나 심지가 굳은 저자는 이러한 문제로 인한 어려움을 거의 겪지 않았던 것 같다. 소(小) 플리니우스는 자신의 기교에 관해 다음과 같이 기술한다.

> "나는 생각하는 바가 있으면 먼저 머릿속에서 단어를 선택하고 수정하면서 정리한다. 이때 어느 정도 분량까지 정리할 수 있는지는 내가 생각하는 바가 머릿속에 정리해 담기 쉬운지, 어려운지에 달려 있다. 이렇게 내 생각이 정리되고 나면 비서를 부른다. 그리고 문을 열어 비서에게 내가 틀을 잡아 놓은 것을 받아 적게 한다. 그리고 그를 돌려보낸 뒤, 다시금 정리되면 그를 부르고, 또 받아쓰게 한 뒤 그를 또 다시 돌려보낸다"(*Letters* 9:36.2; Radice).

라틴어 속기와 관련된 이런 내용은 그리스어로 글을 썼던 바오로의 경우에도 적용된다. 바오로도 자기 시대에 어느 정도 잘 체계화되었던 로마식 글쓰기 방식을 활용하였기 때문이다. 플루타르코스(기원전 106-143년)의 믿을 만한 정보에 따르면, 로마에 속기를 도입한 것은 키케로였다.

> "이것이 현재 남아 있는 카토의 유일한 연설이라고 들었다. 이 연설을 지금까지 보존한 것은 집정관 키케로의 공로였다. 그는 과거에 유난히 빨리 쓰던 서기들에게 작고 짧은 형태로 많은 글자의 뜻을 나타낼 수 있는 기호들의 사용법

을 가르쳐 준 적이 있었다. 그런 다음 그는 이 서기들을 원로원의 다양한 분야에 배치하였다. 사실 키케로 이전 시대의 로마인들은 소위 속기사라고 불리는 이를 고용한 적도 없었고, 보유하지도 못했다. 하지만 키케로 시대에 속기법과 관련된 시도가 처음으로 이루어졌다고 전한다"(*Cat Min* 23:3-5; Perrin).

키케로는 속기법을 어디서 배웠을까? 유일하게 가능성 있는 답은 그리스 지역이다. 키케로는 그리스와 그리스어를 사용하던 아시아 지역에서 삼 년간 머무른 적이 있었으며(기원전 79-76년), 비서 티로와 마찬가지로 그리스어로 말하고 썼다(Bailey 1971; Rawson 1975). 키케로의 편지들에는 그리스어로 된 인용문이 많이 담겨 있다. 리처즈는 티로가 라틴어 속기를 만들었는데 그 속기법을 없는 데서 만든 것이 아니라 자신의 비서 경험을 활용해 그리스어 속기 체계를 라틴어에 적용한 것일 뿐이며, 키케로가 그것을 널리 퍼트렸다고 추정한다(Richards 1991, 36-37). 이는 매우 받아들일 만한 견해이다.

이 주장에 따르면 기원전 1세기에 이미 매우 발전된 형태의 그리스어 속기 체계가 존재하였다고 볼 수 있다. 하지만 속기로 되어 있는 현존하는 가장 오래된 보고서는 그보다 한 세기 정도 후대의 것으로 여겨진다. 이 보고서는 에픽테투스(대략 50-

120년)의 수업에 참여했던 제자 아리아노스(대략 96-180년)가 기록한 것이다. 하지만 이 보고서는 간접적인 증거이다. 에픽테투스의 담화들을 글로 옮겨 놓은 이 보고서의 언어와 문체, 사상, 템포 등이 아리아노스가 자기 이름으로 저술한 작품들의 그것들과 차이를 보이기 때문이다(Richards 1991, 36-37). 현재 우리가 알고 있는 한, 그리스어 속기법에 사용된 일련의 상징 기호들을 모아 놓은 가장 오래된 증거는 팔레스티나의 와디 무라바트에서 발견된, 2세기 초엽에 재활용된 40줄짜리 수사본이다(*PMur* 164; Benoit et al, 275-279). 하지만 지금까지 이 상징 기호들의 정확한 의미를 알아낸 사람은 없다.

속기를 할 때 파피루스를 사용하는 것은 틀림없이 매우 이례적인 경우였는데, 그렇게 하려면 펜을 사용해야 하기 때문이다. 펜을 잉크통에 담근 뒤 초과분의 잉크를 털어 내야 하기 때문에 펜을 사용하는 것은 속도에 지장을 줄 수밖에 없다. 펜을 잉크에 한 번 담근 뒤 쓸 수 있는 단어 수마다 화자가 계속 쉬어 주어야 비서가 속기를 이어갈 수 있었을 것이다. 그러나 이런 상호 협조는 일반적으로 당연한 것이라고 볼 수는 없다. 받아쓰기는 끈으로 묶어 놓은 왁스 칠된 나무판에 하는 것이 훨씬 더 일반적 방식이었음이 분명하다. 뾰족한 철필(stylus)로 문자를 최대한 빠른 속도로 새겨 나갈 수 있기 때문이다. 비서는 여유가 생길 때 이렇게 받아쓴 속기 기호들을 양피지나 파피루스에 일반적인 문자로 옮겨 적었던 것으로 보인다.

2세기 초엽 속기는 더 이상 새로운 것(*de novo*)으로 보이지 않을 만큼 확산되었는데, 이 점은 이집트에서 발견된 155년경의 한 문서에서 확인된다.

> "옥시린쿠스의 전 훈련 교관으로 파나레스라고 불리는 파네코테스가 친구 게멜루스를 통해 속기사[세메이오그라포스 (σημειογράφος)]인 아폴로니우스에게 인사합니다.
>
> 나는 안토니우스 카이사르 18년 이 파메노스 달로부터 2년 동안 당신의 아들 디오니시우스가 알고 있는 기호들을 배우라고 나의 종 케라몬을 당신에게 맡겼습니다. 그러면서 우리는 축제일을 제외하고 120드라크마를 봉급으로 합의한 바 있습니다. 그 가운데 당신은 이미 첫 납입금인 40드라크마를 받았고, 그 아이가 전체 기호 체계를 다 배우고 나면 두 번째 납입금으로 40드라크마를 받을 것입니다. 세 번째 납입금으로 남아 있는 40드라크마는 마지막 시점에 그 아이가 모든 면에서 유창하게 글을 쓰고 실수 없이 읽을 수 있을 때 지급될 것입니다.
>
> 만약 당신이 그 아이를 약속된 기간 이전에 완벽하게 훈련시킨다면, 나는 앞서 말한 2년의 기한을 굳이 기다릴 필요가 없습니다. 하지만 우리 쪽에서 약속된 기간 이전에 그 아이를

데려가는 것은 그렇게 적법하지 않은 듯합니다. 기간이 지난 뒤라 하더라도 그 아이가 일을 하지 않은 날이 있다면, 그 날 수 또는 그 달수만큼 당신과 함께 머무르게 할 것입니다.

　　카이사르 티투스 아일리우스 하드리아누스 안토니우스 아우구스투스 피우스 황제 제18년, 파메노스 달 5일"(POxy 724; Richards 1991, 38).

리처즈는 이 계약에서 다음과 같은 결론을 도출한다. "이 텍스트는 2세기 중반 것인데, 이 시기에 이집트 지역에까지 속기법이 확산되어 있었고 도제제도가 형성되어 있었다는 것은 이미 상당 기간 속기법이 발전해 왔다는 말이다. 이렇게 본다면 그리스어 속기법은 이미 1세기에 번성했던 기교임에 틀림없다"(Richards 1991, 39).

　편지를 보내는 사람이 그 편지의 사본을 보관하는 것은 일반적 관례였다. 저자는 스스로 편지를 필사할 수도 있었지만 (Cicero, Fam 9:26.1), 필사 작업은 대개 비서의 일이었다. 이 점은 키케로가 스스로 편지 사본을 만드는 친구를 비판한 데에서 확인할 수 있다(Fam 7:18.2). 키케로 서신의 모든 사본은 티로가 보관했는데, 이 점을 우리는 아티쿠스에게 보낸 편지에서 알 수 있다.

> "자네가 브루투스에게 보낸 내 편지를 요청하였지만, 지금 나는 그 사본을 가지고 있지 않네. 물론, 사본이 하나 있지. 티로는 자네가 그것을 가지고 있는 편이 좋겠다고 말하더군. 그래서 기억해 보니, 브루투스의 비난조의 편지에 대한 내 답신을 자네에게 보냈다네"(Att 13:6,3; Winstedt).

이 편지 내용을 보면 자신이 개인적으로 쓴 편지 내용을 확인하고 나중에 그 편지를 활용하려고 보관하는 것이 편지 필사의 유일한 이유는 아니라는 점을 알 수 있다.[8] 편지는 친구들끼리 돌려 보기도 했다.

지금까지 비서에 관하여 외적인 측면에서 살펴보았다. 하지만 비서는 편지 내용과 관련해서도 중요한 역할을 할 수 있었다. 비서는 저자가 나중에 사용할 수 있을 만한 자료들을 미리 기록해 두기도 했다. 소 플리니우스는 자기 삼촌(대 플리니우스)의 습관을 다음과 같이 언급한다.

> "그는 여행할 때 다른 모든 근심은 던져 버리고 모든 시간을 공부하는 데 보냈다. 그는 한편에 책과 서판을 든 비서 [*notarius cum libro et pugillaribus*]를 항상 대동했다"(*Letters*

---

8) 리처즈는 키케로가 다른 이들에게 보낸 편지에서도 위와 동일한 태도를 취하지는 않았음을 보여 준다(Richards 1991, 5). *Fam* 10:28,1과 *Fam* 12:4,1을 비교하라.

3:5.15; Radice).

비서는 주인에게 큰 소리로 읽어 주다가 주인이 발췌하라고 말하면, 그 내용을 기록했다. 대 플리니우스가 죽기 전에 자기 조카에게 넘겨준 "160개의 필기 노트는 발췌한 구절들을 쪽 양면에 필기해 놓은 것이라서 실제 노트의 수는 갑절이나 된다고 할 수 있다"(*Letters* 3:5.17; Radice). 의심할 여지 없이 당시 서판을 옮기는 과정에 사용되었던 것은 양피지 책이었다. 서판은 왁스칠이 된 얇은 나무 조각들로 만들어졌는데, 둘, 셋, 넷, 다섯, 혹은 더 많은 서판을 한 묶음으로 엮어 사용했다(Richards 1991, 164).

2) 편집자

보통 비서는 필사자로서만 일했다. 하지만 더 큰 책임을 지니고 일하는 경우도 있었다. 저자는 비서에게 대략적으로 받아 적어 놓은 대본이나 자신이 직접 준비한 초고를 토대로 최종 본문을 준비하면서 편지 형식이나 내용을 조금 수정할 수 있도록 허용할 수 있었다.

이런 작업에 관해서는 키케로와 그의 비서 티로가 주고받은 대화에서 분명히 찾아볼 수 있다. 티로는 키케로와 떨어져 있는 동안 크게 아팠던 적이 있었다. 그래서 키케로는 티로에게 자신을 좀 돌보라고, 또 낫기 전에는 돌아오지 않아도 된다고 편지를 썼다(*Fam* 16:22). 티로는 답장을 하면서 자신의 건강을 "충실히" 돌보고 있다는 것을 확신시켰어야 했는데 그러지 못했던 것으로 보인다. 왜냐하면 키케로가 티로의 잘못된 부사 사용을 지적하고 있기 때문이다.

> "*Sed heus tu, qui kanōn esse meorum scriptorum soles, unde illud tam akyron 'valetudini fideliter inserviendo'*"? 그런데 여기를 보게나, 이 사람아. 내 글의 '규칙'이기를 즐기는 자네가 '당신의 건강을 충실히 보살핌을'이라는 부적절한 어법을 어디서 배웠는가?"(*Fam* 16:17.1; Williams)[9]

좋은 분위기의 어조이기는 하지만, 키케로는 분명 자기 글을 교정하는 교정자를 오히려 교정해 주는 기회를 가져 즐거워하고 있다. 여기서 우리는 키케로의 조그만 실수들을 교정하고 최종

---

9) 이 라틴어 본문에 다음과 같은 그리스어 단어가 두 개 나오는데, 키케로와 티로가 이 두 가지 언어를 함께 사용한다는 점을 잘 보여 준다: *kanōn*('규칙, 표준'), *akyros*('부적절한, 무효한'). 이 역서에서는 의도적으로 해당 문장이 부적절함을 드러내는 방식으로 번역했다(역주).

작품의 정확성을 확인하는 것 역시 티로의 역할 중 하나였음을 유추할 수 있다. 한마디로, 티로는 잘못된 부분을 지적하며 어떤 식으로 이야기하는 것이 저자가 말하고자 하는 바를 정확히 전달하는지를 묻는 현대의 원고 교정자처럼 일했던 것이다.

3) 대리 저자

비서가 앞서 언급한 것보다 더 많은 부분을 책임질 수도 있었다. 비서는 편지 형식을 책임지는 것뿐만 아니라 그 내용을 고안하는 역할까지도 맡을 수 있었다. 고용주는 그에게 적절한 편지를 적어 자신의 이름으로 보내도록 요구할 수 있었다.

키케로에게서 다시 한번 이와 관련된 예를 확인할 수 있다. 물론, 이 경우 키케로가 자신을 대신해 편지를 써 달라고 부탁한 인물은 단순한 비서가 아니라, 키케로의 가장 친한 친구였던 아티쿠스다. 키케로는 기원전 58년 로마 집정관들에게 굴복하기를 거부하다가 로마에서 추방된 뒤 테살로니카에서 편지를 써서 자신이 고국에서 잊히지 않게 도와달라고 아티쿠스에게 청한 바 있다. "자네가 보기에 내 이름으로 편지를 써 보내야 할 사람이 있다면, 써서 보내 주게나"(Att 3:15.8; Winstedt).

이때 키케로가 속임수를 쓰기 위한 것이었는지는 분명하지 않다. 키케로는 아티쿠스가 자신의 요청으로 편지를 썼다고 밝히리라고 생각했을 것이다. 10-12년 후에 상황이 매우 달라졌다. 그는 아티쿠스에게 다시 편지를 썼다.

> "나는 몸과 마음이 너무나 혼란스러워 많은 편지를 쓸 수 없다네. 그래서 내게 직접 편지를 쓴 이들에게만 답장하고 있네. 그래서 난 자네가 바실리우스와 자네가 좋아하는 그 밖의 다른 누구에게든, 세르빌리우스에게도 내 이름으로 글을 써서, 자네가 적합하다고 생각하는 무엇이든지 말해 주기를 바라네"(*Att* 11:5; cf. 11:3; Winstedt).

저자가 삶에 매우 지쳐 있었음을 충분히 고려한다 해도 여기에는 속임수를 명백히 보여 주는 요소가 담겨 있다. 리처즈는 키케로가 아티쿠스에게 지시하는 다음의 말에서 키케로가 마치 자신이 개인적으로 편지를 보낸 것처럼 보이고 싶어 했음을 정확히 추론해 낸다(Richards 1991, 50, 108). "그들이 [빠져 있는] 내 인장이나 서명을 찾으려 한다면, 나를 감시하는 경비병들 때문에 그것을 넣지 않았다고 말해 주게"(*Att* 11:2,4; Winstedt).

키케로는 나중에 아티쿠스의 도움에 완벽하게 보답할 수 있었다. "난 그에게 자네의 편지, 아니 자네 비서의 편지를 읽어 주고 있다네"(*Att* 6:6.4)라는 키케로의 발언이 무엇을 의미하는지에 관해서는 논란이 많다. 하지만 당시 상황을 그럴듯하게 재구성해 보면 키케로가 아티쿠스의 비서를 이용해 자신에게 보내는 편지를 받아쓰게 했음을 짐작할 수 있다. 그 편지에는 칼리우스 칼두스에 대한 찬사가 담겨 있었다. 키케로는 칼리우스가 아티쿠스를 좋게 생각하도록 하기 위해 마치 아티쿠스에게서 직접 편지가 온 것처럼 가장해 칼리우스에게 편지를 읽어 준 것이다(Richards 1991, 110). 이렇게 보면 속임수의 정도가 더욱 심해진 것이다. 비록 우정 때문에 이렇게 행동했지만, 아티쿠스는 그 편지를 써 달라고 요청한 바가 없었다. 키케로가 마침내 자신의 행위를 아티쿠스에게 말했다는 사실에서 그가 양심의 가책을 느꼈음을 충분히 추론할 수 있다.

키케로가 자기 지인들에게 무엇을 말하려 했을지, 무엇을 말할 가능성이 높은지는 오직 친한 친구들만이 알 수 있었을 것이다. 마찬가지로 키케로도 아티쿠스의 감정에 관해 확신하고 있었음에 틀림없다. 어느 경우든 편견 없는 전문 비서에게 맡겨 둘 수 있는 그런 일은 아니었다. 이 점을 고려한다면 속임수라는 요소와 맞물린 키케로의 이런 식의 글쓰기는(그에게서는 쓸모 있는 증거들이 다 발견된다) 1세기 비서를 활용하는 관습에서 흔히 보기 어려운 독특한 예다(Richards 1991, 111).

하지만 편지 중에는 개인적이지 않은 편지가 훨씬 많았다.

고용된 사람은 단지 형식적인 승인이나 의뢰를 받아 편지를 작성할 수 있었다. 이런 편지 양식에는 속임수가 담겨 있지 않았다. 위임을 받아 정보를 수집해 놓은 것들 또한 이런 범주에 속한다. 마르쿠스 켈리우스 루푸스는 추방된 키케로에게 로마에서 일어나고 있는 온갖 일을 계속 알려 주겠다고 약속한 바 있었다. 하지만 자신이 직접 그 일을 할 시간은 없었다. 그래서 루푸스는 공식 칙령들, 항간에 떠도는 이야기나 소문 따위를 요약하기 위해 비서를 고용하였다. 이는 루푸스가 개인적으로 그것을 살필 시간을 가지지 못해 오랫동안 그렇게 하였음을 드러낸다. 루푸스가 키케로에게 자신이 한 일을 정확하게 말했다는 점은, 그가 어떤 속임수도 쓰지 않았고(사실, 루푸스가 자신의 이름으로 편지를 보냈는지는 알려져 있지 않다) 해당 편지의 내용에 책임을 진다는 것을 뜻한다(*Fam* 8:1.1).

4. 공동 저자인 협력자들

바오로는 여러 편지의 인사말 부분에서 한 명 또는 그 이상의 동료들을 언급한다.

1테살: "실바누스와 티모테오"

2테살: "실바누스와 티모테오"

1코린: "소스테네스 형제"

2코린: "티모테오 형제"

필리: "티모테오"

필레: "티모테오 형제"

갈라: "나와 함께 있는 모든 형제들"

콜로: "티모테오 형제"

나머지 편지들(로마서, 에페소서, 티모테오 1·2서, 티토서)에는 바오로만 등장한다.

통례적으로 이 두 부류의 편지들을 아무런 차이가 없는 듯 다뤄 왔다. 교부들은 바오로가 인사말에 다른 이들의 이름을 언급하는 것을 그의 예의 바름과 겸손함의 증거로 여길 뿐이었다. 바오로가 글을 시작할 때 동료들을 언급하는 것은 단지 호의를 나타내는 행동이지 그 자체로 큰 의미가 있는 것은 아니라는 말이다. 하지만 오늘날의 주석가들은 인사말에 언급된 바오로의 동료들이 수신 공동체와 가지는 특별한 관계에 주목하여 논의하는 경향을 보인다. 모두 알고 있듯이 실바누스와 티모테오는 바오로가 테살로니카 교회를 설립할 당시 바오로와 함께 있었던 동료였다. 소스테네스는 한때 코린토 공동체의 구성원이었다. 티모테오는 바오로를 가장 가까이 보필했던 측근이었기 때문에 모든 공동체의 상황을 속속들이 잘 알고 있었다[하르낙(Harnack) 1926, 12이 이렇게 주장했고, 그의 견해를 좇는 이가 많다].

인사말에 수신자와 특별한 관계를 맺고 있던 이들을 포함시키는 것은 그 당시 다른 증거들에서도 찾아볼 수 있다. 키케로는 자기 부인과 딸에게 보내는 편지들 인사말에 아들 마르쿠스를 포함시킨다(Fam 14:14,18). 그런데 자기 부인만을 수신자로 두고 쓴 편지에는 마르쿠스가 전하는 인사만 담고 자기 이름은 아예 인사말에 언급하지도 않는다(Fam 14:5,7). 기원전 50년 11월 2일부터 기원전 49년 1월 12일 사이에 써서 티로에게 보낸 편지들은 키케로와 그의 아들뿐 아니라 키케로의 동생 퀸투스와 그의 아들까지 발신자로 되어 있다(Fam 16:1,3,4,5,6). 이 편지들 가운데 한 편지에는 네 사람의 이름뿐만 아니라 키케로의 부인(테렌시아)과 딸(툴리아) 이름까지 언급된다. "툴리우스와 키케로, 테렌시아, 툴리아, 퀸투스와 퀸투스가 티로에게 큰 인사를 보냅니다"(Fam 16:11). 이 일련의 편지에서 한 사람, 또는 여러 사람이 하루라도 함께 있지 않을 때에는 인사말에 포함시키지 않는다는 점이 주목할 만하다. 곧, Fam 16:2는 키케로 혼자 발송한 것이고, Fam 16;7과 9는 키케로와 마르쿠스가 함께 보낸 것이다. 왜냐하면 이 편지를 쓸 때 퀸투스와 그의 아들은 다른 곳에 가 있었기 때문이다(*Fam* 16:3,7 참조). 이런 종류의 편지들에서 종종 '우리'라는 표현을 사용하기도 하지만, 지배적으로 사용되는 것은 '나'라는 표현이라는 점을 볼 때 키케로가 이 편지들의 유일한 저자라는 사실을 분명히 확인할 수 있다(Prior 1989, 178 n. 6).

이러한 점들은 바오로의 편지에서도 발견된다. 하지만 키케로 편지의 수신자는 대개가 키케로 집안의 주요 인물들이나 자기 부인, 또는 가장 가까운 동료였다는 점에서 키케로가 쓴 편지와 바오로가 쓴 편지 간의 병행 관련성은 크게 떨어진다. 바오로의 편지들은 공동체에 보낸 것들이다. 그래서 키케로가 테렌시아와 티로에게 보낸 매우 개인적인 편지들과는 다른 범주에 해당한다. 하지만 여기서 여전히 중요한 점은 키케로가 자신과 함께 있는 이들 가운데 수신자와 관련 있는 사람이면 그 이름을 모두 인사말에 담았다는 사실이다. 키케로는 이로 인해 인사말이 길어지는 것에 크게 개의치 않았다.

물론 바오로의 경우는 이와 다르다. 바오로가 코린토 1서를 썼을 때 프리스카와 아퀼라가 함께 있었고(1코린 16,9), 2코린 1-10장을 쓸 때 티토가 함께 있었다(2코린 8,6). 프리스카와 아퀼라 부부는 바오로가 코린토에 도착하기 전에 이미 코린토에 있었고, 바오로가 그 부부를 회심시키지 않았다는 사실에서 그 부부가 코린토 교회를 창립했다고 볼 수도 있다(사도 18,2-3; Lampe 1992, 1:319). 티토는 코린토 교회와 바오로의 관계가 심각한 위기에 처했을 때 그 문제를 해결하는 중재자였다(2코린 7,6-7). 하지만 바오로는 인사말에 이 동료들의 이름을 언급하지 않는다. 따라서 바오로의 편지에서 인사말에 언급하는 이름의 선정 기준이 수신 공동체와의 관계는 아니었음을 알 수 있다.

고대와 현대에서 다수의 발송인이라는 문제를 다룰 때에는 늘, 고대에는 한 사람이 실제로 편지의 인사말을 쓸 때 다른 이들을 포함시키는 것이 드물지 않았다는 가정을 전제했다. 하지만 최근 연구들은 이 가정을 받아들이지 않는다. 리처즈는 플리니우스, 세네카, 키케로가 인사말에서 다른 사람의 이름을 결코 언급한 적이 없다고 주장한다(Richards 1991, 47 n. 138).[10] 여기에는 안티오키아의 이냐시오도 포함할 수 있을 것이다. 그럼에도 불구하고 키케로는 공동 저작 편지가 있을 수 있음을 잘 알고 있었다. 그는 아티쿠스에게 이렇게 편지를 쓴 바 있다. "자네가 다른 이들과 함께 썼던 편지들(*quas communiter cum aliis*)과 자네 이름으로 온 편지들(*quas tuo nomine*)을 보면서 내가 생각한 적

---

10) 이 견해는 키케로가 자기 부인과 티로에게 보낸 편지에 관해 앞서 언급한 바를 고려해서 수정될 필요가 있다.

이 있었던 일, 곧 전혀 예상치 못한 일이 벌어져 자네가 소위 허둥지둥하며 나를 보호하기 위해 새로운 길을 모색하고 있다는 것을 알 수 있었다네"(*Att* 11:5.1; Bailey, n 76). 하지만 공동 작업에 관해 키케로가 굳이 명시적으로 언급했다는 사실에서 서간의 공동 저작이 흔한 일이 아니었음을 알 수 있다.

이런 추론은 발신자 이름이 다수인 편지들에 관한 연구를 통해 확증된다. 바오로 편지와 비교할 수 있도록 여기서는 공동체가 보낸 편지(예: 클레멘스 1서, "로마에 잠시 머물고 있는 하느님의 교회"; 참조 1마카 14,20; 2마카 1,1.10)와 한 사람 이름만 언급되고 나머지의 이름은 언급되지 않는 편지들[예: 폴리카르푸스, *Phil*, "폴리카르푸스와 그와 함께 있는 장로들"(1마카 12,6 = 요세푸스, 유다 고대사 13:163 참조), 물론 이 편지는 갈라티아서와 병행을 이룬다]은 제외했다.

다수의 발신자 이름이 언급된 편지로 프라이어가 찾아 놓은 것은 파피루스 편지 15통뿐이었다(Prior 1989, 38). 리처즈는 옥시린쿠스, 테브투니스, 제논에서 발견된 645통의 파피루스 편지 가운데 복수의 발신자 이름이 언급된 것은 6통뿐이었음을 발견했다(Richards 1991, 47 n. 138). 이처럼 인사말에 다른 사람의 이름을 언급하는 편지 비율이 매우 적다는 점은 다른 사람의 이름을 언급하는 것이 아무 의미 없는, 한낱 관례적인 표현만은 아니라는 사실을 알려 준다(Roller 1933, 153). 사실, 다른 이의 이름을 언급하는 것은 특별히 중요하다. 누구나 예상할 수 있는 것처럼 발신자가 다수인 편지에는 1인칭 복수형만 사용된다[예를 들면 로마의 사절 두 명의 편지(2마카 11,34-38)와 쌍둥이 타우에스와 타우스의 청원(White 1986, 68-70)].[11]

이런 동시대의 정보들을 살펴보면, 바오로와 관련 있는 인물들이 인사말에 언급된 사실이, 편지라는 형식과 관련하여 충분히 설명되어야 함을 알 수 있다. 곧, 바오로는 그 인물들을 선택해서 서간을 저술하는 데 공동 저자의 역할을 하도록 했다는 것이다. 이런 공동 저작 편지를 받은 수신자들은 "우리"라는 표현을 글자 그대로 (공동) 발신자들을 언급하는 것으로 이해했을 것이 분명해 보인다(Roller 1933, 170).

1) 테살로니카 1서와 2서

실바누스와 티모테오가 테살로니카 1서와 2서를 작성하는 데

---

11) 바오로 편지에서 1인칭 단수가 1인칭 복수로 바뀌는 것과 그 역에 관해서는 수많은 연구가 있었는데, 도브슈츠와 로프트하우스의 연구가 주목할 만하다. 프라이어가 로프트하우스를 날카롭게 비판한 것이 바로 이 점이었다(Prior 1989, 44 n. 22). 롤러는 '나'와 '우리'가 어떻게 사용되었는지에 관한 상세한 통계조사 결과를 제공한다(Roller 1933, 168-187). 하지만 공동 저작성에 관한 그의 논의는 편지들이 (편집된 것이 아닌) 하나의 완전한 형태를 지닌 것으로 가정하고 이루어진 것이다.

실질적인 역할을 했다는 것을 큰 어려움 없이 받아들인 주석가가 많다(J. Weiss 1910, 2; Frame 1912, 68; Bruce 1982, xi, 6; Fee 1987, 30; Prior 1989, 40). 주석가들이 그렇게 생각하는 근거는 두 서간에 "우리"라는 표현이 시종일관 사용된다는 데 있다. 물론, 두 서간에는 1인칭 단수도 이따금 사용되는데, 테살로니카 1서에 세 번(2,18; 3,5; 5,27), 테살로니카 2서에 두 번(2,5; 3,17) 나온다. 하지만 이 경우들도 바오로가 공동 저작 편지 안에서 지도자의 권한을 가지고 필요할 때 개인적으로 관여하는 것이라고 설명할 수 있다(Askwith 1911; Prior 1989, 40가 정확히 이렇게 본다). 바오로는 테살로니카 신자들에 대한 자신의 애정을 강조하면서(1테살 2,18; 3,5), 과거에 다룬 바 있던 중요한 주제를 그들에게 되새겨 준다(2테살 2,5). 그리고 마지막으로 바오로는 비서가 쓴 이 편지들이 자신의 것임을 확인해 준다(1테살 5,27; 2테살 3,17; Richards 1991, 189 n. 281).

"나"로 시작하는 단락들이 지닌 매우 개인적인 특성은 사실상 두 편지 전체가 지닌 공동체적 특성을 더욱 잘 부각시켜 준다. C. E. B. 캔필드는 이 점을 간과했기 때문에 테살로니카서의 1인칭 복수를 1인칭 단수로 여기며 해석해야 한다고 생각했다. 또 그는 1테살 3,2에 주목하는데, 하르낙이 이 구절을 결정적 근거로 삼아 공동 저작설을 논박했다(Harnack 1926, 12). 공동 저작설을 따르게 되면 티모테오는 자기 자신에게 편지를 쓴 것이 되어 버리기 때문이다(Furnish 1984, 103가 최근에 이러한 견해를 주장했다). 상식적으로 생각하면 당연히 티모테오가 자신에게 편지를 쓰는 것은 불가능해 보인다. 하지만 어떤 단체가 구성원 가운데 하나를 급히 파견하는 것은 얼마든지 가능하다. 대학 학부나 의회에서 매우 일상적으로 이런 일이 이루어진다. 실제로, 이 편지 저작을 주도한 이는 바오로였고(1테살 3,5), 실바누스와 티모테오가 동의했을 것이라는 점은 의심할 여지가 없다(Frame 1912, 121; Bruce 1982, 61).

2) 코린토 1서

테살로니카 1·2서의 공동 저작성에 관해 우리가 내린 결론에 따르면 코린토 1서도 얼핏 보면 공동 저작이라고 생각할 수 있다. 인사말에 소스테네스라는 이름이 언급되기 때문이다(1코린 1,1). 하지만 감사 부분(1코린 1,4)에 "나"가 사용되고 있다는 점에서 이 가정이 잘못되었음을 즉시 발견할 수 있다. 실제로 감사 부분부터 시작해서 편지의 나머지 부분에서도 1인칭 단수가 지배적으로 사용된다. 주석가들은 이 문제에 대해 매우 다양한 견해를 피력하고 있다. 콘첼만은 "함께 편지를 썼다고 해서 반드시 공동 저자인 것은 아니다"라고 주장하는 반면(Conzelmann 1975, 20 n. 12), 메르클라인은 공동 발신자라고 해서 반드시 공동 저자가 되는 것은 아니라고 주장한다(Merklein 1992. 68). 메르클라인의 견해가 콘첼만에 비해 이해하기는 쉽지만 설득력은 그다지 없다. 리츠만은 공동 발신자를 공동 협력자, 곧 기껏해야 바오로가 몇 가지 일을 기억하게끔 도와줌으로써 편지 작성에 기여한 협력자라고 보는데(Lietzmann 1949, 4), 이 또한 근거 없는 견해다. 클라우크는 소스테네스가 편지 내용에 동의했다는 점을 말하기 위해 그의 이름이 언급된 것이라고 본다(Klauck 1987, 17). 피는 "소스테네스는 이런 식의 편지와는 아무런 관련이 없어 보인다"는 점에 동의한다(Fee 1987, 30-31). 하지만 복수의 저자가 편지를 쓰는 것은 고대사회에서 드문 현상이기 때문에, 바오로 편지의 경우 "어떤 일이 있었는지 확신할 수 있는 사람은 아무도 없다"고 피는 조심스럽게 설명한다.

몇몇 학자의 견해만 간략히 살펴보더라도, 주석가들은 충돌되는 요소들을 독창성 있게 설명하려 시도하기보다 모순되는 요소 가운데 하나를 임의로 배제함으로써 긴장을 부정한다는 것이 명백히 드러난다. 지금까지 내가 최대한 알아본 바로는, 소스테네스가 편지에 기여한 바가 무엇인지를 밝히려고 시도한 주석가는 한 명도 없었다.

코린토 1서를 대충 읽어 보더라도 1인칭 복수가 나오는 모든 대목에 소스테네스가 포함되지 않는다는 점을 알 수 있다. 마찬가지로 "우리"라는 표현이 쓰이는 모든 대목에서 소스테네스가 절대적으로 제외되어 있다고 말할 수 없는 것 또한 명백하다. 결국 관건은 "우리"가 사용되는 곳의 다양한 의미를 확인한 뒤, 어떠한 특정 범주가 공동 저작성을 설명하기에 적합한지를 판단하는 것이다.

코린토 1서에서 가장 제한된 의미에서 일인칭 복수를 사용하는 경우는 8,8이다. 여기서는 우상에 바친 음식을 먹는 것이 정당한지에 관하여 강한 이들이 약한 이들과 벌이는 논쟁에서, 강한 이들이 자신들을 지칭하는 표현으로 "우리"를 사용한다(Murphy-O'Connor 1979; Fee 1987, 383; NRSV). 이 외에도 12,23-24에서 "우리"가 사용되는데 이 구절은 사람들이 우리 몸 가운데 일반적으로 부끄럽게 여기는 부분을 표현하는 대목이다.

"우리"와 "우리의"를 폭넓은 의미로 사용하는 경우는 바오로가 코린토인들뿐만 아니라 모든 신자와 무엇인가를 공유하고 있음을 확인하는 구절에서 찾아볼 수 있다. 세례(8,6; 12,13)는 그리스도에 대한 헌신을 의미한다(5,7; 15,3). 부정적으로 말한다면 이는 우상숭배를 거부한다는 것을 의미하고(8,1.4), 긍정적으로 표현한다면 특별한 삶의 방식을 선택한다는 의미다(5,8;

10,6-11.22; 11,31-32). 이 특별한 삶의 방식에서 어려움을 마주하게 되는 것은 인간의 나약한 조건 때문이다(13,9.12; 15,49). 믿는 이들은 성찬례를 통해 힘을 얻는다(10,16-17). 그리고 비록 지금은 구원을 향한 여정 중에 있지만(1,18), 결국 궁극의 승리를 바라볼 수 있을 것이다(6,3.14; 9,25; 15,51ㄴ.52.57).

1인칭 복수를 좀 더 특정한 의미로 사용하는 경우는 세 가지다. 바오로와 코린토 사람 모두 아폴로와 관계를 맺고 있었지만(16,12), 다수의 구절에서 "우리"는 코린토에 공동체를 심고 물을 준 두 인물만을 가리킨다(3,9; 4,1.6-13). 또한 바오로는 자신과 바르나바를 묶어서 "우리"라고 표현한다. 그들은 재정적인 도움을 받는 것에 대해 같은 태도를 취했기 때문이다(9,4-6.10-14). 마지막으로 바오로는 부활하신 주님을 보는 특권을 누렸기 때문에 스스로를 부활의 목격자 명단에 올려놓으면서 "우리"라고 표현한다(15,11-19).

1인칭 복수가 무엇을 지시하는지 그 의미를 파악하기가 가장 어려운 예는 1코린 1,18-31과 2,6-16이다. 이 문제를 다루는 주석가들은 드물고, 그들 간에도 의견이 많이 다르다. C. K. 바레트는 2,6-16에 나타나는 문제를 무시하고, 아무런 설명도 없이 1,23에 대해 "우리 그리스도인들은 선포합니다"라고 해석한다(Barrett 1968, 54: Merklein 1992, 188도 이와 같다). 반면에 피는 1,23에 주목하며 이를 다음과 같이 적절히 설명하려 한다(Fee 1987, 75 n. 34). "바오로가 (우리를 사용하는) 이 용례로 넘어가는 것은 매우 자연스럽다. 바오로는 자신이 선포하는 것이 자신만 아는 것이 아니라는 점을 드러내고자 할 때 이처럼 표현한다는 것도 주목해야 한다." 두 가설은 모두 이론적으로 추론한 결과인데, 이에 반대되는 예들도 발견된다. 게다가 바오로가 모든 신앙인을 떠올릴 때 "우리"를 사용하는 성향을 지녔다 하더라도(앞의 설명을 보라), 적어도 여기서는 그런 경우가 아니다. 실제 바오로는 그리스도가 참혹한 방식으로 죽었다는 사실을 계속 강조한다는 점에서 사실상 독특하다고 생각할 근거가 있다.[12] 리츠만의 견해를 좇아(Lietzmann 1949, 11), 피는 2,6-16의 1인칭 복수를 "일반적 편집자로서의 '우리'"라고 본다(Fee 1987, 101 n. 13). 이렇게 본다면 '우리'는 피가 주석하는 것처럼 '나'와 등가가 된다. 그런데 이런 식의 문학 장치가 다른 곳에서도 일반적

---

[12] 단지 그리스도의 죽음만 언급하는 신앙 고백문과 달리(1코린 15,3), 바오로는 "십자가에 못 박히신 그리스도"(1코린 1,17.23; 2,2 등)를 선포한다. 바오로 편지에 담겨 있는 모든 전승 자료는 예수의 죽음이 어떻게 이루어졌는지에 대해 말하지 않고, 오직 예수가 죽었다는 사실 자체에만 집중한다. 그래서 바오로는 자신 이전에 이미 전승되어 오던 찬가들에다가 "십자가 죽음"(필리 2,8)과 "그분 십자가의 피"(콜로 1,20)라는 표현을 첨가한다. Jerome Murphy-O'Connor, "Another Jesus(2Cor 11:4)", *RB* 97(1992) 238-251을 참조하라.

으로 사용되었을지 모르겠지만(롤러의 신중한 지적에 유의해야 한다 [Roller 1933, 169]), 바오로가 활동하던 이 시기에는 발견되지 않는다. 따라서 단순하게 이 장치를 사도 바오로에게서 잘 발견되는 용례로, 바오로가 습관적으로 사용하는 기교로 가정할 수는 없다.

이 문제와 관련해서 제시되는 또 다른 해결책들 가운데 대표적인 것 한 가지는 E. E. 엘리스의 제안이다(Ellis 1978, 26). 그는 2,6-16이 본래 "영적인 것을 추구하는 (바오로계) 집단 안에서 만들어졌다가 뒤에 가서 1코린 2장에 삽입된" 텍스트였기 때문에 "우리"라는 표현이 이 대목에 나타나는 것이라고 제안한다. 이 견해에 따르면 "우리"란 영적인 것을 중시하는 이들이 스스로를 언급하는 것이기에, 이 표현이 바오로를 지칭하는 것으로 이해하려 한다면 해석에 간극이 생긴다. 이런 식의 접근법 중 가장 극단적인 해석은 2,6-16이 코린토에 머물던 성령 운동가들의 관점을 대변해 주는 것으로, 영적인 것을 중시하는 이들이 바오로의 편지들을 모아 코린토 1서를 편집할 때 직접 삽입한 것이라고 보는 주장이다(Widman 1979). 나는 다른 글에서(1986, 81-84), 이 극단적인 가설을 받아들일 수 없는 이유를 제시한 바 있다. 분명 엘리스의 견해에도 몇 가지 합당한 요소가 있기는 하지만, 그가 의도하는 의미에서는 그렇지 않다. 바오로는 여기서 자신을 반대하던 이들, 곧 영적인 것들을 추구하는 이들의 신학을 재생하고 있지만, 그것은 단지 그들의 생각을 바꾸어 주고, 그 생각을 웃음거리로 만들기 위함이었다(Fee 1987, 100). 이런 관점에서 볼 때 "우리"는 여전히 설명되지 않고 남는다. 하지만 두 저자는 모두 이 본문이 사도 바오로와 어느 정도 거리가 있음을 간파함으로써 우리가 이 구절을 올바로 해석할 수 있도록 이끌어 준다.

나는 한때, 2,6-16에서 바오로가 사용한 "우리"라는 표현이 코린토 교회의 영적 엘리트라고 자부하던 이들로 인해 바오로와 대적하는 것으로 취급되던 아폴로와 바오로 자신이 사실은 하나임을 강조하기 위함이었다고 제안한 바 있다(1986, 82). 하지만 지금은 이것이 옳은 설명인지를 확신할 수 없다. 이러한 설명은 문맥과 사뭇 다르다. 왜냐하면 아폴로라는 이름이 앞서 언급되고 있기는 하지만(1,12), 그의 이름은 단지 여러 목록 가운데 하나로 언급되고 있을 뿐이기 때문이다. 게다가 2,6-16의 관심사는 영적인 것을 추구하는 이들의 지적 허세를 흉내 냄으로써 그들의 생각을 흔들어 놓는 것이다. 여기서는 그들이 소중하게 여기던 개념들에 새로운 가치를 부여하는 말놀이에 관심이 집중된다. 그들이 바오로와 아폴로의 관계를 어떻게 이해하고 있는지는 3,6에 가서야 다루어진다. 이렇게 보니 1,18-

31과 2,6-16에 사용된 "우리"를 설명하기 위해 제안된 어떤 해결책도 확실한 해답이 되지 못한다. 이쯤에서 이 구절에 나오는 1인칭 복수가 코린토 1서의 저술 과정에 소스테네스가 기여했음을 나타내는 표지일 수 있음을 심각하게 고려해야 할 필요성이 제기된다.

여러 주석서가 이 두 구절을 서로 참조하며 언급하는데, 이 점만 보더라도 두 구절이 매우 밀접하게 연관되어 있다는 사실을 굳이 설명할 필요는 없는 듯하다. 두 구절은 모두 엘리스가 지적한 바 있듯이(Ellis 1978, 155-156, 213-214) 동일한 주제에 초점을 맞추고 있을 뿐만 아니라(코린토에 있던 영을 중시하던 이들이 그릇된 지혜관을 가지고 있다는 것), 세 단락으로 이루어진 기본 구조를 공유하고 있다. 세 단락 구조는 ① 주제와 도입구인 구약성경 본문들, ② 주제어들을 통해 도입구와 맺음말을 연결하는 설명부(exposition), ③ 맺음말인 구약성경 본문이다.[13] 이와 동일한 구조는 바오로의 편지들 중 다른 어디서도 발견할 수 없다. 이 점은 인사말에 소스테네스가 언급된다는 것과 함께 코린토

---

13) 이 점을 기반으로 엘리스는 1,18-31과 2,6-16이 본래 독립적인 미드라쉬였다고 주장했는데, 이 가설에는 논란거리가 매우 많다. 하지만 엘리스가 관찰한 이 구조 자체의 가치는 분명하다. 피(Fee 1987, 101 n. 13)와 메르클라인(Merklein 1992, 175)을 보라.

1서만의 고유한 특징이라고 말할 수 있다.

이 구절들이 각각 이어지는 단락, 곧 2,1-5 및 3,1-4과 연관되어 있음을 염두에 둔다면 소스테네스가 1,18-31과 2,6-16의 저작에 관여했을 가능성은 이제 개연성 차원의 일이 된다. 1,18-31과 2,6-16은 원칙적인 수준에서 하는 이론적 논증이라고 한다면, 2,1-5과 3,1-4은 그 의도가 아니라 결과로 판단할 필요가 있음을 강조한다는 점에서 매우 실용적이다. 이어지는 후자의 두 단락은 바오로에게서 전형적으로 드러나는 실용주의를 무심코 드러낸다. 바오로의 실용주의는 영을 중시하던 이들과 거리감을 두었던 요소들 가운데 하나였다. 영을 중시하기에 필연적으로 사변적 신학에만 머물고자 하는 이들에게 바오로가 호의를 보이지 않는다는 사실 때문에 그들은 아폴로 편에 서게 되었다(Merklein 1992, 134-139).[14] 우리는 2,1-5과 3,1-4을 도입하는 카고(κἀγώ=καί+ἐγώ)의 강조 용법에서 바오로의 분노를 파악할 수 있으며, 이는 바오로가 1,18-31과 2,6-16 여기저기에 흩어져 있는 궤변을 참을 수 없을 정도가 되었고, 그

---

14) 이는 《예루살렘 성경》(*Bible de Jérusalem*)에서 두 경우 모두 "나에게는(Pour Moi)"이라는 표현을 사용한다는 점에서 잘 드러난다. 영어 성경에서는 대개 이 점을 파악하기 어렵고, 서로 일치되어 있지도 않다. 다만 《새 미국 성경》(NAB)은 2,1에서 "나 자신에 대해서는(As for myself)"이라고 번역하고, 《개역 표준 성경》(RSV)은 3,1에서 "그러나 나는"이라고 옮긴다.

래서 자신의 기본 입장을 매우 단순화시켜 진술하고자 개입했음을 보여 준다. 바오로 서간에서 새 단락을 시작할 때 카고의 강조 용법을 사용하는 경우가 단 두 번, 곧 이 두 구절에만 나타난다는 점 또한 이 두 구절의 독특한 요소로 볼 수 있다. 만약 바오로가 1,18-31과 2,6-16의 단독 저자였다고 한다면 이런 상황이 일어났을 개연성은 희박하다. 오히려 영을 중시하던 이들의 영향으로 생겨난 불화를 다룰 때, 바오로가 글의 형식과 내용에 관해 공동 협력자의 조언을 취했을 가능성이 더 높아 보인다. 이런 점에서 공동 협력자는 공동 저자의 지위를 얻었을 것이다. 하지만 바오로는 이와 관련해서도 자신의 생각을 나름대로 개진했음이 분명해 보인다.

만약 인사말에 거명된 소스테네스가 코린토의 초대 회당장(archisynagogos), 곧 "회당 기증자"(사도 18,17)였다는 사실이 분명하다면, 지금까지 전개한 주장은 더 큰 설득력을 얻을 수 있다. 그렇게 되면 소스테네스는 공동체에서 벌어진 일에 관한 정보를 가지고 있었을 뿐만 아니라 회당에서 맡은 역할을 볼 때 성경 구절을 해설하고 사용하는 데 매우 익숙했을 것이다. 하지만 안타깝게도 우리가 분명히 알 수 있는 사실은 이 편지에 언급된 소스테네스가 편지 수신자들에게 알려진 인물이었다는 점뿐이다(Fee 1987, 31; Merklein 1992, 68). 그럼에도 불구하고 바오로가 공동체 안에 벌어진 분열 문제에 관해서만 그의 도움을 청하고 있다는 점이 흥미롭다. 클로에 집안 사람들은 다양한 파벌에 대해 보고했지만(1,11-12), 소소테네스는 영을 중시하는 이들이 공동체에 실제로 위험이 된다고 지적하며 그들을 무력하게 할 수 있는 방법을 제시했던 유일한 인물로 보인다. 그러나 코린토 1서의 나머지 대목에서 다루어지는 현실 문제들에 관해서는 소스테네스의 기여가 필요치 않았던 것으로 보인다.

3) 코린토 2서

'나'와 '우리'를 교차 사용하는 문제는 코린토 1서보다 코린토 2서에서 훨씬 더 주목을 끌었다. 하지만 유감스럽게도 유일하게 얻을 수 있는 결론은 받아들일 수 없는 설명만 숱하게 남았다는 사실이다.

한쪽 편의 극단적 설명은 "그동안 계속해서 바오로가 저자라고 알고 있기 때문에" 공동 저작성의 가능성을 전면적으로 거부하는 것이다(Furnish 1984, 104; 유사한 의견으로 Allo 1956, 2). 이런 확신은 대단히 주관적이라고 말할 수 있지만, 그들의 견해에도 티모테오가 인사말에 왜 언급되는지에 관한 납득할 만한 견해가 담겨 있다. 그들의 견해에 따르면 티모테오가 인사말에 언급된 것은 ① 그가 편지에 담긴 내용에 찬동하고 있음을 드러내기 위해(Allo 1956, 2), ② 그가 코린토인들에게 계속 관심을 가지고 있음을 보여 주기 위해(Furnish 1984, 104), ③ 그가 여전히 바오로의 지지를 받고 있음을 드러냄으로써 코린토인들에게 그의 명예를 회복시켜 주기 위해(Martin 1986, 2), ④ 모든 증언은 적어도 두 증인을 통해 확증되어야 한다는 신명 19,15의 법적 요구를 충족시키기 위해서였다(Furnish 1984, 104). 하지만 동시대의 다른 서간에서 이와 유사한 형태의 인사말이 발견되지 않는다는 점에서 이 모든 가설은 틀린 것으로 간주할 수 있다[특히 ④와 관련해서는 타츠(Taatz)를 참조하라].

다른 학자들은 공동 저작성이라는 주제를 피하며 코린토 2서의 1인칭 복수가 다양한 의미로 사용된다는 점을 강조함으로써 티모테오라는 인물을 그리 대수롭지 않게 여긴다. 윈디시는 예를 들어 티모테오와 바오로가 같은 경험을 공유하고 있거나 합심하여 코린토인들에게 맞서고 있을 때에는, 티모테오가 포함된 '우리'라는 표현이 사용될 수 있음을 인정한다(Windisch 1924, 2). 하지만 그는 '우리'가 대개의 경우는 '우리 사도들/선교사들' 또는 '우리 그리스도인들'을 의미한다는 견해를 유지한다. 프림과 바우메르트는 윈디쉬와 마찬가지로 1인칭 복수에 티모테오를 포함시킬 것인지 말 것인지에 관심을 가지고 있었는데, 1인칭 복수에 관한 그들의 조사 결과는 다소 혼란스럽다(Prümm1960, 31-35; Baumert 1973, 23-36). 카레즈(Carrez)가 그들의 연구를 다듬어 정리하였는데, 그는 코린토 2서에서 "우리"가 네 가지 다른 방식으로 사용되고 있다고 분류한다: ① 우리=여러분, 공동체; ② 우리=바오로의 공동 협력자인데 사도들은 아니다; ③ 우리=사도들; ④ 우리=나(곧, 서간체 복수형). 클라우크는 이 분류를 수정 없이 채택했지만(Klauck 1986, 12) ③의 분명한 예를 발견하기는 어렵다고 지적했다(Klauck 1986, 17). 그는 카레즈가 10,4-8.12-13에서 ③의 의미를 찾으려는 시도가 잘못되었음을 지적하였는데, 그의 지적은 옳다. 왜냐하면 이 구절은 오히려 ④에 해당하는 것처럼 여겨지기 때문이다. 하지만 1,24 혹은 5,19.20에 대한 클라우크 주장도 마찬가지로 설득력이 없어 보인다. 이 점은 중요하다. 왜냐하면 ③이 제외된다면 1인칭 복수의 다양한 용례는 공동 저작성을 반대할 수 있는 근거가 되지 못하기 때문이다. 클라우크는 흥미롭게도 티모테오가 1인칭 복수에 어떤 방식으로든 포함되지 않는다고 말하면서 티모테오가 코린토 2서의 내용에 대해서는 공동 책임이 있다고 주장한다(Klauck 1986, 17).

또 다른 극단에는 공동 저작성을 전적으로 받아들이는 이들이 있다. 피는 소스테네스가 코린토 1서의 공동 저자라는 점은 거부하지만, 코린토 2서가 실제로 쓰일 때 티모테오가 일정한 역할을 했다고 본다(Fee 1987, 30). 하지만 이 점을 상세히 다루지는 않는다. 불트만은 티모테오가 공동 저자라는 것을 당연하게 여긴다(Bultmann 1976, 24). 그리고 주석할 때 자주 그랬던 것처럼 "어느 정도 기여했는가?"라는 비평적 질문을 던진다(그는 이 질문에 대해 답하려 하지 않는다). 프라이어와 리처즈가 이 질문에 답하려 했지만, 그들의 시도는 실패로 끝났다(Prior 1989, 42 n. 19; Richards 1991, 155-157). 그들은 '우리'와 '나'가 사용되는 어떠한 양식적 구조도 식별해 내지 못했기 때문이다. 그럼에도 불구하고, 리처즈는 코린토 2서에서 1인칭 단수와 복수의 사용 사례를 조사해서 도표화한 카레즈의 연구 결과를 수정, 보완하여 기본적인 통계자료를 뽑아 제시하여 관련 연구에 크게 기여했다.

	나	우리
2코린 1-9	81(26%)	225(74%)
2코린 10-13	147(74%)	51(26%)

이 도표를 보면 두 편지의 분명한 차이를 확인할 수 있을 뿐만 아니라 코린토 2서에 나오는 '나/우리' 문제가 코린토 1서와는 정반대되는 상황이라는 것을 알게 된다. 코린토 1서는 본래 '나-편지'이기 때문에 거기에 사용된 1인칭 복수를 설명해야 하

지만, 2코린 1-9장은 본래 '우리-편지'이므로 거기서 설명해야 할 점은 1인칭 단수다. 다시 말해 얼핏 보더라도 2코린 1-9장은 공동 저작 편지로 보이며, 인사말에 공동 저자 가운데 하나가 우연히 드러난 경우라고 볼 수 있다.[15]

윈디시는 '우리'와 '나' 구절이 교차되어 나온다는 점을 주목함으로써 거의 해답을 얻은 것처럼 보였지만(Windisch 1924, 33), 비본질적인 요소들에 빠져 곁길로 새어 나감으로써 올바른 해답을 찾는 데 실패한다. 좀 더 광범위한 양식적 구조가 파악될 때 비로소 세부적인 것들도 적절히 이해할 수 있을 것이다. 다음 표에서 제시되는 성경 구절 뒤 대괄호 안의 숫자는 해당 구절에서 예외인 경우를 나타낸다(곧, '우리' 단락 안에 '나'가 나오거나 그 반대의 경우).

단락	우리	나
A	1,3-14	
B		1,15-17
C	1,18-22	
D		1,23-2,13 [1]

---

15) 코린토 2서가 편지 두 개로 이루어져 있기 때문에 인사말이 그 두 편지 가운데 어느 편지의 인사말인지에 대해서는 이론적으로 논란의 여지가 있다. 퍼니시가 이 점을 다루었는데(Furnish 1984, 101-102), 인사말이 2코린 1-9장에 속한다고 보는 그의 결론은 옳다.

E	2,14-7,2 [2]	
F		7,3-12 [1]
G	7,13-8,7 [3]	
H		8,8-15
J	8,16-24 [1]	
K		9,1-15 [1]

구조에서 드러나는 규칙성이 주목할 만하다. 다섯 개의 '우리' 단락은 동일한 수의 '나' 단락과 교차되고 있다. 이 단락들을 아무 생각 없이 절수로만 계량화한다면, 이 도표에서 볼 수 있는 균형은 사라지고, 카레즈와 리처즈가 강조한 불균형만을 확인할 수 있을 뿐이다. '우리' 단락은 전부 122절(72%)인 반면, '나' 단락은 단지 47절(28%) 밖에 안 된다. 게다가 편지는 단지 두 가지 주제, 곧 '중간 방문'[16]과 예루살렘의 가난한 사람들을 위한 헌금에 집중한다.

'나' 단락

단락 B, D, F는 티모테오가 관여되어 있지 않던 '중간 방문'의

---

[16] 역주: 2코린 1,15-16에 언급되는 것처럼, 바오로는 예루살렘으로 올라가는 길에 코린토를 잠시 들르고자 했는데, 이 방문을 '중간 방문(intermediate visit)'이라고 부른다.

결과들을 다룬다. 바오로는 어쩔 수 없이 자신의 계획을 바꾸었어야 했는데(1코린 16,5 참조), 이때 티모테오는 이미 마케도니아에 파견되어 있었다(사도 19,22). 이론적으로 1인칭 단수는 바오로나 티모테오를 지칭한다고 볼 수 있는데, 방금 언급한 점만 보더라도 1인칭 단수가 바오로를 지시한다는 것을 금방 식별할 수 있다. 눈물의 편지(2,4)는 매우 개인적인 편지였는데, 이 편지가 가져온 결과에 관해 바오로는 무척 기뻐한 바 있다(7,7). 그러므로 이 단락들에서 1인칭 복수가 단수로 바뀌는 것은 꽤나 적절하고 필수적이다.

이따금씩 복수로 되돌아가는 것은 쉽게 설명할 수 있다. 티모테오는 코린토에서 공적인 임무를 수행했다(1,24; 이와 관련해서는 1코린 4,17; 16,10-11 참조). 그리고 티토가 마지막에 코린토에서 돌아왔을 때 티모테오는 바오로와 함께 마케도니아에 있었다(사도 19,22). 그래서 2코린 7,5에서 단수가 복수로 바뀌는 것은 7,7에서 다시 단수로 되돌아가는 것만큼이나 자연스럽다. "그가 여러분의 그리움과 여러분의 한탄, 그리고 나에 대한 여러분의 열정을 우리에게 알려 주었습니다"(7,7).

단락 H와 K는 헌금에 관해 이야기한다. 바오로는 8,7에 나오는 히나(ἵνα) 절을 오해하지 않도록 단락 H(8,8-15)에 개입해 들어온다. 히나 절이 가지고 있는 명령법적 의미(BDF § 387[3];

Furnish 1984, 403)는 코린토인들이 예루살렘의 가난한 이들을 위해 실제로 무엇인가 해야 한다는 바오로와 티모테오의 공통 관심사를 반영하고 있다. 하지만 도덕적 결정을 강요하는 것은 바오로의 원칙에 맞지 않았다(필레 8,14; 2코린 9,7). 그래서 바오로는 "나는 이 말을 명령으로 하는 것이 아닙니다"(8,8; 참조 1코린 7,6)라는 표현과 그리스도에 관한 언급, 그리고 이미 1코린 9,11에서 재정 문제를 다루면서 사용한 상부상조(quid pro quo) 논리로 이 명령법적 의미를 상쇄시킨다.

단락 K(9,1-15)는 편지의 결론으로 지극히 개인적인 호소를 담고 있으며 점차 심오한 신학적 논증으로 넘어간다. 갈라 6,11-18과 병행을 이루는 것을 볼 때, 이 단락은 개인적 후기라고 볼 수 있다. 이러한 후기는 바오로가 서간을 쓸 때 사용하던 기교 중 하나로 동시대 다른 저자들의 편지에서도 많이 발견된다(Richards 1991, 80-90, 176-182). 비서가 쓴 편지를 인준하기 위해 저자는 마지막 단락을 개인적으로 작성해 넣어야만 했다. 공동 저작 편지의 경우 그 글을 쓸 사람을 선정해야 했는데 대개는 중심 역할을 한 이가 그 글을 적어 넣었다. 이렇게 볼 때 여기에 나오는 "나"는 바오로를 언급한다고 생각할 수밖에 없다(2테살 3,17-18 참조). 이러한 글쓰기 방식은 복수가 단수로 바뀌는 문제뿐만 아니라 8장과 9장이 보여 주는 이중성을 잘 설명해 준다. 바오로는 가난한 이들에 관한 공동의 호소를 어쩔 수 없이 마치 개인적인 호소인 듯 이야기한 것뿐이다(갈라 2,10).

9,4ㄴ("우리까지 수치를 당하지 않을까")에 1인칭 복수가 사용되는 것은 다소 특이하다. 하지만 이것은 마케도니아 사람들이 구제 활동에 관대하게 동참하도록 장려하기 위해 코린토인을 자랑하는데, 티모테오도 같은 생각을 공유하고 있었던 것으로 추측할 수 있다.

'우리' 단락

앞서 언급한 것처럼 1인칭 복수에 할당될 수 있고, 또 할당되어 왔던 다양한 의미를 고려한다면 티모테오를 공동 저자에서 제외시킬 수는 없다. 어떤 개인을 봉사자 집단이나 한 공동체, 또는 일반적인 모든 믿는 이와 동일시할 수 있다면, 한 쌍, 곧 두 명에 대해서도 마찬가지일 것이다. 또 티모테오가 편지 작성에서 상당한 역할을 수행했음을 받아들이지 못할 심각한 장애도 별로 없어 보인다. 그리스도교 설립 과정에서 바오로의 역할이 중요했다는 교회의 인식에서 바오로가 스스로를 독보적 인물로 생각했다는 신념이 뻗어 나왔고, 그 결과 사도직에 관한 긴 대목(2,14-7,2)도 바오로가 무엇보다 먼저 자기 자신에 관해 말하는 것으로 이해해야 한다는 데 이르렀다(Baumert 1973, 29, 36;

Klauck 1986, 12). 여기서 이런 가정이 정말 타당한지 평가해 볼 필요가 있다. 과연 바오로는 자기 자신만을 독보적이라고 여겼을까? 그렇다면 어떤 의미에서 그렇게 생각했을까?

바오로는 파스카 사건 이후에 일어난 부활 발현을 보았던 마지막 인물로(1코린 15,8) 주님을 만난 적이 있었다(1코린 9,1). 해외 유다인 출신 중 그 어떤 인물도 이와 비슷한 주장을 할 수 없었다. 하지만 이 점을 강조하는 것이 중요하게 된 때는 바오로와 안티오키아 교회의 관계가 깨진 뒤였다. 바오로가 안티오키아 교회의 사절이었을 때에는(사도 13,2-3), 굳이 자신이 누구인지 드러낼 필요가 없었다. 그래서 바오로는 테살로니카 1서와 2서에서는 자신의 자격에 관하여 굳이 언급하지 않으면서 자신을 소개한다. 하지만 뒤에 가서 자신의 자격에 대한 지지 기반을 잃고 나자, 바오로는 자신의 임무가 하느님에게 기원을 두고 있다는 것과 자신이 "하느님의 뜻에 따라 그리스도 예수님의 사도로 부르심을 받은"(1코린 1,1과 필리피서와 필레몬서를 제외한 다른 모든 편지) 이임을 강조해야 했다. 또한 바오로는 자신이 비록 지상에서 살던 예수를 알지 못했지만 베드로와 야고보와 동일한 권위를 지녔음을 의식하고 있었다(갈라 2,1-14). 곧, 바오로가 수행하는 직무의 기원에서, 그로 인해 생겨나는 바오로의 지위에서 바오로는 가장 가까운 협력자들과도 결코 동등한 위치에 있지 않았다는 것이다. 이 점은 바오로가 그들에 관해 말하는 방식에서도 잘 드러난다. 그는 단 한 번 자신과 티모테오를 묶어서 표현하는데, 그때에도 자신과 티모테오를 함께 하느님에게 직접 직무를 받은 이들이라고 표현하지 않고, "예수님의 종들"이라고 부를 뿐이다(필리 1,1).

하지만 날마다 이루어지는 직무의 실천적 차원에서는 새 교회들을 세우고 양육하던 다른 많은 이와 바오로 간에 본질적 차이는 없었다. 그들 모두 새로운 창조를 가져오는 은총의 경로로 활동했다. 바오로 스스로도 잘 인식하고 있었듯이 그들 간에 존재하는 신학적 차이, 접근법의 차이, 심지어 동기의 차이마저도 본질적으로는 문제가 되지 않았다(필리 1,15-18). 따라서 2코린 2,14-7,4에서 다루어진 내용 가운데 바오로의 생각이라고만 한정할 수 있는 것은 전혀 없다. 여기에 담긴 내용은 바오로의 입장에서 모두, 특히 코린토에 있던 자신의 반대자들마저도 고무되어서 받아들이기를 바라는 직무에 대한 하나의 시각이다. 티모테오가 바오로의 사목적 실천을 모범으로 삼았다는 점에 대해서는 의심할 여지가 없다. 이 점을 받아들인다면 코린토 2서에서 티모테오를 의식적이며 의도적으로 염두에 두고 1인칭 복수를 사용했다는 것을 반대할 하등의 이유를 발견하기 어렵다. 티모테오가 편지 저작에 공헌하였다는 점에 대해 긍정적인 답변을 내놓을 수 있는 정확한 근거를 분명하게 밝히기는 어려울지도 모른다. 하지만 영적인 것을 추구하는 이들과 관련된 문제를 다루는 일에서 다소 서투르게 접근하는 코린토 1서와 비교해 볼 때, 코린토 2서가 어조와 수사적 배열에서 변화를 보인다는 점은 주목할 만하다(Murphy-O'Connor 1986b). 또 바오로의 접근 방식이 좀 더 세심해졌다는 점을 볼 때 티모테오가 참여했기 때문으로 설명하는 것이 가장 간편한 설명 방식이다.

이제 '우리' 단락에 간혹 나타나는 1인칭 단수에 관해 살펴볼 필요가 있다. 1인칭 단수가 가끔 사용되는 것은 바오로의 기질 때문에 생겨나는 특징으로, 공동 저작 가설을 약화시키는 요소가 아니라 오히려 지지하는 요소가 된다.

E 단락에 나오는 두 번의 호소문은 매우 간단하면서도 신랄하다. "나는 여러분의 양심에도 우리가 환히 드러나 있기를 바랍니다"(5,11), "나는 자녀에게 이르듯이 여러분에게 말합니다"(6,13). 이 문장들은 바오로가 미묘하고 복잡한 논쟁에 진이 빠져 감정적으로 참을 수 없을 지경에 이르렀음을 암시한다. 이와 같은 현상은 이미 1코린 2,1-5와 3,1-4에서 살펴본 바 있다.

G 단락에 나타나는 세 번의 1인칭 단수와 J 단락에 나오는 한 번의 1인칭 단수는 다소 다른 유형에 해당한다. 바오로는 티토의 수고로 코린토인들과의 화해가 이루어졌다고 믿으며 그

화해에 대한 안도감과 행복감을 억누를 수가 없었다. 그래서 7,14,16절에 자신의 감정을 담은 칭찬을 코린토인들에게 전한다. 내가 생각하기에 티모테오는 다혈질적인 인물은 아니었던 것 같다. 같은 감동을 이번에는 마케도니아 사람들이 가져다주었는데, 바오로는 "나는 증언할 수 있습니다. 그들은 힘이 닿는 대로, 아니 그 이상으로 기꺼이 내어 놓았습니다"(8,3)라고 격하게 표현한다. 이 점에서 바오로는 온 세상을 사랑할 준비가 되어 있었던 것 같다. 그는 티토에게 감사하는 마음을 가지고 있었기 때문에 8,6과 8,16-17에서 단지 공식적인 감사 인사만으로 끝낼 수는 없었다. 그래서 좀 더 과하게 자신을 드러내며 말한다. "티토로 말하면, 그는 내 동지이며 여러분을 위한 나의 협력자입니다"(8,23ㄱ). 이와 함께 바오로는 티토와 동행했던 이들에게도 자연스럽게 감사의 말을 덧붙인다(8,24ㄴ).

2코린 10-13장

인사말에 여러 발송인이 언급되지 않는 편지들은 공동 저작성이 아무런 문제가 되지 않는다. 2코린 10-13장의 본래 인사말은 이 편지가 2코린 1-9장과 합쳐지는 과정에서 버려졌기 때문에 이 편지가 공동 편지인지 개인의 편지인지는 알 수 없다. 격앙된 감정과 강렬한 개인적 어조를 볼 때 이 편지는 개인의 편지로 보인다. 하지만 1인칭 단수가 지배적으로 사용되고 있음을 보여 주는 앞서 언급된 통계만을 바탕으로 이 편지를 개인 편지라고 확정할 수는 없다. 왜냐하면 코린토 1서의 경우도 1인칭 단수가 지배적으로 사용되지만 여전히 공동 저자가 기여하는 부분이 발견되기 때문이다.

공동 저자의 손길이 가미된 것으로 볼 수 있는 유일한 대목은 10,12-18이다. 많은 주석가가 지적한 것처럼 이 단락은 여러 요소가 구조적으로 적절히 잘 다듬어져 있는데, 10,11에서 서간체 복수형으로 '행동/활동'을 언급한 데서 고쳐진 것이다(Plummer 1915, 285; Windisch 1924, 307; Bultmann 1976, 193; Martin 1986, 314; Klauck 1986, 80; Wolff 1989, 203). 10-13장에 나오는 다른 1인칭 복수의 예들과는 달리 이 단락에서 "우리"라는 표현은 전체적으로 일관되게 사용된다. 이 단락과 비교할 만한 유일한 단락인 13,4-9에서는 13,6에 1인칭 단수가 나와 전체의 일관성을 깨트린다. 또한 10,12-18은 정확히 1코린 1,31과 마찬가지로 그리스어 칠십인역의 예레 9,24을 자유롭게 인용함으로써 마무리한다. 그런데 1코린 1,31은 공동 저작 단락인 1코린 1,18-31의 결론부에 해당한다. 마지막으로 2코린 10,12-18에 나오는 간접 논증에서 역설적으로 전개되는 요소들은 1코린 2,6-16에서 이야기하는 영을 떠올려 준다(Windisch 1924, 307).

하지만 이런 식의 논증은 그 자체로 개연성이 부족한 것으로 결론이 난다. 왜냐하면 코린토 1서는 티모테오(코린토 2서)가 아니라 소스테네스를 공동 저자로 제시하고 있기 때문이다. 따라서 10,12-18에서 바오로는 자신이 속한 선교 집단의 선교 전략에 관해 이야기하고 있고, 그 전략을 결정하는 이는 물론 바오로라고 말하는 것이 더 그럴듯해 보인다.

4) 다른 편지들

지금까지 테살로니카 1서와 2서에서는 실바누스와 티모테오가, 코린토 1서에서는 소스테네스가, 코린토 2서 1-9장에서는 티모테오가 편지 작성에 실제로 기여했다는 사실을 살펴보았다. 그들이 편지 작성에 참여한 정도는 각각 다른데, 테살로니카 1서와 2서가 가장 높고 코린토 1서가 가장 낮다.

공동 발신자로 언급된 이들이 실은 공동 저자를 의미한다는 가정이 갈라티아서, 필리피서, 필레몬서에서는 입증되지 않는다는 사실로 인해, 앞서 제시한 결론이 위태롭게 보일 수 있다. 하지만 거꾸로, 이 세 편지의 도전으로 바오로가 왜 공동 저자의 역할을 하지 않은 이들까지 공동 발신자로 적어 두었는지 살펴보게 된다.

갈라티아서에 나오는 인사말 양식은 공동 저작임을 드러내기 위해 의도된 것이 아니다. 왜냐하면 여기서는 불특정한 형제들을 언급하는데, 이는 그리스도교를 유다교화하려는 이들에 반대하는 바오로계 교회의 연대성을 환기시키기 위한 것이다(Schlier 1962, 28-29). 이와 관련해서 도움이 되는 병행 본문은 초대교회의 한 편지에서 찾아볼 수 있다: "폴리카르포스와 그와 함께 있는 원로들이 필리피에 있는 하느님의 교회에." 이 편지는 분명 폴리카르포스가 개인적으로 쓴 것이었다. 하지만 자신과 함께 있던 원로들을 인사말에 포함시켰다. 그 이유는 자신이 한 개인으로서 이 글을 쓰고 있는 것이 아니라는 사실을 강조하기 위함이었음이 분명하다.

필리피서의 경우는 문제가 좀 더 복잡하다. 앞서 언급하였듯이 이 편지는 세 통의 편지를 묶은 것이기 때문이다(편지 A: 1,3-3,1과 4,2-9; 편지 B: 3,2-4,1; 편지 C: 4,10-20). 이렇게 된다면 티모테오를 공동 저자로 거론하는 인사말(1,1)은 이 편지들 가운데 과연 어떤 편지의 인사말이었는지가 불분명해진다. 편지 A와 C는 "우리의 하느님"(4,20)을 제외하고는 오직 1인칭 단수만을 사용한다. 하지만 편지 B는 다소 다르다. '나'가 주로 사용되지만 '우리'도 여섯 번 사용된다. 3,3.15.16.20.21에 사용된 것은 분명 '우리 믿는 이들'을 의미한다. 그리고 나머지 한 번의 예

(3,17)에서는 단수에서 복수로 바뀌었다가 다시 단수로 바뀌는데 여기서 "우리"는 서간체 복수형에 해당한다.

바오로는 필레몬서의 인사말에서 자신과 티모테오를 연관 짓는데, 이 편지는 필레몬, 아피아, 아르키포스 등 세 사람으로 이루어진 집단에게 보낸 편지다. 하지만 이 편지의 실제는 "나는 그대에게 씁니다"[21절, 에그랍사 소이 (ἔγραψά σοι)]라는 표현으로 잘 드러난다. 이 편지는 한 개인이 다른 개인에게 보내는 메시지다. 드물게 사용되는 복수형은 형식적인 표현으로 (2.3.22.25절) 반드시 공동 저자를 나타내는 것은 아니다. 이 편지에 "또 그대의 집에 모이는 교회에"(2절)라는 표현만 없었다면, 누군가는 이 편지의 인사말에 세 사람이 언급되어 있기 때문에 키케로가 자기 부인과 티로에게 보낸 편지를 떠올릴 수 있을 것이다. 하지만 이 표현은 해당 편지가 사적인 편지라기보다 공적인 편지 범주에 속하는 것임을 보여 주며, 다음과 같은 의문을 품게 한다. "바오로는 왜 순전히 개인적인 간청을 담은 편지에 공식적인 편지의 특성을 부여했을까?" 그것은 이 편지가 교회의 모든 구성원 앞에서 읽어야 할 편지라는 점을 드러냄으로써 오네시모스를 자유롭게 해 달라는 바오로의 요구에 오네시모스의 주인이 응할 수밖에 없도록 압박하기 위함이었다고 생각할 수 있다.

콜로새서의 몸말(2,6-4,2)에는 '나'도 '우리'도 나오지 않는다. '나'와 '우리'는 오직 편지의 시작과 마침 부분에만 나온다. 감사 부분(1,3-23ㄱ)이 1인칭 복수로 표현된다는 사실을 보면 이 편지는 테살로니카 1·2서, 2코린 1-9장과 같은 부류의 편지로 분류될 수 있다. 느닷없이 "나 바오로"라는 표현으로 시작하면서 '나' 단락(1,23ㄴ-2,5)이 갑자기 밀고 들어왔음을 두드러지게 드러낸다. 이 단락은 바오로가 받은 고통과 사도직에 관한 매우 개인적인 생각을 담고 있는데, 이 단락에 이어 바오로는 1인칭 복수로 사도직에 대한 판에 박힌 전통적인 진술(1,28)을 제시한 뒤 자신이 콜로새와 라오디케이아에 있는 교우들에게 깊은 관심을 가지고 있음을 계속 주장한다. 편지의 마침 부분에서는 콜로새인들에게 "우리"를 위해 기도해 달라고 요청하는데, 마침 부분에서는 4,3ㄱ과 "우리의 형편"을 알리기 위해 티키코스를 보낸다는 언급이 나오는 4,8에서만 1인칭 복수가 사용된다. 나머지 대목들에는 모두 1인칭 단수가 사용되며, 이 대목은 바오로가 감옥에 갇혀 있다는 사실과 바오로에게 여전히 충실한 이들에 대해 초점을 맞추고 있다. 지금까지의 논의를 요약하면, 콜로새서는 '우리' 편지이며 바오로가 이 편지 안에 개인의 생각을 사이사이에 끼어 넣었다고 말할 수 있다. 여기서도 티모테오가 편지 저술 작업에 실질적인 공헌을 했음을 부인할 만한 어떤 타당한 이유도 발견되지 않는다.

5) 공동 저작의 실제

공동 저작은 실제로 어떻게 이루어졌는가? 앞서 우리는 소 플리니우스가 자신의 저작 습관에 관해 언급한 부분을 다룬 바 있는데(*Letters* 9:36. 이 책 32-33 쪽 참조), 플리니우스의 경우 혼자 먼저 깊이 생각한 뒤 비서에게 받아 적게 했던 반면, 바오로는 자기 동료들에게 의견을 구한 다음 나름대로 정리한 생각을 지도자로서 받아 적게 했을 것이라고 합리적으로 생각해 볼 수 있다. 큰 틀에서 그렇다고 말할 수 있을 것이다. 하지만 바오로의 각 편지는 각각의 저술 상황에 따라 각기 다른 과정을 따랐을 것이 분명하다.

테살로니카 1·2서를 저술할 당시 바오로는 아직 지도자와 작가로서는 초보였다. 세 사람이 함께 편지를 작성했고 바오로는 자신의 견해를 최소한도로 담았을 것이다. 하지만 바오로는 받아쓰게 하는 사람이었기 때문에 자신의 생각을 큰 어려움 없이 불쑥불쑥 집어넣을 수도 있었을 것이다.

코린토 1서의 상황은 매우 달랐다. 바오로는 더 많은 경험을 쌓았을 뿐만 아니라 코린토 교회가 바오로에게 공식적으로 조언을 구한 상태였다. 공동체의 대표들(16,17)은 바오로가 답변해 주기를 바라는 편지를 가져왔다(7,1). 바오로는 그들이 가져온 편지에 언급되어 있지는 않았지만 클로에 집안 사람들이 전해 주어 알게 된(1,11) 특정한 문제 상황을 다루려면 해당 지역에 관한 지식이 필요했기 때문에 편지 저술에 공동 저자를 끌어들이기로 결정했던 것으로 보인다. 그런데 소스테네스와의 작업은 예상과 달리 만족스럽지 못했던 듯하다. 소스테네스가 대화에서는 강한 통찰력을 보이지만 텍스트를 만드는 데는 매우 혼란하고 과도하게 예민한 사람들 가운데 하나였던 것으로 보인다. 바오로는 그에게 기회를 두 번 준 뒤 속이 타서 소스테네스를 공동 저자로 삼기를 포기했다.

코린토에서 코린토 1서의 효과는 바오로가 기대하던 바에 미치지 못했다. 코린토 1서는 영적인 것을 추구하던 이들의 잘못된 생각을 더욱 강화시키는 데 기여했을 뿐이었던 것 같다. '중간 방문' 동안 바오로와 코린토 교회의 관계는 더 악화되었고, 바오로는 '눈물의 편지'(2코린 2,4)를 급히 보냈지만 도리어 염려만 더 커졌다(2코린 6,8). 그는 화가 나서 그 편지를 보냈던 것일까? 그 편지의 거친 언어로 바라던 효과를 얻었을까? 바오로가 2코린 1-9장을 저술하는 섬세한 작업에 티모테오의 도움을 호소했을 것이라는 사실은 그리 놀라운 일이 아니다. 그들은 계속해서 함께 활동했는데, 사도직 활동의 주요 부분에서 주로 그러했다(2,14-7,2). 하지만 몇몇 주제에 관해서는 나름의 특성상 바오로가 개인적으로 의견을 개진해야만 했을 것이다. 그런데 이런 식의 개입으로 작업은 다소 길어지곤 하였다. 그럴 때마다 티모테오는 바오로가 다시 공동 작업으로 되돌아오게 할 수 있었는데, 그 결과로 신약성경에서 가장 특별한 편지가 탄생하게 되었다.

바오로가 티모테오의 기교에 다시 의지한 경우는 콜로새에서 일어난 새로운 형태의 적대적 견해를 다루어야 했을 때뿐이었다.

5. 바오로의 문제?

앞서 살펴본 두 단락이 말하고자 하는 중요한 점은, 지금까지 어떤 편지가 바오로가 직접 쓴 것이냐 아니냐를 결정하는 데 주된 근거로 삼았던 문체 기반의 논증이 더 이상은 정당한 근거로 사용될 수 없다는 사실이다.

바오로 사도가 직접 누군가에게 자기 이름으로 편지를 쓰도록 임무를 맡기는 일종의 속임수를 썼다고 보기는 어렵지만, 바오로가 편지를 썼던 주요 도시들 가운데 일부에서는(코린토, 에페소, 필리피, 테살로니카) 편지들을 기록하는 데 다양한 속기사의 도움이 가능했을 것이라는 사실은 의심할 여지가 없다. 빠르게 받아 적을 수 있는 이가 없었다면, 바오로는 자신을 도와주려는 이가 누구든지 간에 그가 받아쓰는 속도에 맞추어 편지 내용을 천천히 구술해야 했을 것이다.

바오로가 어떤 체계로 편지를 썼는지를 확실하게 아는 것은 불가능하다. 리처즈에 따르면 일상적인 말하기 속도로 써 내려간 것으로 보이는 유일한 편지는 로마서다. 이 편지는 "구술적 특징을 가장 강하게 담고 있는 편지로서 연설적 수사를 사용하는 빈도가 매우 높아 전체로든 부분으로든 바오로의 가장 생생한 목소리(ipsissima verba Pauli viva voce)를 담고 있을 가능성이 매우 높다"(Richards 1991, 171; 참조 Roller 1933, 8-14). 내 견해로는 동일한 이유로 2코린 10-13장에 관해서도 같은 주장을 할 수 있을 것으로 보인다.

이 두 통의 편지가 매우 개인적이라면 그 반대편에 테살로니카 1·2서, 코린토 1서, 2코린 1-9장과 콜로새서가 있다. 뒤의 편지들에는 하나 또는 그 이상의 공동 저자가 존재한다고 여겨져 왔다. 만약 비서의 도움이 바오로의 표현에 영향을 미쳤다면 공동 저자는 편지 저술에 더 큰 영향을 끼쳤을 것이다. 다른 이들이 관여했다면 이는 바오로의 구술 기법에 변화를 주었을 뿐만 아니라, 바오로의 것과 다른 어휘와 구술 양식이 개입되도록 하였을 것이다.

우리는 공동 저자가 편지 저술에 정확히 어떤 방식으로 기여했는지를 판단할 수도 없고, 비서가 어느 정도로 저술 작업에 참여하였으며, 비서의 수가 어느 정도였는지도 확인할 수 없다. 따라서 바오로가 사용하는 본래 문체가 무엇인지를 정하여 그것을 기준으로 주요한 문체의 차이들을 식별해 내는 것은 불가능하다. 이러한 결론은 문체에 대한 최근의 연구에 의해 확인된다.

서간들에 대한 초기의 문체적 분석은 몇 가지 일반적 표지들의 목록[예를 들면 하팍스레고메논(*hapaxlegomenon*)[17]의 수]을 작성하는 데 머물러 있었다. 이는 일종의 양식적 흔적을 확인하기 위함이었다. 이러한 초보적인 접근은 좀 더 정교한 통계적 분석에 자리를 넘겨주게 되었다. 이 분야에 기여한 가장 최근의 연구로는 안토니 케니(Anthony Kenny)의 《신약성경의 문체 측정 연구(*A Stylometric Study of the New Testament*)》(Oxford: Clarendon, 1986)와 케네스 노이만(Kenneth J. Neumann)의 《문체 통계 분석을 토대로 한 바

---

17) 구약성경이나 신약성경 전체에서 단 한 번만 나오는 단어들.

오로 서간의 친저성(*The Authenticity of the Pauline Epistles in the light of Stylostatistical Analysis*)》(SBLDS 120; Atlanta: Scholars Press, 1990)이다. 이 두 연구는 정밀성에서 다소 부족한 점이 보인다. 또 최근 연구 동향에서 일반적으로 받아들여지는 견해와 달리, 에페소서, 콜로새서, 테살로니카 2서가 로마서, 갈라티아서, 코린토 1·2서와 많은 면에서 공통점을 지닌다는 다소 의아한 결론을 내린다. 다시 말해, 로마서, 갈라티아서, 코린토 1·2서가 서로 지니는 공통점을 에페소서, 콜로새서, 테살로니카 2서도 공유한다는 것이다. 물론, 대부분의 바오로 서간 이면에 단일한 생각이 있다는 점은 의심할 여지가 없다. 하지만 보편적으로 친서라고 여겨지는 편지들 간에도 차이점들이 있다는 사실은 부인할 수 없으며, 따라서 그 차이점에 관한 설명은 반드시 필요하다. 이와 관련해서 가능한 여러 설명 가운데 다양한 형태의 비서나 공동 저자가 있었다는 것이 가장 간단한 설명[18]이다(Prior 1989, 49; Richards 1991, 186).

---

18) 역주: 학문적 관점에서 무엇을 설명할 때 가장 간단하고 명료한 설명, 곧 경제적인 설명을 선택하는 것이 매우 중요하다.

6. 필기장을 사용한 이들과 교회 전승

보관 자료와 수신 자료들을 기록하는 비서의 역할에 관해서는 앞서 언급한 바 있다(37-38쪽 참조). 리처즈는 바오로가 당대의 관행대로 비서를 활용하여 서간을 썼을 가능성에 주의를 기울이도록 만드는 데 크게 기여하였다(Richards 1991, 158-168).

바오로가 자신의 복음과 관련하여 "내가 어떤 사람에게 받은 것도 아니고 배운 것도 아닙니다"(갈라 1,12)라고 주장했음에도 불구하고, 바오로는 자신이 머물던 공동체, 특히 다마스쿠스와 안티오키아 공동체의 영향에서 벗어날 수는 없었을 것이다. 사실, 그의 편지들은 바오로가 초대교회의 교의와 전례 전통에 명백하게 의존하고 있음을 무심결에 드러낸다(Hunter 1961; Guthrie 1966, 270-273; Barth 1984; Ellis 1986). 바오로는 자신이 받은 것을 전한다고 말하는데(1코린 11,23; 15,3), 이 점은 바오로가 신앙 정식定式(1코린 15,3-5; 로마 1,3-4; 4,25; 8,34; 10,8-9; 1테살 1,10; 갈라 1,3-4), 전례 찬가들(필리 2,6-11; 콜로 1,15-20; 1티모 3,16; 에페 5,14), 성찬 제정문(1코린 11,23-25), 교리교육 자료(1테살 4,1-12; 갈라 5,19-21)를 인용하는 데서 확인할 수 있다.

바오로의 기억력은 특출하게 좋았던 것 같다. 하지만 구두로 지시하고 글로 적어 보내는 데 유용하다고 느꼈을 법한 자료들을 개인적으로든, 비서를 통해서든, 적어 두었을 것이라는 사실은 바오로 나이에 어찌 보면 당연하다고 여겨진다. 바오로는 죄수로 갇혀 있었을 때 티모테오에게 "올 때, 내가 트로아스에 있는 카르포스의 집에 두고 온 외투와 책들, 특히 양피지 책들을 가져오십시오[카이 타 비블리아, 말리스타 타스 멤브라나스(καὶ τὰ βιβλία μάλιστα τὰς μεμβράνας)]"(2티모 4,13)라고 썼다.[19] 여기 나오는 멤브라나스는 라틴어에서 차용된 단어인데 1세기에는 양피지로 된 필기장을 의미했다. 이는 왁스 칠된 나무 서판을 대체하는 묶음 형태의 조그만 필기장으로(Roberts and Skeat 1983, 15-23), 마르티알리스(40?-102년?)의 풍자시에서도 잘 볼 수 있다.

양피지 서판[20]
이 서판들이 양피지라 불리지만 거기에 밀랍이 덧칠되었다고 상상해 보시오. 글을 새로 쓰고 싶은 횟수만큼 서판을 문질러 지울 수 있을 것이오(*Epigram* 14:7; Ker).

---

19) 스킷(Skeat)은 비블리아(biblia)와 멤브라나이(membranai)가 동일한 것을 지시한다고 주장했다. 왜냐하면 갈라 6,10과 1티모 4,10의 말리스타(malista)는 한정적 기능으로 사용되기 때문이다(역주: "곧"이라고 번역할 수 있다). 하지만 필리 4,22; 필레 16; 1티모 5,8; 티토 1,10에서 말리스타는 특정적 기능으로 사용된다(역주: "특히"라고 번역할 수 있다).

20) 이 제목은 *Pugillares Membranei*를 번역한 것으로 "한 주먹으로 쥘 수 있는 크기의 양피지들"이라고 해석된다(BAGD s.v. *membrana*, 502a).

이 풍자시를 알지 못했기에 2티모 4,13에 나오는 멤브라나이(멤브라나스의 복수형)를 일반적 의미의 "양피지"로 번역하게 되었다(RSV, JB, NAB 참조). 이 번역은 바오로가 이 단어를 무슨 뜻으로 썼는지에 관한 수많은 이견을 불러일으켜 왔다(Spicq 1969, 815-816). 하지만 이 단어가 특정한 의미, 곧 '필기장'이었다고 생각한다면 대부분의 견해는 버려질 수밖에 없다. 바오로는 여러 양피지를 묶어 놓은 일종의 필기장을 염두에 두었던 것으로 보이는데, 그는 이 필기장에 자신에게 깊은 인상을 남겼던 전통적 소재들을 기록해 두거나 설교를 위한 아이디어를 적었으며, 어려움들이 보고된 여러 공동체에 적절해 보이는 다양한 해결 방법에 대한 개괄적 계획을 기록해 두었던 것으로 보인다.

필기장에는 보관 자료, 곧 바오로가 책임을 맡고 있던 여러 교회에 보낸 편지들의 사본이 담겨 있었을 가능성도 분명히 있다. 앞서 살펴본 것처럼(37-38쪽 참조), 당시에는 발송한 편지의 사본을 보관하는 것이 일반적이었다. 리처즈는 이 점을 바탕으로 다음과 같은 견해를 피력한다. "바오로 편지의 첫 번째 서간집이 책자(codex) 형태였으며 바오로가 소장하던 개인 사본들에서 생겨난 것이지 다른 수신자들이 소장하던 것을 모은 것에서 시작된 것은 아니다. (중략) 이 이론에서 두 가지 점을 생각할 수 있다. ① 소위 잃어버린 것으로 알려진 편지들은 아마도 급하게 서두르다 보니 발송하기 전 사본으로 만들어 두지 못했던 것이지, 어디에 둔 것인지 모르는 편지들이 아니다. ② 그런 서간집은 바오로가 죽은 뒤 루카의 손에 쉽게 넘겨졌을 것이다(2티모 4,11)"(Richards 1991, 165 n. 169; 이 점에 관해서는 Archer 1951-1952, 297 참조). 이 가정의 단순함은 매우 매력적이다. 그러나 이 가정에 대한 평가는 바오로 서간(canon) 형성에 관한 논의(259-262쪽) 때까지 유보할 것이다.

7. 편지 발송

아우구스투스 황제(기원전 27년-기원후 14년)는 서방에 정규 우편 제도를 처음으로 도입한 인물이었다. 수에토니우스(68-140년)는 다음과 같이 이야기한다.

> "각 지방에서 일어나는 일을 [로마에서] 더욱 빠르고 즉각적으로 보고 받기 위해 그는 처음에 젊은 남성들을 군용도로에 주둔시켰다가 나중에 우편 마차를 배치하였다. 그런데 우편 마차가 더 편리했던 것 같다. 왜냐하면 어느 지역에서 급한 공문서를 가져온 동일한 인물이, 필요한 경우, 해당 상황을 더 잘 확인시켜 주기 때문이다"(*Augustus* 49; Rolfe).

다시 말해 아우구스투스는 처음에는 일종의 릴레이 방식의 체계를 만들었다. 이 체계는 여러 전달자가 손에서 손으로 급보를 전하는 방식이었다. 하지만 뒤에 가서는 말을 바꾸어 탈 수 있는 역참을 만들었는데, 이 체계에서 파발꾼들은 하루 평균 80킬로의 속도로 직접 이동할 수 있었다. 영어에서 우편을 의미하는 포스트(post)라는 단어는 본래 고정된 역참을 말하는 라틴어 단어 포지투스(positus)[21]에서 나왔다(White 1986, 214).

이러한 우편 체계가 개인적으로 남용되기도 했지만 제국의 우편 체계는 공적인 서간 전달에만 사용되었다. 개인 편지를 사적으로 전달하기 위해서는 각 개인이 스스로 전달할 방도를 찾아야 했다. 개인이 사용할 수 있는 방도는 각자의 역량에 달려 있었다(Westermann 1928). 부유한 사람들은 종이나 자유인을 고용하여 편지를 전달하게 할 수 있었다. 이 내용은 키케로가 파피리우스 파이투스에게 보내는 답신에서 찾아볼 수 있다.

> "내가 답하고자 하는 당신의 편지가 두 통 있습니다. 한 통은 나흘 전에 제투스가 전달해 준 것이고, 다른 한 통은 당신의 편지 배달인 필레로스가 전달한 것입니다"(*Fam* 9:15.1; Williams).

---

21) 역주: '고정된'이라는 의미다.

아티쿠스도 배달인을 활용할 수 있었는데, 키케로가 이 점에 대해 이야기한다.

> "나는 케레스 여신 축제일 당일 안티움으로 내려가는 길에서 벗어나 트레스 타베르내[22]에서 아피아 가도로 길을 막 바꾸었는데, 그때 내 친구 쿠리오가 로마에서 막 내려온 나를 만났다네. 자네가 편지를 들려 보낸 사람을 만난 것도 바로 그때였네"(*Att* 2:12.2; Winstedt).

좀 더 먼 거리에서도 이런 인물들은 서로 연락할 수 있었다. 율리우스 카이사르가 골 지방으로 원정을 나갔을 때, 그의 대리인이었던 가이우스 오피우스는 카이사르와 그의 장교들에게 정기적으로 편지를 보낼 수 있도록 조치하였다. 키케로의 형제도 그 장교들 중 하나였는데, 키케로는 자기 형제의 불만 가득한 편지들 중 하나에 대해 다음과 같이 답장했다.

> "내가 아프리눔에 있었을 때 꾸러미 몇 개로 받은 자네 편지들을 이제야 보는군. 사실 편지 세 통이 한날에 도착했는데, 언뜻 보기에 자네가 같은 날 써 보낸 것 같더군. 그중 제법

---

[22] 역주: '세 개의 여관'이라고 알려져 있는 트레스 타베르내(Tres Tabernae)는 고대 로마 아피아 가도에 있던 곳으로 로마에 입성하는 여행객을 맞이하던 곳이다(사도 28,15 참조).

긴 편지 한 통에서 자네가 지적한 첫 번째 내용은 자네에게 보낸 내 편지가 카이사르에게 보낸 편지보다 발송 일자가 더 이르다는 것이었네. 그것은 오피우스도 종종 어쩔 수 없는 것이네. 내 말은 오피우스가 편지 배달인들을 보내기로 결정한 뒤 내게서 편지를 받아 발송하려 해도 예상치 못한 일이 벌어져 어쩔 수 없이 계획된 날짜보다 늦게 보낼 수밖에 없는 상황이 생긴다는 것이네. 그렇다고 해서 나는 편지 발송 일자를 굳이 바꾸려고 안달하지는 않는다네"(*QFr* 3:1.8; Williams).

특권층에서조차 이렇게 직접적이고 조직화된 서비스를 받는 경우는 드물었다. 편지를 발송하는 문제는 대부분 직접 해당 장소로 가는 여행자가 있는지 여부에 달려 있었다. 아티쿠스에게 급하게 쓴 답장에서 키케로는 이렇게 썼다.

"나는 자네의 편지를 읽자마자 케레스 여신 축제일 4시에 이 편지를 쓴다네. 하지만 이 편지는 내일 처음 만나는 사람에게 맡기려고 생각하고 있다네"(*Att* 2:12.4; Winstedt).

그에게는 큰 운이 따르지 않았다. 4월 23일에 키케로는 아티쿠스에게 다음과 같이 편지를 쓴다. "안타깝군! 기쁨에 찬 자네의 편지에 대해 트레스 타베르내에서 급히 쓴 내 답장이 아직도 자네에게 도착하지 않았다니"(*Att* 2:13.1; Winstedt).

편지는 간혹 분실될 수도 있었다(*Att* 2:8.1). 그리고 운반자가 서두르지 않는 경우도 있었다. 어떤 노예는 40일 정도 보관하고 있다가 배달하기도 했다. 또는 운반자가 자신의 임무를 완전히 잊어버릴 수도 있었다(*Fam* 8:12.4). 만약 키케로 정도의 수준 있는 이에게도 문제가 생긴다면, 편지를 배달하던 나귀나 낙타 몰이꾼들(인디케의 편지 참조, 217쪽)이 정직하리라고 기대하여 돈을 미리 지불해 버린 가엾은 이의 처지는 짐작하기 어렵지 않다. 물론 모두가 그러하지는 않았고, 또 속았다고 해서 어떤 보상을 청구할 수 있는 것도 아니었다. 사비니아누스는 아폴리나리우스가 자기 여동생에게 주었던 도움에 감사를 표한다. 겉보기와 달리 그는 이런 일이 처음이 아니라고 주장한다. "나는 자네에게 편지를 자주 썼는데, 편지 배달하는 사람들의 태만이 도리어 거짓되게 우리를 태만한 사람으로 몰았다네"(*PMich* VIII, 4991 White, 1986, 183). 편지 전달자의 신뢰성은 편지 내용이 기밀일 때 다른 차원에서 평가되어야 했다. 오지랖 넓은 운반자들은 편지를 읽어 봄으로써 편지의 중요성을 떨어뜨리려는 유혹에 쉽게 빠졌다(*Att* 1:13.1). 따라서 발송인이 완전히 신뢰할 수 있는 이에게 맡기는 것 외에 다른 대안은 없었다. 브루투스는 키케로에게 이 점을 다음과 같이 지적하였다.

> "이 편지에 대해 내게 즉시 답장을 써 주게. 만약 내가 알 필요가 있다고 생각하는 것들 가운데 비밀스러운 내용이 있다면, 자네 사람 중 하나에게 들려 보내 주게"(*Fam* 11:20.4; Williams).

물론, 편지 운반자들은 편지 내용을 전언이나 질문에 답하는 식으로 보충해 줄 수도 있었다. 이 점은 *PLond* 42(화가 난 어떤 부인이 자기 남편에게 쓴 파피루스 편지로 130-131쪽에 인용된 것 참조)에서뿐만 아니라, 제논에게 보낸 편지 가운데 한 대목에서도 명백히 드러난다. "나머지는 당신에게 이 편지를 가져다주는 이에게 들으시오. 그는 우리에게 이방인이 아닙니다"(*PColZen* I, 6; White 1984, 1732).

연락하고 싶은 이들이 머무는 곳으로 여행을 떠나는 사람을 우연히 발견하게 되면 그 기회에 편지를 쓰는 것은 당시 매우 자주 있던 일이다. 젊은 이집트 군인 아폴리나리우스가 자기 모친에게 편지를 썼는데, 특별한 일이 있어서 쓴 것이 아니라 빠른 시일 내에 다시 오지 않을 발송 기회가 생겨서 썼을 뿐이다. "키레네로부터 어머니 쪽으로 여행하는 이를 만났기에 이 기회에 제 안부를 어머니께 전해야겠다고 생각했습니다"(*PMich* VIII, 490; White 1986, 162).

바오로가 선교 중심지를 선택할 때 편지 전달자의 가용 여부를 중요한 판단 기준 가운데 하나로 삼았으리라는 추정도 충분히 가능하다. 코린토와 에페소는 둘 다 지중해의 온갖 지역과 가장 쉽게 연락할 수 있는 곳이었다. 사실상 모든 지역 사람들이 "무역상으로, 또는 순례자나 사절이나, 그냥 지나치는 여행자로" 이 두 도시의 성문을 지났기 때문이다(디온 크리소스토무스, *Discourses*, 37:36).

처음에는 바오로가 낯선 이들에게 부탁해야만 테살로니카 1·2서를 보낼 수 있었을 것이다. 하지만 바오로가 세운 공동체들의 상호 연락 체계가 점점 자리 잡게 되었을 때는 그리스도인들을 통해 편지를 전달할 수 있는 가능성도 점점 커졌을 것이다. 이렇게 볼 때 바오로가 "전에 써 보낸 편지"(1코린 5,9)는 일 때문에 에페소에서 코린토로 가던 클로에 집안 사람들(1코린 1,11)에 의해 코린토 공동체에 배달되었을 것이다. 그리고 코린토인들의 편지를 바오로에게 가져왔던 사절단(1코린 16,17)은 바오로의 답신, 곧 코린토 1서를 가지고 돌아갔을 가능성이 대단히 크다. '눈물의 편지'를 전달한 사람은 티토였다. 바오로는 자신의 편지가 코린토인들에게 긍정적인 영향을 미쳤다는 낙관적 보고서를 티토가 가져올 때까지 노심초사하고 있었다(2코린 7,6-13). 티토는 2코린 1-9장을 전달한 인물이었던 것으로 보인다. 그는 예루살렘의 가난한 이들을 위해 모금하는 데 코린토인들이 관대하게 기여하도록 설득할 책임을 가지고 코린토로 돌아가면서 이 편지를 전달했을 것이다(2코린 8,6).

만약 포이베가 로마로 올라가고(로마 16,1-2), 에파프라스, 티키코스, 오네시모스가 콜로새(콜로 1,7; 4,7-9)로 여행했다면, 그들이 로마서와 콜로새서(그리고 필레몬서?)를 전달했을 것이라고 추론해 볼 수도 있겠다. 바오로는 이 두 편지에서 포이베와 에파프라스를 추천하는데, 이는 고대 편지의 특징적인 요소였다(Richards 1991, 8, 70-71). 또한 바오로는 티키코스와 오네시모스에게 부가적인 정보를 들으라고 말한다(위에서 언급한 내용 참조). 이 점을 볼 때 두 편지에 관한 우리의 추론은 가능성이 매우 높은 이야기다.

위기의 편지들, 곧 갈라티아서와 2코린 10-13장은 각각 갈라티아와 코린토에서 나쁜 소식을 가져와 전한 이들이 되돌아가면서 전달했을 가능성이 있다. 만약 코린토에서 일어난 상황을 전한 것이 티토라면 그 가능성은 더욱 커진다. 갈라티아서의 경우, 유다교처럼 만들려는 이들의 영향력이 공동체 안에서 커 가고 있음을 바오로에게 환기시켜 준 이들은 갈라티아 신자들이 아니었을 것이다. 바오로가 공동체 전체를 비판하는 것을 볼 때(갈라 1,6), 갈라티아에는 바오로를 지지하는 이들이 없었던 것 같다(1코린 1,12와 비교). 이렇게 본다면 갈라티아에 대한 정보를 전달한 이들은 아마도 안티오키아에서 에페소로 가는 도중 갈라티아에 잠시 체류했던 신자들이었을 것이다. 클로에 집안사람들이 코린토에 잠시 머물면서 알게 된 바를 바오로에게 전해 준 것과 마찬가지다. 그러므로 갈라티아서의 경우, 갈라티아 신자들에게 보내는 바오로의 메시지가 완전히 외면되지 않도록 해 줄 만큼 충분한 권위를 지닌 편지 전달자를 찾아야만 했을 것이다.

에페소서는 회람용 편지였기 때문에 편지 전달자가 많았을 것이다. 그런데 티모테오 1·2서와 티토서가 어떻게 전달되었는지는 알지 못한다.

II. 편지 구성

바오로는 자신이 책임지던 공동체가 요청하거나, 또는 그들에게서 문제가 발견되는 등 기회가 생길 때마다 편지를 썼다. 그래서 바오로가 쓴 편지들은 내용 면에서 서로 매우 다르다. 하지만 형식 면에서 바오로의 편지들은 일반적 형태를 일관되게 보여 준다. 이 장에서는 바오로의 편지에 일관되게 나타나는 형태를 기술하고, 서로 다른 편지들을 비교하면서 드러나는 변형 요소들이 어떤 의미를 지니고 있는지 밝히고자 한다.

이러한 공관적 작업은 편지의 시작과 마침 부분을 연구하는 데 적합한데, 바로 이 두 부분에서 바오로의 편지 양식이 가장 일관성 있게 드러나기 때문이다. 이 작업은 바오로 편지 전체의 대조표를 만드는 용감한 시도를 한 몇몇 학자의 연구 결과에서 볼 수 있는 것처럼(Francis and Sampley 1975), 편지 몸말을 연구하는 데는 적합하지 않다. 그래서 몸말 부분을 다룰 때에는 수사 분석과 서간 양식 분석에 초점을 맞출 것이다. 이와 관련된 점을 모두 다룬 뒤 방법론을 오용하는 데 따르는 위험성을 명확히 밝히는 동시에, 바오로를 이해하는 데 방법론이 기여하는 바에 관해서도 평가할 것이다.

1. 편지인가 서간인가?

바오로가 쓴 글은 편지인가, 서간인가? 이제는 이 질문이 무의미하게 보일 수 있다. 하지만 1859년 아돌프 다이스만이 처음 제기한 이 질문으로(Deissmann 1901, 3-59) 논쟁이 촉발되었고, 그 결과 바오로를 더 잘 이해할 수 있게 되었다.

다이스만이 이 용어들을 사용할 때만 해도 편지(letter)란 반쯤 개인적인 대화였고, 성격상 개별적이고 사사로운 것이었다. 편지는 문학 양식이나 문체와는 아무 관련이 없으며, 사전에 계획하지 않고 소박하게 적는 것이었다. 반면에 서간(epistle)은 현재와 미래에 가능한 많은 사람의 관심을 끌기 위해 고안된 의도적인 문학 창작의 결과였다. 서간은 인사말이라는 부분만 편지와 닮았다(Doty 1969).

편지와 서간을 구분하는 것이 타당하다는 점은, 예를 들어 키케로(기원전 106-143년)가 아티쿠스에게 보낸 잡담 조의 편지와 세네카(대략 기원전 5-기원후 65년)가 격언식으로 딱딱하게 쓴 소위 '윤리 서간들'을 비교해 보더라도 확실히 알 수 있다. 키케로 편지의 특징적 요소는 다음과 같은 시작 부분이다.

> "나에게 지금 가장 절실히 필요한 것이 친구라는 사실을 자네에게 꼭 말해야겠네. 나를 불안하게 만드는 모든 것을 공유할 수 있는 사람으로, 허식을 부릴 필요도 없고, 말을 돌릴 필요도 없으며 감출 것 없이 말할 수 있는 현명하고 애정 어린 친구 말일세"(*Att* 1:18; Bailey).

> "자네가 비불루스와 주고받은 이야기, 황소눈(Ox-Eyes)과 나누었던 토론, 그 향락적인 저녁 식사에 관한 자네 이야기에 내가 얼마나 끌렸는지! 그러니 탐욕스러운 귀를 예상하고 오게나"(*Att* 2:14; Bailey).

> "내가 삶을 계속 이어갈 수 있도록 해 준 것에 관해 자네에게 감사할 날이 오게 되기를 바라네. 아직까지는 자네가 했던 일이 참으로 유감스러울 뿐이네"(*Att* 3;3 Bailey).

세네카는 종종 구체적인 사실을 언급하며 서간을 시작한다. 하지만 이것은 곧이어 나올 철학적 내용에 관심을 끌기 위한, 단순한 문학적 장치에 불과하다. 다음은 세네카 서간의 도입부들인데 대개 서간의 내용과 조화를 잘 이룬다.

> "철학에 충실히 헌신해 온 이들이 완고하며 행정장관이나 임금들, 또는 공무 수행을 책임지는 이들을 경멸하고 그들에게 맞선다고 믿는 것은 내가 보기에 잘못된 것 같습니다"(Ep 73; Gummere).

> "저는 당신에게 수고를 끼치지 않으려 했습니다. 그래서 아직 논의되지 않은 복잡한 문제들은 빼버렸습니다. 저는 당신에게 우리 학파 사람들이 지닌 여러 관점을 맛보여 줄 수 있다는 점에 만족했습니다. 그 사람들은 덕 그 자체만으로도 행복한 삶을 충분히 살찌울 수 있음을 입증하고 싶어 했습니다"(Ep 85; Gummere).

> "당신은 제가 자유로운 탐구들에 대해 어떻게 생각하는지를 늘 알고 싶어 했습니다"(Ep 88; Gummere).

다이스만이 편지와 서간을 구분하려 했던 취지는, 당시 학자들 가운데 신약성경 저작물이 저술 당시의 시대와 상황과는 무관한 별개의 것이라고 여기던 이들에게 바오로가 쓴 것이 편지, 곧 기원후 1세기 중반 실생활의 일부로 실제 의사소통에 쓰이던 수단이었음을 일깨워 주기 위함이었다. 이 취지는 충분히 받아들여졌다. 다이스만의 견해가 맞았다. 하지만 다이스만의 구분 방식이 부적절하다는 점 또한 즉시 명백해졌다. 바오로는 몇몇 제한된 목적으로 특정한 사람들에게 글을 썼다. 이렇게 보면 그는 편지를 쓴 것이다. 그렇지만 그의 편지들은 공적으로 읽히기 위한 것이었다(콜로 4,16). 이렇게 보면 그것은 서간이다. 그러나 바오로의 편지들은 세네카나 플리니우스 서간과 유사한 목적으로 저술된 것이 아니다. 그래서 오늘날에는 다이스만의 구분에 따라 편지와 서간이라는 용어를 구분하여 사용하는 이는 없다. 왜냐하면 두 어휘는 동의어로 취급되기 때문이다. 그럼에도 불구하고 '실제 편지'와 '외관상 편지'[23]는 기본 장르에서 서로 구분되는 범주로 간주된다.

바오로의 편지를 보면 그가 고전 교육을 충실히 받았음을 알 수 있다. 하지만 바오로의 편지를, 예를 들어 키케로의 편지와 같은 범주의 것으로 여길 수는 없다. 키케로는 수준급의 수사학 훈련을 받았을 뿐만 아니라, 법률가요 행정관이며 다재다능한

---

23) 역주: 외관상 편지는 일종의 문학 장르상 편지 양식을 사용하는 것으로 '이차적 편지'라고도 부른다.

작가로 활동하면서 자신의 기술을 계속 연마했다. 그렇다고 해서 사도의 편지가 파피루스 편지들에 담겨 있는 상투적 내용의 메시지와 공통점을 지니는 것도 아니다. 그래서 바오로의 편지는 그 성격을 규정하기가 대단히 어려운 중간 지점에 놓여 있다고 볼 수 있다(Stowers 1986, 25).

편지를 활용하는 바오로의 관점에서 상당 부분은 에피쿠로스(기원전 341-270년; Bailey)의 관점과 가장 잘 병행된다. 에피쿠로스는 "편지를 통해 권고하고, 용기를 북돋아 주며, 조언하고, 분쟁을 중재하며, 자신의 신조를 가르치고, 교우 관계를 유지했다"(Stowers 1986, 40). 하지만 바오로와 에피쿠로스의 교의가 근본적으로 다르다는 점에서(예를 들어, 에피쿠로스는 신들의 초월성을 강조하는 반면 바오로는 하느님의 권능과 지혜가 예수 그리스도로 육화되었다는 확신을 가진다), 편지 내용의 유사성은 중요한 의미가 없다는 것을 알 수 있다(Barclay 1960-1961). 게다가 스토워스가 지적하듯이, 바오로의 초점은 개인의 인격을 발전시키는 데 있지 않고 하느님의 은총이 활동하는 공동체를 건설하는 데 있었다(Stowers 1986, 42).

서간의 특징을 지닌 편지를 썼음에도 불구하고, 세네카는 본래 개인적 만남을 대신하는 것이 진짜 편지라는 기본적 사실을 매우 아름답게 표현한 바 있다.

"당신의 편지를 받자마자 즉시 당신 앞에 서 있는 듯 생각되었습니다. 같이 있지 않은 친구들의 초상이 있으면 우리는 기쁩니다. 비록 실재도 아니고 실체도 없는 위안으로 우리 기억을 되새겨 주며 우리의 갈망을 가라앉혀 줄 뿐이지만 말입니다. 그렇다면 여기 없는 친구의 진짜 흔적들, 진짜 증거들을 가져다주는 편지는 우리를 얼마나 기쁘게 하겠습니까! 서로 얼굴을 마주하며 만날 때 우리는 가장 유쾌합니다. 친구가 편지에 찍은 손도장에서, 이를 알아보는 데서 그러한 유쾌함을 느낄 수 있습니다"(*Ep* 40:1; Gummere).

따라서 시작 인사와 작별 인사가 정보교환의 앞뒤를 감싸고 있는 일반적 만남의 기본 특징을 편지가 그대로 재연하는 것이 그다지 놀랍지 않다. 편지 역시 만남과 마찬가지로 세 부분, 곧 인사말, 몸말, 작별 인사로 이루어져 있다.

2. 인사말

바오로의 동시대 사람들이 사용하던 일반적 인사말은 극도로 짧았다. 이는 "클라우디우스 리시아스가 존귀하신 펠릭스 총독님께 인사드립니다"(사도 23,26)라는 예에서 잘 확인된다. 인사말에서 필수적인 두 가지 요소는 발신자와 수신자의 이름이었다. 그리스어로 카이레인(χαίρειν), 라틴어로 살루스(salus)라 부르는(종종 첫 글자로 줄여 쓰이는데) 의례적 인사는 생략될 수도 있었다(예를 들면 "키케로가 트레바티우스에게"[Fam 7,14-15]). 바오로는 항상 세 부분으로 구성된 인사말 형태를 유지하면서도, 각 부분에 꽤 긴 부연 설명을 다양한 방식으로 덧붙인다.

1) 발신자

다수의 발신자에 대한 문제는 앞서 다룬 바 있다(44-50쪽). 지금 우리의 관심은 발신자 이름에 추가되곤 하는 설명이다. 아래의 목록은 부연 설명의 다양성을 여실히 보여 준다. 그것들은 바오로가 글을 쓸 때 어떤 태도를 지녔는지 비추어 준다.

> 로마: "그리스도 예수님의 종으로서 사도로 부르심을 받고 하느님의 복음을 위하여 선택을 받은 바오로가 (이 편지를 씁니다). 이 복음은 하느님께서 당신의 예언자를 통하여 미리 성경에 약속해 놓으신 것으로 당신 아드님에 관한 말씀입니다."[24]

---

24) 역주: 로마서의 인사말에서 저자에 관해 설명하는 부분은 1,1-6까지다. 7절에 가서야 수신자가 언급되는데 이 책에서는 저자에 관한 설명 가운데 앞부분만을 번역해서 옮겼다. 왜냐하면 이어지는 구절들은 사도 바오

1코린: "하느님의 뜻에 따라 그리스도 예수님의 사도로 부르심을 받은 바오로와 소스테네스 형제"

2코린: "하느님의 뜻에 따라 그리스도 예수님의 사도가 된 바오로와 티모테오 형제"

갈라: "사람들에게서도 또 어떤 사람을 통해서도 파견된 것이 아니라, 예수 그리스도와 그분을 죽은 이들 가운데에서 일으키신 하느님 아버지를 통해서 파견된 사도인 나 바오로"

에페: "하느님의 뜻에 따라 그리스도 예수님의 사도가 된 바오로"

필리: "그리스도 예수님의 종 바오로와 티모테오"

콜로: "하느님의 뜻에 따라 그리스도 예수님의 사도가 된 바오로와 티모테오 형제"

1테살: "바오로와 실바누스와 티모테오"

2테살: "바오로와 실바누스와 티모테오"

1티모: "우리의 구원자이신 하느님과 우리의 희망이신 그리스도 예수님의 명령에 따라 그리스도 예수님의 사도가 된 나 바오로"

2티모: "하느님의 뜻에 따라, 또 그리스도 예수님 안에 있는 생명의 약속에 따라 그리스도 예수님의 사도가 된 바오로"

로가 전하게 될 하느님의 복음을 부연 설명하는 부분이기 때문이다.

티토: "나 바오로는 하느님의 종이며 예수 그리스도의 사도입니다. 내가 이렇게 부르심을 받은 것은 하느님께 선택된 이들의 믿음을 돕고 신앙에 따른 진리를 깨우쳐 주기 위한 것으로, 영원한 생명의 희망에 근거합니다. 이 영원한 생명은 거짓이 없으신 하느님께서 창조 이전에 약속하신 것입니다. 사실 하느님께서는 제때에 복음 선포를 통하여 당신의 말씀을 드러내셨습니다. 나는 우리 구원자이신 하느님의 명령에 따라 이 선포의 임무를 맡았습니다. 이러한 나 바오로"[25]

필레: "그리스도 예수님 때문에 수인이 된 나 바오로와 우리 형제 티모테오"

가장 초기에 저술한 테살로니카 1·2서에서 바오로는 자신의 이름만 표기한다. 연대상 다음 편지가 무엇이었는지는 정확히 알 수 없지만, 아마도 갈라티아서였을 것으로 보이며, 그로부터 1년 뒤에 코린토 1서가 쓰인 것으로 보인다. 그런데 이 두 편지에서 바오로는 사도로서 하느님으로부터 사명을 부여받았음을 다소 과하게 강조한다. 대체로 자신이 보증된 인물임을 굳이

---

[25] 역주: 그리스어 원문은 인사말 전체가 한 문장으로 되어 있는데, 《성경》은 우리말 표현에 맞게 이 인사말을 여러 문장으로 끊어 번역하였다. 이 대목은 티토 1,1-3에 나오는 바오로를 수식하는 문장이다.

설명할 필요가 없다고 여기던(테살로니카 1·2서) 그가 침착함을 잃어버린 듯 장황하게 말하는 것을 보면(갈라티아서, 코린토 1서), 그 사이에 분명 무슨 일이 있었던 것 같다. 그 사이에 바오로와 그를 파견한 이들의 관계가 깨져서 바오로의 사도직에 정통성을 부여하던 기반이 사라졌다면, 그래서 바오로가 단독으로 활동하고 있었다면, 그것이 바오로의 약점이 되었을 수 있다. 바오로가 정통성 없는 무소속 선교사라는 비난을 받게 된 처지에 놓이게 된 것이다.

확인할 수 있는 증거들을 바탕으로 살펴본다면, 이 시나리오에 적합한 사건은 바오로가 안티오키아 교회와 결별하게 된 사건이다. 갈라 2,14-21은 바오로가 더 이상 안티오키아의 가치 기준을 공유하지 않게 되었음을 분명히 드러낸다. 바오로가 더는 그 공동체의 일원일 수 없다면, 자연스럽게 바오로는 더 이상 이방인들에게 안티오키아 공동체를 대신하는 대표일 수 없음을 의미한다. 따라서 바오로가 선교사로 계속 활동할 수 있는 정당성을 얻으려고 한다면 자신이 회심 순간부터 깨달았던 것, 곧 자신이 하느님과 그리스도로부터 직접 사명을 받았다는 점을 강조해야만 했다(1테살 2,7 참조).

이 주제를 가장 잘 다듬어 정형화한 문구가 갈라 1,1에 나온다. 이 문구는 "사람을 통해서가 아니라 예수 그리스도를 통하여"라는 근본적인 대조법(antithesis)을 근간으로 한다. 이 대조법은

"사람들에게서가 아니라"와 "하느님 아버지"라는 부연 설명을 통해 확장된다. 그럼에도 불구하고 이것은 블라이가 주장하는 교차대구(chiasm)는 아니다(Bligh 1969, 61-62). 갈라티아에 있던 바오로의 반대자들은 아마 어떤 개인("어떤 사람에게서" 예를 들면 야고보나 베드로)을 대표로 하는 어떤 공동체에서("사람들에게서") 임무를 부여받은 사람들이었을 것이다. 반대로 사도는 "그 사람"(로마 5,15-18 참조)에게서 임무를 부여받았다고 주장하는데, 그 사람이 지닌 논란의 여지가 없는 확실한 권위는 그 사람의 부활로 드러나며, 또한 그 권위는 만물의 아버지로부터 온 것이다.

갈라 1,1이 바오로가 안티오키아와 결별한 사실에 대한 초기 생각을 담고 있다면, 1코린 1,1에 나오는 좀 더 짧게 정형화된 문구는 거기서 유래된 것이라고 주장할 수 있다. 하지만 갈라티아서의 문구가 갈라티아라는 상황에 기반을 두고 만들어졌다는 견해 또한 충분히 개연성을 가진다. 왜냐하면 바오로는 갈라티아서 조금 뒤에 가서 "내가 전한 복음은 사람에게서[카타 안트로폰(κατὰ ἄνθρωπον)] 비롯된 것이 아닙니다. 그 복음은 내가 어떤 사람에게서[파라 안트로푸(παρὰ ἀνθρώπου)] 받은 것도 아니고 배운 것도 아닙니다. 오직 예수 그리스도의 계시를 통하여 받은 것입니다"(갈라 1,11-12)라는 주장을 계속하기 때문이다. 부활하신 주님을 만나면서(1코린 9,1; 15,8) 바오로는 자신의 모든 생각을 재평가할 수밖에 없었다. 자신이 이미 접한 적은 있지만 율법을 가지고 있을 때는 배우거나 공부하지 못했던 그 생각들이 진리라는 것을 인정할 수밖에 없음을 깨달았다. 그것은 바로 예수의 메시아성과 율법의 상대적 속성이다(Murphy-O'Connor 1982, 25-27).

바오로는 필리피서를 제외한 이후의 모든 편지에서 자신이 사도로서의 권위를 지니고 있음을 강조한다. 바오로는 코린토, 갈라티아, 콜로새같이 이런저런 방식으로 자신의 권위에 의문을 던지던 공동체들과 서신을 주고받을 때에는 이 점을 더욱 강조해야 했다.

콜로새에 보낸 편지 양식이 에페소서의 양식에 결정적 영향을 미쳤는데, 그것은 에페소서가 콜로새서를 원천 자료로 사용하였기 때문이다. 로마서에서 바오로는 자신을 알지 못하던 교회에 정식으로 자신을 소개해야만 했다. 그래서 그는 구약성경에 등장하는 하느님의 위대한 종들을 상기시켜 주는 "그리스도 예수님의 종"이라는 경칭을 써서 "사도로 부르심을 받은"이라는 일반적인 문구로 편지 서두를 장식한다(Sass 1941; Murphy-O'Connor 1964, 55-59). 그러고 나서 자신이 전하는 복음을 간략하게 요약한다.

필리피서에서 바오로는 티모테오도 "그리스도 예수님의 종"(1,1)이라는 칭호에 포함시키는데 이러한 경우는 바오로 서간에서 유일하다. 바오로와 티모테오 둘 다 필리피로부터 재정적 도움을 받았기 때문에(필리 4,18; 2코린 11,9), 자신들의 사명이 고유한 품위를 지니고 있다는 것을 충분히 강조할 필요가 있었다. 하지만 바오로가 자신의 사도성에 관해서는 언급하지 않는데, 이는 바오로의 권위를 위협하는 이들이 필리피에 없었다는 단서가 될 수 있다. 이 점은 필리피서에 담겨 있는 내용에서도 확인되고, 필레몬서에서도 확증된다. 필레몬서에서 바오로는 자신이 지니던 권위를 암묵적으로 드러내려 하지 않는다(10.14절). 그래서 그는 자신을 "수인"이라고 소개하는데, 이는 그가 오네시모스를 풀어 달라고 호소하는 감정적 근거가 된다(9절).

티모테오 1·2서와 티토서에 대한 논의도 많은데, 이 편지들을 사목서간이라는 단일 범주 안에 포함시키려는 학자들의 경향 때문에 그 논의들이 지니는 가치가 다소 낮게 평가되어 왔다. 하지만 탄탄한 기반을 가진 방법론을 통해 볼 때 이 편지들도 각각 나름의 가치에 따라 달리 평가되어야 할 필요가 있다. 티모테오 2서가 티모테오 1서 및 티토서와 명백히 구분된다는 점에 대해서는 논란의 여지가 없을 정도로 이미 충분한 증거들이 쌓여 있다(Prior 1989; Murphy-O'Connor 1991a).

티모테오 2서를 다른 두 서간과 분리하면, 티모테오 2서의 친저성에 대한 일반적인 반대 견해들을 자연스럽게 배제할 수 있게 된다. 바오로는 자신의 가장 오래되고 가까운 동료에게 편지를 쓰면서 자신의 신원을 밝히는 데 왜 그토록 정성을 쏟아야 했을까? 이 점에 관해 분명한 답을 제시할 수는 없다. 하지만 나는 여기에 늙은 노병의 자부심이 담겨 있다고 생각한다. 실제로 이 점은 편지 전체에 흐르는 중요한 주제이다(1,11-12; 4,7-8).

티모테오 2서가 바오로 친서라는 생각은 티모테오 1서와 티토서가 친서가 아니라는 점을 명백히 보여 준다. 티모테오 2서는 개인이 개인에게 보낸 편지로, 공동체에게만 편지를 써 보내던 바오로의 일반적인 원칙에서 벗어난 유일한 예였다. 이런 편지가 있었기 때문에 바오로의 후대 세대들은 두 통의 차명서간, 곧 티모테오 1서와 티토서를 손쉽게 쓸 수 있었을 것이다. 그리고 그 두 편지는 바오로의 권위를 이용하려고 시도한 예가 된다. 그런 경우 발신자의 신원을 밝히는 정형화된 문구에서 그 권위의 근거를 강조할 수밖에 없었을 것이라고 추측할 수 있다. 그리고 그 문구들은 다른 친서들에 나오는 문구에 비해 눈에 띄게 잘 다듬어져 있을 것이다. 이에 관해 로마서는 예외인데, 이 점에 대해서는 이미 설명한 바 있다.

2) 수신자

편지의 수신자들을 특정하는 양식은 매우 다양하다. 그렇다면 그 양식들을 통해 바오로와 청중들의 관계에 관해 무엇을 알 수 있는가?

> 로마: "성도로 부르심을 받은 이들로서 하느님께 사랑받는 로마의 모든 신자에게"
>
> 1코린: "코린토에 있는 하느님의 교회에게, 곧 그리스도 예수님 안에서 거룩하게 되어 다른 신자들이 사는 곳이든 우리가 사는 곳이든 어디에서나 우리 주 예수 그리스도의 이름을 받들어 부르는 모든 이들과 함께 성도로 부르심을 받은 (여러분에게)"
>
> 2코린: "코린토에 있는 하느님의 교회와 온 아카이아에 있는 모든 성도에게"
>
> 갈라: "갈라티아의 여러 교회에"
>
> 에페: "에페소에 있는 성도들과 그리스도 예수님 안에서 사는 신자들에게"
>
> 필리: "그리스도 예수님 안에서 사는 필리피의 모든 성도에게, 그리고 감독들과 봉사자들에게"
>
> 콜로: "콜로새에 있는 성도들 곧 그리스도 안에서 사는 형제 신자들에게"
>
> 1테살: "하느님 아버지와 주 예수 그리스도 안에서 살아가는 테살로니카 사람들의 교회에"
>
> 2테살: "하느님 우리 아버지와 주 예수 그리스도 안에서 살아가는 테살로니카 사람들의 교회에"
>
> 1티모: "믿음으로 나의 착실한 아들이 된 티모테오에게"

2티모: "사랑하는 아들 티모테오에게"
티토: "이러한 나 바오로와 같은 믿음에 따라 나의 착실한 아들이 된 티토에게"
필레: "우리의 협력자 필레몬에게, 그리고 아피아 자매와 우리의 전우 아르키포스, 또 그대의 집에 모이는 교회에"

이 양식들은 세 가지로 구분된다. 수신자와 관련된 양식에는 편지의 요점에 대한 중요한 단서가 포함되어 있는 경우도 있다.

(1) 교회에 보낸 편지

테살로니카 1·2서, 코린토 1·2서, 갈라티아서가 이 부류에 속한다. 이 다섯 통의 편지에서 수신자는 "교회"[에클레시아(ἐκκλησία)]이다.

바오로의 동시대인들이라면 누구나 테살로니카 1·2서의 "에클레시아 테살로니케온(ἐκκλησία θεσσαλονικέων)"을 "테살로니카인들의 모임"이라고 번역했을 것이다(집회 50,20 참조). 그리고 이 말을 세속적이고, 정치적인 의미로 이해했을 것이다. 이 어구는 "엔 테오 파트리 [헤몬] 카이 키리오 예수 크리스투(ἐν θεῷ πατρὶ [ἡμῶν] καὶ κυρίῳ Ἰησοῦ Χριστοῦ)"라는 관형구를 통해 비로소 종교적 차원의 의미를 얻는다. "엔(ἐν)"이 지니는 도구적 의미

(BDF §195, §219; Bruce 1982, 7)를 드러내기 위해서는 "하느님 (우리) 아버지와 주 예수 그리스도를 통하여 생겨난" 모임[26]이라고 의역할 수밖에 없다. 이 특별한 모임은 은총에 그 기원을 두고 있기 때문에 하나의 "교회"가 된다. 여기서 바오로가 자신이 세운 공동체들을 부르는 데 적합한 그리스어 어휘를 찾고자 노력하고 있음을 엿보게 된다.

테살로니카 1·2서를 쓸 때에는 다소 성가셨지만 반드시 필요했던 이러한 논의가 코린토 1·2서를 쓸 때에는 별 의미가 없었던 것 같다. 두 통의 편지는 "테 에클레시아 투 테우 테 우세 엔 코린토(τῇ ἐκκλησίᾳ τοῦ θεοῦ τῇ οὔσῃ ἐν Κορίνθῳ)", 곧 "코린토에 있는 하느님의 교회"에 보내진 것이다. 여기서 "있는"으로 번역한 에이미(εἰμί) 동사의 현재분사 "우세(οὔσῃ)"는 단순한 계사繫辭(역주: 딸린 설명어)가 아니라 존재의 진술이다(Klauck 1984, 17; Martin 1986, 3; Wolff 1989, 17). 즉 "참으로 코린토에 존재하는 하느님의 교회"를 의미한다. 코린토 교회는 하나인 하느님의 교회가 볼 수 있도록 구체적으로 드러나 있는 하나의 현현이다(1코린 10,32; 사도 13,1 참조).

정형화된 이 문구가 담고 있는 함축적 의미, 곧 코린토인들

---

26) 역주: 《성경》은 글자 그대로 "하느님 아버지와 주 예수 그리스도 안에서 살아가는 테살로니카 사람들의 교회"(1테살 1,1)라고 번역하였다.

이 온전한 교회도, 유일한 교회도 아니라는 말은 이어지는 표현을 통해 분명히 드러나는데, 코린토 1서는 교회 자체가 아니라 그 구성원들, 곧 "그리스도 예수님 안에서 거룩하게 되어 다른 신자들이 사는 곳이든 우리가 사는 곳이든 어디에서나 우리 주 예수 그리스도의 이름을 받들어 부르는 모든 이들과 함께 성도로 부르심을 받은 여러분"(1,2)에게로 관심을 돌린다. 이 문장은 본래 그리스어로 "그들의, 그리고 우리의"라는 표현으로 마무리된다. 문장 끝에 연이어 나오는 소유격 대명사에 대한 해석이 모호하여 주석가들이 매우 난감해한다. 하지만 그것들은 "주님"을 수식하는 말로, 즉 "그들의 주님이며 우리의 주님"(NRSV, JB, NAB)으로 보는 것이 가장 올바른 번역이라고 생각한다.[27] 어딘가 다른 곳에도 주님을 섬기는 이들이 있었고, 코린토인들이 그들에 관해 알고 있었기 때문에(1테살 1,7 참조) 자신들이 마치 유일한 그리스도인들인 척해서도(1코린 4,7), 자신들 방식대로 사는 것이 전부인 듯 생각해서도 안 되었다(1코린 11,16; 14,36 참조). 이런 식으로 코린토 1서의 독자들은 코린토의 몇 가지 특이한 관습에 관해 바오로가 매우 비판적 견해를 가지고 있다는 것

---

27) 역주: 《성경》에서는 두 소유격 대명사들 바로 앞에 나오는 "장소(토포 τόπῳ)"를 수식하는 말로 번역하는데, 이는 이 책 저자의 견해와 다르다. 따라서 위에 소개한 이 대목(1,2)의 번역문은 원문과 다름을 밝힌다.

을 들을 준비를 하게 된다.

바오로는 코린토인들이 다른 이들에 비해 특별하다는 생각을 거부하려 하는데, 이런 생각은 코린토 2서의 인사말에 덧붙인 말에도 표현되어 있다. "온 아카이아에 있는 모든 성도와 더불어 코린토에 있는 하느님의 교회에게."[28] 로마 제국의 아카이아 속주는 오늘날 그리스 영토의 남쪽 삼분의 일에 해당하는 지역이었다. 코린토 교회를 제외하면 아카이아 지방에서 우리가 확실히 알고 있는 지역 교회로는 켕크레애가 유일하다(로마 16,1). 바오로가 자기 편지를 이처럼 넓은 지역에서 돌려 읽게 했을 가능성은 희박하다(Furnish 1984, 106). 따라서 바오로가 코린토 이외 지역의 신자들을 언급하는 것은 코린토인들도 훨씬 더 큰 움직임의 한 부분에 불과하다는 것을 되새겨 주기 위함이었을 가능성이 크다.

코린토 교회 구성원들을 언급하면서 다른 이들을 덧붙여 언급하는 것과 해당 편지의 내용이 밀접하게 연관되어 있다는 점은 "무엇과 더불어"로 시작되는 구절들을, 바오로 이후 편지들을 모으고 편집하면서 첨가된 부분으로 보는 가정(Schnider and Stenger 1987, 23)이 근거 없는 잘못된 견해임을 드러내 준다.

---

[28] 역주: 논의를 위하여 우리말 《성경》을 원문대로 다시 번역하였다.

지역 교회의 상황에 대한 바오로의 인식이 수신자를 언급하는 문구에 영향을 미친다는 사실은 갈라티아서에서 훨씬 잘 드러난다. 갈라티아서는 "갈라티아의 여러 교회에[타이스 에클레시아이스 테스 갈라티아스(ταῖς ἐκκλησίαις τῆς Γαλατίας)]" 보내진 편지다. 바오로는 이곳에 있던 그리스도인들에게 매우 실망해 있었으므로(갈라 1,6), 교회들[에클레시아이(ἐκκλησίαι)]을 종교적 가치를 지니는 모임(앞서 살펴본 테살로니카 1·2서 참조)으로 볼 마음 자세가 되어 있지 않았다. 갈라티아인들에 대한 바오로의 부정적인 평가가 편지 시작부터 일관되게 강조되고 있음을 확인할 수 있는데, 바오로는 갈라티아 신자들을 "성도"라고 부르려고도 하지 않는다.

(2) 교회 구성원들에게 보낸 편지

수신자와 관련된 두 번째 양식으로, 전체로서의 교회가 아니라 그 구성원들을 수신자로 표시하는 경우가 있는데, 여기서 수신자들은 "성도"라고 불린다. 이 부류에 속한 편지에는 필리피서, 로마서, 콜로새서, 에페소서가 있다. 바오로는 왜 자신이 습관적으로 사용하던 양식을 변형하였을까?

에페소서는 콜로새서를 본떠 적은 것으로 보이기 때문에 별도로 다룰 수 있다. 이 점은 에페소서에 피스토이(πιστοί), 곧 "신자들"이라는 표현이 사용된다는 점에서 확인할 수 있다. 이 표현은 콜로새서 인사말에만 사용되며 제 길을 잃지 않은(콜로 2,8 참조) 공동체 구성원들을 지칭한다. 콜로새와 로마의 교회들은 바오로가 직접 설립한 교회가 아니었기 때문에 교회 전체가 아니라, 그 구성원들을 동료 신자로 여기며 수신자로 삼는 것이 적절했을 것이다(Abbott 1897, 194; Lohse 1968, 35).

필리피서의 경우는 다르다. 필리피 교회는 바오로가 설립한 교회였음에도 불구하고 이 편지는 – 더 정확히 말하자면 필리피서라는 한 통의 편지로 편집된 여러 편지 중 하나는 – "성도들에게" 보내진 것인데, 이 표현에 덧붙여 "신 에피스코포이스 카이 디아코노이스(σὺν ἐπισκόποις καὶ διακόνοις)"라는 수신자가 언급된다. 이 그리스어 표현을 "주교들과 부제들과 더불어"(NRSV)라고 번역하는 것은 필리피 공동체가 마치 주교와 부제라고 하는 두 가지 계급으로 이루어진 교계제도에 의해 다스려졌다는 인상을 줄 위험이 있다. 이 번역만이 유일하게 가능한 번역이라는 억측을 바탕으로, 주교와 부제를 언급하기 때문에 이 구절은 바오로 이후에 첨가된 것이라는 가설이 제기되었다(Schnider and Stenger 1987, 23). 하지만 이 표현을 좀 더 중립적으로 "감독들과 봉사자들과 더불어"라고 번역할 수도 있는데, 이것이 훨씬 더 나은 번역으로 여겨진다. 본래 에피스코포스(ἐπισκόπος)가 재정 책임을 맡은 이들을 가리키는 표현이었음을 고려할 때(Gnilka 1968, 40), 이 두 단어는 아마도 바오로를 재정적으로 돕기 위해 헌금을 모으는 일을 감독하며 그것을 책임지고 바오로에게 전달하던 이들을 지칭했던 것 같다(필리 4,14-20; 참조 2코린 11,9). 이렇게 볼 때 바오로가 공동체 전체를 수신자로 삼기보다 자신을 돕기 위해 희생을 아끼지 않던 개인 구성원들을 수신자로 삼으려 했다는 것은 매우 자연스러운 일이다.

(3) 개인에게 보낸 편지

수신자와 관련된 세 번째 양식은 개인을 수신자로 삼는 경우다. 이와 관련된 가장 분명한 예는 사목서간들에서 찾아볼 수 있다. 하지만 티모테오 2서와 티모테오 1서, 티토서 사이에는 분명한 차이점이 있다. 티모테오 2서에서 수신자 티모테오는 간단히 "사랑하는 아들"이라고 불린다(1코린 4,17 참조). 하지만 티모테오 1서와 티토서는 티모테오를 "그네시오 테크노(γνησίῳ τέκνῳ)", 곧 "합법적/진정한 아들"이라고 부르는데, 이 표현에 각각 "믿음으로"와 "같은 믿음에 따라"라는 수식 어구가 덧붙여 있다. 두 편지는 교의적 정통성을 강조한다는 점에서 티모테오에 대한 순수한 애정을 드러내는 티모테오 2서와 대비된다. 또한 두 편지가 근본적으로 티모테오 2서와 다른 문제, 곧 정통이 아닌 가르침을 배격해야 할 필요성을 다루고자 한다는 점을 은연중 드러낸다.

개인에게 보낸 편지인 필레몬서에서 바오로는 필레몬과 아피아, 아르키포스를 연관 지을 뿐만 아니라 필레몬을 통해 "그대의(단수) 집에 모이는 교회"(2절)에 인사한다. 소유격 대명사는 대개 문법적으로 가장 가까운 선행사를 지시한다는 점을 고려한다면 이 가정교회는 아르키포스에 속한 것이라고 볼 수도 있다(Knox 1935, ch. 3 참조). 그렇다면 왜 아르키포스가 첫 자리에 언급되지 않았을까? 어떤 교부는 이 문제에 관해 답하면서 아르키포스가 필레몬과 아피아의 아들이었을 것이라고 가정한 바 있지만, 이는 그리 적절해 보이지 않는다. 아피아와 아르키포스는 필레몬의 미혼 자매와 형제였을 수도 있다. 아니면 필레몬과 함께 가정교회를 이끌던 지도자 집단의 일원이었을 수도 있다.

여기서 진짜 문제는 수신자가 여럿이라는 점이다. 편지 내용만 본다면 필레몬서는 한 사람에게 보내진 것처럼 보이기 때문이다(편지 전체에서 "그대"라는 남성 단수가 사용되고 있다). 개인에게 보내는 편지에 복수의 수신자를 두는 독특한 현상은 자신이 요구한 바를 수행하라고 필레몬에게 교묘히 압력을 가하는 바오로 나름의 방식이라고 설명하는 것이 가장 타당한 듯하다. 복수의 수신자가 언급되기 때문에 필레몬 입장에서 이 편지를 사적인 것으로 숨겨둘 수는 없었을 것으로 보인다. 곧, 바오로의 요구가 교회의 다른 구성원들에게도 알려졌을 것이다. 가정교회 구성원들이 감옥에 갇혀 있던 바오로에 대해 호의를 가지고 있었기 때문에, 필레몬이 만약 오네시모스를 풀어 주려 하지 않는다면 그들은 필레몬을 비판했을 것이다.

3) 시작 인사

발신자(들)와 수신자(들)의 이름이 언급된 뒤 즉시 시작 인사가 나온다. 이 인사는 결문에 나오는 마침 인사와 구분되어야 한다. 이 인사말은 앞서 살펴보았던 것들에 비하면 훨씬 더 일관된 모습을 보여 준다.

> 로마: "하느님 우리 아버지와 주 예수 그리스도에게서 은총과 평화가 여러분에게"
> 1코린: "하느님 우리 아버지와 주 예수 그리스도에게서 은총과 평화가 여러분에게"
> 2코린: "하느님 우리 아버지와 주 예수 그리스도에게서 은총

과 평화가 여러분에게"

갈라: "하느님 우리 아버지와 주 예수 그리스도에게서 은총과 평화가 여러분에게. 그리스도께서는 하느님 우리 아버지의 뜻에 따라 우리를 지금의 이 악한 세상에서 구해 내시려고, 우리 죄 때문에 당신 자신을 내어 주셨습니다. 하느님께 영원무궁토록 영광이 있기를 빕니다. 아멘."

에페: "하느님 우리 아버지와 주 예수 그리스도에게서 은총과 평화가 여러분에게"

필리: "하느님 우리 아버지와 주 예수 그리스도에게서 은총과 평화가 여러분에게"

콜로: "하느님 우리 아버지에게서 은총과 평화가 여러분에게"

1테살: "은총과 평화가 여러분에게"

2테살: "하느님 우리 아버지와 주 예수 그리스도에게서 은총과 평화가 여러분에게"

1티모: "하느님 우리 아버지와 주 예수 그리스도에게서 은총과 자비와 평화가"

2티모: "하느님 우리 아버지와 주 예수 그리스도에게서 은총과 자비와 평화가"

티토: "하느님 아버지와 우리 구원자이신 그리스도 예수님에게서 은총과 평화가"

필레: "하느님 우리 아버지와 주 예수 그리스도에게서 은총과 평화가 여러분에게"

바오로는 세속적 인사말로 사용되던 그리스어 카이레인이나 라틴어 살루스를 결코 사용하지 않는다. 테살로니카 1서에서 바오로는 "평화와 은총이 여러분에게"라고 말한다. 이 간단한 말들이 이방인들의 인사말("기쁨")과 유다인들의 인사말("평화": Milik 1953)을 그리스도교적으로 종합한 것이라는 낭만적인 해석(Lohse 1968, 33)은 그리 정확해 보이지 않는다. 왜냐하면 테살로니카 2서에서 바오로는 "하느님 우리 아버지와 주 예수 그리스도에게서"를 덧붙여 그들에게 특별히 그리스도교적인 차원의 의미를 심어 줄 필요성을 느끼고 있기 때문이다. 코린토 1서에서 "아버지"가 "우리 아버지"로 바뀌는데, 이 인사말은 점차 고착되어 코린토 1서 이후에 저술된 모든 편지의 인사말로 사용된다. 이와 관련하여 콜로새서와 사목서간들은 예외다. 바오로에게 은총의 궁극적 근원은 하느님이다. 그런즉 은총은 '호의'라고 번역되는 단순히 친절한 배려일 수는 없다. 오히려 그것은 (신적인) 힘이 긍정적으로 드러나는 것을 뜻하기 때문에 '은혜'라고 표현하는 것이 더 적절하다(Doughty 1972-1973).

에페소서는 주 예수 그리스도에 대해 언급하지만, 콜로새서의 주요 수사본들에는 그 문구가 빠져 있다. 빠진 이유에 대한 적절한 설명은 아직 나오지 않았다.

사목서간의 인사말은 일관적이지 않다. 티토서는 표준 양식의 앞부분을 그대로 따르지만, 티모테오 1·2서는 "은총"과 "평화" 사이에 "자비"라는 표현을 첨가함으로써 인사말을 수정한다. 또한 이 세 편지는 모두 표준 양식의 두 번째 부분을 변형시키는데, 티모테오 1·2서는 "우리"를 아버지가 아니라 주님을 수식하는 말로 바꾸고, 티토서는 "우리 주님" 대신 "우리 구원자"라는 표현을 사용한다.

티모테오 2서가 바오로의 친서라고 가정할 때 "자비"를 첨가한 것은 바오로 자신이 바라던 보상(1,16-18; 4,8)을 떠올린 것이라고 설명할 수 있다. 그것은 "그리스도 예수님 안에 있는 생명의 약속"(1,1)이 구체적으로 드러나는 사건이었다. 티모테오 1서는 인사말을 제외하고 다른 곳에서는 '자비'라는 단어를 언급하지 않는데, 이렇게 볼 때 티모테오 1서는 티모테오 2서의 수정된 인사 양식을 모방한 것으로 보인다. 티토서의 특징은 예수 그리스도를 '주님'으로 언급하지 않고 항상 "구원자"(1,4; 2,13; 3,6)로 언급한다는 점이다. 이 칭호는 하느님(1,3; 2,10; 3,4)에게도 똑같이 적용되는데, 예수를 가리킬 때와 동일하게 세 번에 걸쳐 사용된다. 인사말이 이렇게 변형된 것은 구원 사업에서 하느님과 예수 그리스도의 내밀한 협력을 강조하려는 의도 때문이라고 설명할 수 있다. 왜냐하면 "우리 구원자이신 하느님"(1,3)이라는 표현이 1,4의 인사말 바로 앞 구절에 직접 언급되고 있기 때문이다.

'은총'과 '평화'라는 개념은 바오로의 편지 결문에 일반적으로 나타나는 요소이나, 마침 인사에서는 별개의 소망으로 분리되어 다뤄진다(238-240쪽 참조).

3. 감사

감사 단락이 시작 인사에 바로 이어 나오면서 편지 몸말의 도입 역할을 하는 것은 바오로 편지의 특징이다. 테살로니카 1·2서, 코린토 1서, 필리피서, 로마서, 콜로새서에서 이 감사 단락은 '에우카리스토/투멘 토 테오, (무/파트리)[εὐχαριστῶ-τοῦμεν τῷ θεῷ (μου/πατρί)]', 곧 "나/우리는 (나의) 하느님 (아버지)께 감사를 드립니다"라는 말로 시작한다. 티모테오 2서의 양식도 이와 매우 비슷하다. '카린 에호 토 테오(χάριν ἔχω τῷ θεῷ)', 곧 "나는 하느님께 감사를 드립니다." 이에 반해 코린토 2서와 에페소서는 '에우로게토스 호 테오스(εὐλογητὸς ὁ θεός)', 곧 "하느님께서 찬미받으시기를 빕니다"로 시작한다. 그런데 갈라티아서, 티모테오 1서, 티토서에는 감사 단락이 나오지 않는다.

1) 그리스어로 된 파피루스 편지들

기원전 2세기부터 기원후 2세기경까지 이집트에서 그리스어로 쓰인 것으로 보이는 개인 편지들을 보면, 수신자의 안녕을 기원하는 일반적 인사말이 나온 뒤 즉시 이어서 "나는 신들에게 감사한다"라는 문구가 나온다(Schubert 1939, 158-179). 이와 관련된 가장 완벽한 예를 이 시기 로마 해군에 복무하던 젊은이가 이탈리아로 가던 위험천만한 항해에서 살아난 직후 자기 아버지에게 보낸 편지에서 찾아볼 수 있다.

> "아피온이 자기 아버지이자 주인이신 에피마코스에게 매우 큰 인사(를 드립니다). 무엇보다도 저는 아버지께서 안녕하시기를, 그리고 제 누이와 그녀의 딸, 그리고 제 형제와 더불어 계속 더 건강해지시기를 기도합니다. 저는 주 세라피스에게 감사합니다[에우카리스토 토 키리오 사라피디(εὐχαριστῶ τῷ κυρίῳ Σαραπιδί)]. 제가 바다에서 위험에 빠졌을 때, 즉시 저를 구해 주셨기 때문입니다. 제가 미세눔에 도착했을 때 황제께서 저에게 금화 세 개를 여행 경비로 주셨습니다"(*BGU* II, 423; White 1986, 159-160).

그로부터 약 300년 전(기원전 168년) 어떤 성난 부인이 방랑 생활을 하는 자기 남편에게 돌아오라고 간청하면서 다음과 같은 편지를 보낸 바 있다.

"이시아스가 그의 형제인 헤페스티온에게 인사(합니다). 만일 당신이 잘 지내고 있으며 다른 모든 것이 잘 되고 있다면, 그것은 제가 신들에게 지속적으로 기도하는 바와 잘맞아 떨어지는 것입니다(저 자신과 아이들, 그리고 모든 가족은 건강하게 지내고 있으며, 당신을 항상 생각하고 있습니다).[29] 당신이 멤피스에 있는 세라피움에 붙들려 있다는 소식이 담겨 있던 편지를 호루스 편에 받았을 때, 당신이 잘 지낸다는 소식에 저는 즉시 신들에게 감사를 드렸습니다[토이스 테오이스 에우카리스툰(τοῖς θεοῖς εὐχαριστοῦν)]. 하지만 저는 풀려난 이들이 모두 집으로 돌아왔음에도 불구하고 당신이 아직 집에 돌아오지 않았다는 사실이 너무 싫습니다. 저는 아이들과 함께 너무나 힘겨운 시간을 헤쳐 나왔고, 심지어 옥수수 가격 때문에 모든 것이 한계에까지 이르기도 했습니다. 이제는 집에서 당신과 함께 적어도 약간의 휴식을 즐기고 싶습

---

29) 이 문장은 편지를 다 쓴 다음 글이 너무 거칠어서 자신이 바라던 효과를 불러일으키지 못하리라는 것을 알고 이시아스가 첨가한 문장이다 (Schubert 1939, 161).

니다. 하지만 당신은 집으로 돌아오려는 생각조차 하지 않고, 우리의 처지에 대해서도 전혀 신경 쓰지 않습니다. 당신이 여기에 머물러 있을 때도 나는 모든 것에 부족함을 느끼고 있었음을 기억하고 있는데 어찌 그럴 수 있는지 모르겠습니다. 저는 당신이 그 긴 시간 동안 우리에게 아무것도 보내 주지 않았다는 사실과 여기서 벌어진 그토록 위험했던 날들에 관해서는 굳이 언급하지 않겠습니다. 더욱이 호루스가 우리에게 편지를 전해 주면서 당신이 풀려났다는 소식을 전해 주었을 때 저는 정말 기분이 나빴습니다. 여하튼 당신의 어머니도 매우 괴로워하시니 특별히 돌아오지 못하도록 막는 것이 없다면 저를 위해서뿐만 아니라 어머니를 위해서라도 제발 고향으로 돌아오세요. 건강을 잘 챙기세요. 그게 당신이 제게 베풀 수 있는 가장 큰 호의랍니다. 2년, 에페이프 달 30일"(*PLond* 42; Barrett 1987, 28-29).

비교적 수효는 적지만 이런 편지들을 분석한 슈베르트에 따르면, "저는 신들에게 감사드립니다"라는 문구가 상투적인 양식적 표현은 아니었다. 이 문구는 양쪽이 진심으로 종교적이었을 때, 그리고 깊은 감정을 끌어올려야 하는 주제를 다룰 때에만 쓰였다(Schubert 1939, 173). 또 필자의 마음에 가장 먼저 떠오르는 것이 감사문에 나타난다는 점도 주목할 만하다.

이러한 관찰 결과에 따르면, 바오로 편지의 감사 단락을 매우 주의 깊게 읽는 것이 중요하다는 사실을 알 수 있다. 감사 단락은 바오로의 정신 상태가 어떠한지, 그리고 편지의 주요 주제(들)와 관련된 중요한 단서가 되는 요소가 무엇인지 알려 줄 수 있다. 또한 감사 단락들은 바오로가 자기 시대의 전형적인 서간 양식에 어느 정도 영향을 받았는지를 잘 보여 준다. 하지만 학자들은 일반적으로 슈베르트의 주장이 너무 지나치다는 데 동의한다(필리 3,5 참조). 슈베르트는 바오로가 "나는 하느님께 감사를 드립니다"라는 문구를 사용한다는 점에서 "헬레니즘에 푹 빠져 있는 사람"(1939, 184)임이 드러난다고 주장하지만, 실상은 그렇지 않다. 그런 형태는 헬레니즘적이지만 그 내용은 유다교의 '감사' 양식의 영향을 자주 보여 주기 때문이다(Berger 1974, 219-224; O'Brien 1977, 10-11).

2) 감사 양식

슈베르트는 바오로 편지의 감사 단락을 형식적 측면에서 기술하려 했던 유일한 인물이다. 그의 작업은 결코 쉽지 않았다. 그가 내린 결론 또한 자유자재로 전개되는 작품들의 모든 세부적 요소를 상세히 다루는 것이 얼마나 어려운지를 여실히 보여 준다. 그는 바오로의 감사문을 단순 유형과 복합 유형이라는 두 가지 기본 유형으로 구분한다(Schubert 1939, 35).

단순 유형은 다음과 같은 언어적 요소로 이루어지며, 그것들은 동일한 순서로 사용된다. ① 나/우리는 감사합니다 – ② 하느님 – ③ 항상 – ④ 여러분에 대하여 – ⑤ 왜냐하면 – ⑥ 그래서. 이 유형은 단 두 통의 편지에만 나타난다.[30]

① 우리는 *감사*를 드리지 않을 수 없습니다. ② *하느님께* ③ *항상* ④ *여러분*에 대해. 또 그렇게 하는 것이 당연합니다. ⑤ *왜냐하면* 여러분의 믿음이 크게 자라나고 저마다 서로에게 베푸는 여러분 모두의 사랑이 더욱더 커지고 있기 때문입니다. ⑥ *그래서* 우리는 여러분이 그 모든 박해와 환난을 겪으면서도 보여 준 인내와 믿음 때문에, 하느님의 여러 교회에서 여러분을 자랑합니다(2테살 1,3-4).

① 나는 *감사*를 드립니다. ② *하느님께* ③ *항상* ④ *여러분*에 대해. ⑤ *왜냐하면* 그리스도 예수님 안에서 여러분에게 주어진 은총 때문에. 여러분은 그리스도 안에서 어느 모로나

---

30) 역주: 두 서간 예문은 감사 유형의 순서를 명확히 드러내기 위해, 원문을 순서대로 번역한 것이다.

풍요로워졌습니다. 어떠한 말에서나 어떠한 지식에서나 그렇습니다. 그리스도에 관한 증언이 여러분 가운데에 튼튼히 자리를 잡은 것입니다. ⑥ *그래서 여러분은 어떠한 은사도 부족함이 없이, 우리 주 예수 그리스도께서 나타나시기를 기다리고 있습니다. 그분께서는 또한 여러분을 끝까지 굳세게 하시어, 우리 주 예수 그리스도의 날에 흠잡을 데가 없게 해 주실 것입니다. 하느님은 성실한 분이십니다. 그분께서 당신의 아드님 우리 주 예수 그리스도와 친교를 맺도록 여러분을 불러 주셨습니다*(1코린 1,4-9).

두 편지에 기본적으로 동일한 언어 구조가 나타나는데, 2테살 1,3-4의 경우는 분명 앞서 제시된 구조만으로도 만족할 만한 설명이 가능하다. 하지만 이 구조로 코린토 1서의 감사 양식에 나오는 모든 요소를 적절히 설명했다고 볼 수는 없다. 이렇게 형식적인 면만을 기술하는 것의 유용성은 복합 유형을 조사할 때 더 큰 문제점을 드러낸다.

복합 유형의 감사 양식은 1테살 1,2-5; 필레 4-6; 필리 1,3-11; 로마 1,8-15; 콜로 1,3-12; 에페 1,15-19에 나온다. 이 유형의 경우 처음 나오는 네 가지 요소는 단순 유형의 네 요소와 동일하다. 하지만 나머지 세 가지 요소는 언어의 다양성이 과도하기 때문에 예를 들기보다 간단히 요약하는 것이 훨씬 쉽다. 그 내용은 이러하다. ⑤ 중재 기도를 말하는 분사 구문. 예를 들어 "우리는 기도할 때에 여러분을 모두 기억하며"(1테살 1,2)가 있다. ⑥ 알게 되었음을 나타내는 동사를 활용하여 원인을 이야기하는 구문. 여기서는 바오로가 감사를 드리는 근거를 제시한다. 예를 들어 "여러분의 믿음에 대해 전해 들었기 때문에"(에페 1,15 참조). ⑦ 일반화하면서 감사 양식을 마무리하는 절.

이렇게 일반화한 기술만이 수많은 감사 양식의 내적 통일성을 가져다줄 수 있다. 그렇지 않고 일치된 양식적 구조를 세밀하게 찾으려고 시도한다면 오히려 자기 파괴적인 파편화로 끝날 것이 분명하다. 바오로는 양식에 관해 알고 있었지만 그 내용에 더 관심이 있었다. 감사 단락이라는 문학 양식은 다른 것들과 마찬가지로 계속해서 다양한 형태로 변형할 수 있는 하나의 틀에 불과하다. 모든 감사 단락에서 일관되게 나타나는 유일한 요소는 본질적인 두 가지 사항, 곧 바오로의 감사하는 마음과 그러한 감사의 이유뿐이다.

3) 편지 몸말에 나오는 감사 단락

감사 단락은 보통 편지 몸말의 시작 부분에 위치한다. 하지만 단순 유형의 감사 양식이 편지 몸말 중간에 나타나는 예외적인 경우가 두 번 있다. 여기서 사용되는 숫자들은 이 유형과 관련해서 위에서 언급한 숫자들이다.

우리는 또한 ① *감사*를 드립니다. ② *하느님께* ③ *끊임없이*. ⑤ *왜냐하면* 우리가 전하는 하느님의 말씀을 들을 때, 여러분이 그것을 사람의 말로 받아들이지 않고 사실 그대로 하느님의 말씀으로 받아들였기 때문입니다. 그 말씀이 신자 여러분 안에서 활동하고 있습니다(1테살 2,13).

① 우리는 *감사*를 드리지 않을 수 없습니다, ② *하느님께*, ③ 늘, ④ 주님께 사랑받는 형제 *여러분* 때문에. ⑤ *왜냐하면* 하느님께서 여러분을 성령으로 거룩하게 하시고 진리를 믿게 하여 구원하시려고, 여러분을 첫 열매로 선택하여 주셨기 때문입니다(2테살 2,13).

1테살 2,13은 지금까지 다양한 방식으로 설명되어 왔다. 슈베르트는 이 구절이 1,2부터 3,10까지 이어지는 시작 감사의 일부로 실제 편지의 몸말에 해당한다고 여긴다(Schubert 1939, 26). 이 견해는 그 자체로 받아들이기 어렵기 때문에 J. T. 샌더스에 의해 거부된 바 있다(Sanders 1962, 355-356).

테살로니카 1서에 나오는 두 번의 감사 단락은 각각 다른 두 편지의 시작 부분이라고 볼 수 있다. 이 점을 처음 언급한 인물은 W. 슈미탈스이다(Schmithals 1964). 그는 두 번에 걸친 시작 대목뿐만 아니라 두 번의 결문, 곧 3,11-4,2과 5,23-28을 찾아냈다. 그래서 결론적으로 테살로니카 1서는 편지 두 통이 편집된 것이라고 주장했다. 편지 한 통(2,13-4,2)이 다른 편지 가운데(1,1-2,11과 4,3-5,28) 삽입되었다는 것이다. 이 가설은 얼핏 보기에 매우 그럴 듯해 보인다. 왜냐하면 뚜렷한 형식적 요소들을 밝히고 있고 편지들을 모아 편집하는 것이 필리피서에서도 발견되기 때문이다(앞서 살펴본 77-78쪽 참조). 하지만 이 가설이 확실한지는 두 통의 편지 내용을 면밀히 조사해야만 알 수 있다.

피어슨은 보이어의 견해를 이어받아, 1테살 2,13-16이 바오로 후대의 가필이라고 주장한 바 있다. 14-16절의 내용을 기반으로 하는 그의 주장은 매우 강력하다. 바오로는 결코 일반적인 "유다인들"이 예수의 죽음에 책임이 있다고 생각한 적이 없고, 이방인의 일반적 비방처럼(타키투스, 《역사》, 5:5.2) 유다인들이 "모든 사람을 적대하는 자들"이라고 여긴 적도 없다. 또한 돌이킬 수 없는 징벌이 그들에게 떨어졌다는 생각이 반드시 기원후 70년에 일어났던 예루살렘 파괴 사건을 언급해야 하는 것은 아닐 수 있겠으나, 그 사건이 이 구절에 가장 적합한 후보임에는 분명하다(Bruce 1982, 49). 하지만 피어슨의 중요한 논거들 중 어떤 것도 13-14절에는 적용되지 않는다. 그래서 우리는 15-16절이 고통이라는 주제를 발전시키기 위해 이 대목에 들어간 것이라고 보는 주장도 똑같이 설득력 있다고 여길 수 있다. 실제, 고통이라는 주제는 첫 번째 감사 단락(1,6)에서 본받음이라는 주제와 연결된 바 있다.

   2테살 2,13이 새로운 편지의 시작 부분이라는 슈미탈스의 주장은 설득력이 없다. 모두가 받아들일 만한 편지 몸말과 결말이 무엇인지를 밝히지 못한다는 점에서 그의 논거는 가치가 떨어진다. 슈미탈스의 예는 형식적 요소의 의미를 너무 과장하지 말라는 경고로 다가온다. 형식적 요소를 기반으로 편지를 분할하는 이론에서 받아들일 만한 의미 있는 논거가 되려면 제시되는 형식적 요소들이 반드시 다른 요소들을 통해 지지되어야 한다.

4) 감사의 부재

바오로는 테살로니카 1·2서, 코린토 1서, 필리피서, 필레몬서, 로마서, 콜로새서 및 티모테오 2서에서 감사 단락을 일관되게 사용한다. 이 점에서 갈라티아서, 코린토 2서, 티모테오 1서와 티토서에 감사 단락이 나오지 않는 데는 나름 중요한 이유가 있을 것이라고 생각할 수 있다. 감사 단락이 빠진 것은 우연이 아니라, 의도적인 선택이라는 것이다.

   갈라티아서에 감사 단락이 나오지 않는 것은 바오로 입장에서 갈라티아인들의 태도에 대해 감사할 만한 것을 하나도 찾지 못했기 때문이라고 설명할 수밖에 없다. "그리스도의 은총 안에서 여러분을 불러 주신 분을 여러분이 그토록 빨리 버리고 다른 복음으로 돌아서다니, 나는 놀라지 않을 수 없습니다"(갈라 1,6). 급작스럽게 바오로의 질책이 등장하면서 인사말에서 수신자를 세속적 방식으로 언급함으로써 의도했던 효과를 더욱 강화시킨다(앞서 살펴본 120쪽 참조). 게다가 바오로의 질책을 보면 그가 무척 흥분한 상태임을 분명하게 알 수 있다. 바오로는 갈라티아인들의 상황에 대해 매우 깊이 걱정하고 있었을 뿐만 아니라 아주 유감스러워하고 있었다. 사라진 '눈물의 편지'(2코린 2,4 참조)에 감사 양식이 없었으리라고 추정해 보는 것도 그리 터무니없지는 않을 것이다.

티모테오 1서(Prior 1989, 62)와 티토서에 감사 단락이 나오지 않는 것에 관해서는 갈라티아서와 동일하게 설명하기가 어렵다. 왜냐하면 발신자와 수신자 간에 악의가 있었다는 어떤 증거도 나오지 않기 때문이다. 이렇게 볼 때 감사 단락이 빠져 있다는 사실은 이 편지들이 지닌 많은 비非바오로적 특징 가운데 하나로 볼 수 있으며, 이런 점에서 티모테오 1서와 티토서는 감사 단락이 들어가 있는 티모테오 2서와 구분된다(Murphy-O'Connor 1991a). 이 점은 바오로가 티모테오 1서와 티토서의 저자가 아니었음을 보여 주는 또 다른 증거가 되기도 한다.

코린토 2서에서 감사 단락을 도입하는 구절은 "우리 주 예수 그리스도의 아버지 하느님께서는 찬미받으시기를 빕니다"(1,3)이다. 감사 개념은 해당 단락의 마지막 구절에 가서야 나타난다. "여러분도 기도로 우리를 도와주십시오. 그리하면 많은 이들의 기도 덕분에 우리에게 내린 은사를 보고, 많은 사람이 우리 때문에 감사를 드리게 될 것입니다"(1,11). 바오로가 습관적으로 사용하던 표현을 자유로이 바꾸고 있다는 사실은 해당 본문에 대한 면밀한 분석에서 잘 드러난다. "대개는 바오로가 행위 동사의 주어이지만, 여기서는 코린토인들이 주어이다. 대체로 수신자들은 부사구로 언급되지만, 여기서는 바오로가 그러하다[휘페르 헤몬(ὑπὲρ ἡμῶν)-두 번; 에이스 헤마스(εἰς ἡμᾶς)]. 또 에우카리스토(εὐχαριστῶ) 주절은 목적절 다음에 나오는 경우가 많은데, 여기서는 에우카리스토가 목적절의 동사로 사용된다. 대부분 에우카리스토 절은 서언의 시작을 이루는데, 여기서는 결언을 이룬다. 동사는 흔히 능동태로 사용되는데, 여기서는 수동태로 사용된다"(Schubert 1939, 50).

바오로가 평소에 사용하던 일반적 양식을 체계적으로 바꾼 사실을 코린토인들이 전혀 인지하지 못했을 가능성은 없어 보인다. 공동체에 속한 많은 사람이 자신들의 지성에 대해 우쭐해하는 상태였고, 이미 소장하고 있던 바오로의 편지에 감사 단락이 담겨 있어 해당 편지와 비교해 볼 수 있었기 때문이다. 그 편지는 "전에 써 보낸 편지"(1코린 5,9 참조)와 코린토 1서인데, 이 두 편지 가운데 적어도 하나는 감사 단락을 담고 있었다. 그래서 그들은 바오로가 자신들에게 교묘한 방식으로 메시지를 전달하고 있다는 (올바른) 추론을 거부하기는 어려웠을 것이다. 바오로에게는 분명 코린토 교회의 상태에 관해 솔직하게 감사를 표할 수 없는 이유가 있었다. 불화는 해소되었지만(2코린 7,5-16), 여전히 그들 사이에 어려움이 남아 있었다. 그래서 바오로는 일반적인 감사 양식을 완전히 뒤바꾸어, 2코린 1-9장의 몸말에서 필로(Philo)의 어휘들을 능숙하게 다루며 논의를 전개할 채비를 차린다(Murphy-O'Connor 1986b).

코린토 2서를 시작하는 이 감사 단락에서 좀 더 의미심장한 점은 아마도 바오로가 보통의 경우와 달리, 자신의 체험에 초점을 맞추고 있다는 사실일 것이다. 그리하여 2코린 1-9장의 주요한 신학적 주제를 미리 알려 주는데, 그것은 바로 힘과 달변이 아니라 고통과 나약함이 참된 사도의 고유한 표지라는 점이다(4,7-12 참조).

"하느님께서는 찬미받으시기를 빕니다"로 시작되는 감사 양식이 일종의 불만을 표출하는 것이라는 설명은 에페소서에는 적용되지 않는다. 에페소서에는 찬미를 표현하는 대목에 이어 즉시 "나는 감사를 드립니다"라는 대목(1,15-19)이 뒤따라 나오기 때문이다. 이와 관련해서는 저자가 유다이즘에 깊이 뿌리내리고 있는 장엄한 "축복(찬미)" 양식을(Audet 1958; J. M. Robinson 1964) 옛것과의 연속성과 새로움이 서로 뒤섞인 편지를 시작하는 데 더 적절한 도구로 여겼기 때문이라고 설명할 수 있다. 하지만 찬미 개념도 이미 우주적 전망, 구원 신비가 드러남, 선택받은 삶에서 성령의 역할 등과 같은 에페소서의 기본 주제들의 기반을 이룬다는 점에서, 전형적인 감사의 기능을 충분히 수행하고 있다(O'Brien 1979; Lincoln 1990, 18-19).

5) 도입부로서의 감사

지금부터 다룰 일반적 감사 단락 일곱 개는 모두 독자의 호감을 끌어내어 그들이 편지 내용에 주의를 더 기울이고 더 수용적인 자세를 갖도록 이끌기 위해 고안되었다는 점에서, 일종의 '호감 사기'(captatio benevolentiae)에 해당한다. 이것은 거짓된 아첨이 아니다. 여기 나오는 다양한 칭찬은 제각기 다른 각 교회의 특성에 대한 바오로의 평가를 정확히 반영한다. 더욱이 각 감사 단락은 편지에서 다루어지는 주요 주제를 환기시켜 준다는 점에서 도입 역할을 수행한다.

1테살 1,2-10에서 바오로가 감사하는 근거는 테살로니카인들이 보여 준 믿음, 희망, 사랑이고, 2테살 1,3-4에서 그 근거는 그들의 믿음과 사랑이 더 자라났다는 점이다. 그들이 지금 박해를 견뎌 내고 있기 때문에 그들의 덕이 더욱 잘 드러나고, 그들의 성장 또한 훨씬 더 의미 있는 것으로 여겨진다. 바오로가 감사 단락에서 이 점을 강조하는 것을 볼 때, 이 편지들의 주된 관심사는 테살로니카인들의 견고한 자세를 여러 방식으로 강화시키는 데 있음을 알 수 있다. 하지만 감사 단락에는 해당 주제들을 구체적으로 어떻게 전개할지에 관해서 암시되어 있지 않다.

테살로니카 1·2서와 비교할 때, 1코린 1,4-9은 다루지 않는 주제가 더욱 주목할 만하다. 바오로가 코린토인들의 칭찬거리로 찾을 수 있었던 최고의 것은 그들이 바오로가 그리 높이 평가하지 않는 '언어'와 '지식'에 관련된 성령의 은사들을 지녔다는 점(1코린 8,1; 13,8-9; 14,2-5), 그리고 그들이 친교로 '부르심'을 받았다는 사실에 있다. 바오로가 여기서 '사랑'에 관해서 전혀 언급하지 않고 또 굳이 참된 '친교'에 관해 표현한다는 사실을 볼 때, 코린토인들이 이런 종류의 부르심에는 실제로 잘 응답하지 못하고 있음을 눈치챌 수 있다. 사실 편지의 대부분은 공동체 내에 일어나는 크고 작은 분열과(1,10-4,21; 6,1-11; 11,17-34), 교의적 문제에 대한 논쟁(15,1-59), 윤리적 문제에 관해(6,12-7,40) 다룬다. '지식'이라는 주제는 특별히 우상에게 바쳐진 고기와 관련해서 8-10장에서 다루어지고, 신령한 '언어'는 12-14장의 주요 주제이다. 이런 점에서 감사 단락의 서간적 기능은 완벽하게 실현되고 있다.

필레 4-6절에서 바오로는 그리스도에 대한 필레몬의 믿음과 "모든 성도들"(BDF § 477[2])을 향한 그의 사랑에 고무되어 감사를 드린다. 서간적 기능에서 볼 때 다음 구절에서 논의되는 주제어는 '친교', 곧 코이노니아(κοινωνία)다(O'Brien 1977, 54-58). 바오로는 필레몬이 무엇인가 나누기를 기대하고 있다는 사실이 이 부분에 암시되어 있다. 실제로 필레몬은 자기 종 오네시모스를 풀어 주라는 권고를 받을 것이다.

친교는 필리 1,3-11에서도 주제어로 작용한다. 하지만 여기서 친교란 사도적 협력을 의미하는데, 이 협력을 통하여 은총이 작용하게 되며 이것이 바오로가 감사하는 이유다. 그렇다면 필리 1,3-11이 서간의 나머지를 도입하는 대목인가? 필리피서의 단일성이 확실히 보장되지 않는다는 점 때문에 이 질문에 대해 명확히 답하는 것은 어려워 보인다. 감사 단락에 소개된 기쁨, 사랑, 지식, 증거로서의 고통 등의 주제들이 필리피서를 이루고 있는 것으로 가정되는 모든 편지에서 발견된다는 점이 입증되어 왔다. 몇몇 학자의 주장과 달리(Jewett 1970), 이 사실이 그 편지의 단일성을 입증하지는 않는다. 편지가 다루는 관심 요소들은 기본적인 것이고, 그 편지들이 동일한 공동체에 보내졌고, 특히 시간 차이 없이 짧은 기간에 쓰였다면 같은 주제가 편지들 면면에 흐르는 것은 당연하다고 여길 수 있다. 또 다른 분석 결과에 따르면, 감사 단락에서 다루어지는 주제들은 1,3-3,1과 4,2-9로 이루어진 편지에 집중되어 있음을 알 수 있다(O'Brien 1977, 37-40).

로마서는 바오로가 개인적으로 알지 못하던 공동체에 보낸 것이었다. 바오로가 알고 있던 것은 그곳에 그리스도인들이 있고, 자신이 감사를 드리는 것도 그 때문이라는 점이 전부였다. "여러분의 믿음이 온 세상에 알려지고 있기 때문입니다"(1,8). 다시 한번 감사 단락은 편지의 중요한 신학적이고 개인적인 주제들을 환기시켜 준다. 그 주제들은 바로 화해시키는 (하느님의) 아들이신 그리스도라는 복음의 기본 요소와, 구원의 은혜를 입은 뒤 생겨난 사도 직무, 그리고 개인 사유로 로마를 방문하려는 바오로의 계획 등이다(O'Brien 1977, 224-229).

바오로는 자신의 첫 편지에서와 마찬가지로 콜로 1,3-14에 나오는 감사 단락에서도 콜로새인들 중 믿음을 간직해 온 이들이 보여 준 믿음, 희망, 사랑 때문에 감사를 드린다. 다시 언급하겠지만, 이 편지는 (로마서와 필리피서에서처럼) "성도들"에게 보내진 것이 아니라 '성도들 중에 믿음을 간직한 신자들'(1,2)에게 보내진 것이다. 이 대목은 바오로가 칭찬하기 위해 대상을 구분한 유일한 경우다. 갈라티아서와 비교해 보면 바오로가 외교적 화법에서 진일보했다는 점이 잘 드러나는데, 바오로는 2,6 이전까지 거짓 교사들의 문제를 명시적으로 언급하지 않는다. 바오로는 편지에서 다룰 진짜 문제에 관해 감사 단락에서 '진리'와 '영적인 것'이라는 주제로 각각 소개한다. 여기서 '진리'는 복음과 복음에 대해 들은 것을 수식하고, '영적인 것'은 지혜와 깨달음을 수식할 때 쓰인다. 복음의 보편성과 풍부한 결실을 강조하는 것은 콜로새에 있던 이단이 보이는 결실 없는 편협함을 은연중에 단죄한다.

여기서 논의할 마지막 감사 단락은 2티모 1,3-5이다. 이 편지에서 바오로가 감사를 드리는 기본 바탕은 매우 예외적으로 종교적 덕목이 아니라 자신과 티모테오가 맺고 있는 우애와 관련된다. 티모테오의 진실한 믿음은 단 두 구절에서만 언급된다. 편지의 주제는 "그대가 받은 하느님의 은사를 다시 불태우십시오."(1,6)라는 충고에서 명시적으로 선언된다. 실제로 티모테오는 지도자의 역할을 새롭게 맡아야만 했다(Prior 1989, 64).

또한 감사 단락에는 티모테오를 보고자 하는 바오로의 열망이 은연중에 드러나기도 한다(4,9 참조). 바오로가 티모테오를 다시 만나고 싶어 했기 때문에, 티모테오는 사도직을 그다지 성공적으로 수행하지 못했던 에페소를 떠날 것이다.

4. 편지의 몸말

사도 바오로 편지의 몸말이 지닌 형식을 기술하려 했던 시도는 단 한 번밖에 없었다. J. L. 화이트에 따르면 편지 몸말은 "형식적 도입, 정형화된 연결과 이행 문구들, 끝에 나오는 '종말론적 절정'과 사도 시대에 기대된 재림(*parusia*) … 권고"(White 1972, 71)로 이루어져 있다. 하지만 화이트의 선구자적 노력은 반복되는 문학적인 정형화 문구들을 찾아내는 데에만 집중되어 있었다. 그래서 편지에 담긴 내용을 무시하게 되었고, 그 결과 그의 분석에는 편지를 전체적으로 고려하려는 구체적인 관심이 사실상 전혀 없다.

다른 학자들도 화이트와 동일하게 형식 접근법을 사용했지만, 편지의 완벽한 몸말을 밝힐 수 있다고 여기지는 않았다. 그들은 편지의 인사말과 결문에서 발견되는 정형화된 문구와 유사한 몸말의 그런 문구들을 살펴보는 데 주력했다(Mullins 1972; Schnider and Stenger 1987). 그 결과로 나온 연구들은 다음과 같다.

- 도입 문구(White 1971)
- 종결 문구(Mullins 1964)
- 요청 문구(Bjerkelund 1967)
- 신뢰 문구(Olsen 1984, 1985)
- 축복(Jewett 1969; Mullins 1977)
- 수사적 질문들(Wuellner 1986; Watson 1989)
- 이행 기교들(Roberts 1986)
- 자서전적 진술들(Lyons 1985)
- 여행 계획(Funk 1967; Mullins 1973)
- 비교, 자기 띄우기, 반어법(Forbes 1986)

이 목록은 여전히 확장될 수 있으며, 아직 완결되지 않았다. 이러한 연구의 장점은 해당 문구들을 상세하게 범주화할 수 있다는 점과 병행구를 찾아볼 수 있다는 점이다. 이는 바오로가 서간을 주고받던 1세기 세계에 어느 정도까지 참여했는지를 다시 한번 보여 준다.

1) 편지의 수사 분석

최근 편지를 하나의 전체로 연구하는 또 다른 연구 방식이 바오로 연구에서 두각을 나타내고 있다. G. A. 케네디의 연구(Kennedy 1984)에 자극을 받아 많은 학자가 고대 수사학과 서간학의 전통을 기반으로 바오로 편지의 특징을 찾고 그 내용을 분석하려고 노력해 왔다. 수사학과 서간학은 서로 동일한 분야가 아니다. 하지만 편지도 담화를 대체하는 것이기 때문에 구두 의사소통의 기법과 형식이 서면 의사소통에 영향을 미쳤다는 것은 분명하다(Aune 1987, 160-161). 게다가 바오로의 편지는 큰 소리로 읽도록 의도되었음(1테살 5,27; 콜로 4,16)을 기억해야 한다.

(1) 수사술의 세 가지 유형

수사술이란 설득의 기술이다. 어느 시대나, 어디서나 자신의 관점을 다른 이에게 설득하는 능력은 매우 높게 평가되어 왔다. 사업, 정치, 법, 또는 구애 등 어느 영역에서든 수사술이 중요하다는 점은 굳이 강조할 필요가 없다. 그리스와 로마의 민주주의 사회에서 공공 영역에서의 성공은 매력적인 웅변술에 달려 있었다. 독재자는 언제든지 등장했다가 사라질 수 있었지만, 문명의 특징적 요소들과 교육받은 이들만의 특별한 자질은 줄곧 관심을 받았다. 몇몇 전문가는 청중의 마음에 와닿는 핵심 요소를 알아채는 재능을 갖고 태어났는지 모르겠지만 대부분의 사람은 그렇지 않다. 그래서 야심만만한 이들이 열심히 공부하면 습득할 수 있도록 설득의 기술을 하나의 학문으로 정립하려고 애썼다. 이러한 노력은 이미 기원전 5세기에 시작되었으며 (Kennedy 1963, 58-61), 서로 다른 유형의 수사술에 관해 1세기까지 활발하게 논의될 만큼 수사술은 중요한 주제였다. 퀸틸리아누스(기원후 35년-95년경)는 이러한 논의들을 요약하여 다음과 같이 결론짓는다.

> "가장 안전하고 합리적인 과정은 다수의 권위를 따르는 것이라고 생각된다. 그런데 내가 앞서 말한 것처럼 칭찬과 비난 모두와 관련되어 있지만 두 가지 기능 가운데 더 나은 것에서 그 이름을 따 '칭송적'(laudatory)이라고 부르는 일종의 수사술이 있다. 이를 다른 이들은 '지시적'(demonstrative)이라고도 부른다. 두 가지 명칭은 모두 그리스어에서 나온 것으로 보이는데, 각각 에코미아스틱(ecomiastic), 에피데익틱(epideictic)이라는 표현과 연결된다.[31] 하지만 로마인들이 '지시적'이라는 명칭을 사용할 때 그리스어 용법에서 빌려 온

---

31) 역주: 이 두 단어는 그리스어 단어를 영어식으로 표현한 것이다.

것은 아닌 것 같다. 그들은 칭찬과 비난이 모두 관련된 대상의 본성을 지시하는 것이기 때문에 '지시적'이라는 용어를 사용하게 되었던 것으로 보인다. 두 번째 유형은 설득적(deliberative) 수사술이고, 세 번째는 법정 변론적(forensic) 수사술이다"(*Institutio Oratoria* 3:4.12-15; Butler).

퀸틸리아누스는 여기서 마지막 두 유형의 수사술에 관해서는 설명하지 않는다. 왜냐하면 두 수사술에 대한 정의는 자기 저서 뒷부분에서 다룰 주제로 남겨 두고 있기 때문이다.

"설득적(또는 권고적) 부분을 다루는 수사술은 미래에 관해 숙고하면서, 과거에 관해 질문을 던지기도 한다. 이 수사술은 충고와 설득이라는 두 겹의 기능을 지닌다"(*Institutio Oratoria* 3:8.6; Butler).

"이제 법정 변론 유형의 수사술에 관해 살펴보자. 이 수사술은 가장 다양한 형태를 보인다. 하지만 그것이 추구하고자 하는 목적은 소송을 걸거나, 소송에 대해 논박하는 것 두 가지밖에 없다"(*Institutio Oratoria* 3:9.1; Butler).

수사술을 세 유형으로 구분하는 것은 그리스나 로마나 공통적이었다. 이 전통이 아리스토텔레스(기원전 384-322년)까지 거슬러 올라가기 때문이다. 아리스토텔레스가 전해 주는 다음의 본문은 퀸틸리아누스가 말하는 바를 명쾌하게 드러내 준다.

"수사술의 유형에는 세 가지가 있다. 왜냐하면 청중의 유형이 세 가지이기 때문이다. 사실, 연설은 화자, 주제, 청자라는 세 가지 요소로 이루어지는데, 연설의 목적은 세 요소 가운데 마지막 요소와 관련되어 있다.

먼저 청자는 관객이거나 재판관 둘 중 하나여야 한다. 그런데 재판관은 과거에 관한 재판관일 수도 있고, 미래에 관한 재판관일 수 있다. 여기서 미래에 관한 재판관은 집회의 구성원이다. 과거에 대한 재판관은 법정의 배심원이다. 연설가의 능력에 대해 평가해 주는 이는 관객이다.

그래서 수사적 연설은 세 가지 유형, 곧 설득 연설, 법정 변론, 행사 연설(또는 지시적 연설)로 구분될 필요가 있다.

설득의 유형에는 권고와 제지가 있다. 어떤 경우라 하더라도, 개인적으로 조언하는 이들과 더 많은 사람에게 조언하는 이들은 모두 권고나 제지 중 하나를 행한다.

법정 변론의 유형에는 기소와 변론이 있다. 둘 중 어느 경우라 하더라도 소송 당사자들이 부득이하게 연루된다.

마지막으로 행사 연설의 유형에는 칭송과 비난이 있다.

수사술들의 시간적 방향 또한 각각 다르다. 먼저, 설득 연설의 경우는 미래를 향한다. 왜냐하면 재촉하든 단념시키든, 화자가 설득하는 것은 앞으로 이루어져야 할 어떤 것에 관한 것이기 때문이다. 소송하는 이에게서 연설은 과거와 관련된다. 기소든 변론이든 이미 일어난 일에 관련된 주장이기 때문이다. 행사 연설가에게는 현재가 가장 중요하다. 왜냐하면 역사적 사건이나 벌어질 일에 대한 추측이 첨가되는 경우가 종종 있지만, 결국 행사 연설에서 칭송하거나 비난하는 내용은 현재 상태를 기반으로 하기 때문이다.

각각의 수사술이 다루는 객체는 각기 상이하다. … 설득 수사를 사용하는 이의 목표는 이익이나 손해와 관련된다. 그의 조언은 더 이로운 삶을 살도록 재촉하는 것이다. 그의 만류는 더 해로운 일을 단념시키는 것이다. 정의나 고귀함과 같은 다른 관점들은 모두 부수적이다.

법정 변론 연설자의 목표는 정의와 불의와 관련되어 있다. 물론, 그들은 여기에 다른 관점들을 부수적으로 다룰 수 있다.

행사 연설자의 목표는 숭고함과 비천함과 관련된다. 여기에 화자는 다른 관점들을 연관시킬 수도 있다"(*Rhetoric* 1:2.3; 1358b; Lawson-Tancred의 개역).

아리스토텔레스의 기술은 한 단어도 함부로 사용하지 않는 매우 압축된 설명이기 때문에 이해하는 데 다소 어려움이 있을 수 있다. 그래서 여기에서 다루어진 점을 일목요연하게 요약하는 것도 도움이 될 것이다.

설득 연설
> 목표 | 일련의 행위를 행하거나 단념하도록 확신을 주는 것
> 방법 | 설득이나 제지
> 청중 | 결정을 해야 함
> 시간 | 미래

법정 변론
> 목표 | 확실하게 정의가 이루어지도록 하는 것
> 방법 | 공격이나 방어
> 청중 | 결정을 해야 함
> 시간 | 과거

행사 연설
> 목표 | 어떤 이가 영예를 받아 마땅하다거나 혹은 비난을 받아 마땅하다는 것을 증명함으로써 공유 가치들을 기리는 것
> 방법 | 칭송이나 비난
> 청중 | 수사자의 기교를 구경하는 단순 구경꾼
> 시간 | 현재

이처럼 서로 명쾌하게 구분할 수 있도록 기술했다는 것은 이것이 매우 인위적인 구분이라는 사실을 반증한다. 이 요소들은 그

가능성들을 생각하면서 연역적(a priori)으로 추론한 것이지, 실제 연설들을 분석하여 귀납적(a posteriori)으로 추론한 것은 아니다. 실제 세계는 우리 생각이 만들어 낸 구분처럼 그렇게 산뜻하게 구분되지 않는다. 순수하게 가르치기 위한 연설(예를 들면 수업)이나 위로 담화(예를 들면 큰 재앙이 있는 경우)의 경우는 위에서 제시하는 구도에 쉽게, 또는 자연스럽게 들어맞지는 않는다. 그래서 퀸틸리아누스는 다음과 같이 강하게 지적한다.

> "우리가 불평할 때, 위로할 때, 달랠 때, 자극할 때, 겁을 줄 때, 용기를 줄 때, 가르칠 때, 애매한 것을 설명할 때, 이야기할 때, 자비를 간청할 때, 감사할 때, 축하할 때, 비난할 때, 매도할 때, 기술할 때, 명령할 때, 말을 철회할 때, 우리의 바람이나 의견을 표현할 때, 어떤 한 종류의 수사술을 쓰고 있다고 생각하며, 다른 많은 가능성에 관해서는 전혀 언급하지 않을 수 있을까?"(*Institutio Oratoria* 3:4.3; Butler)

연설가가 확실히 석방될 수 있도록 노력하기 위한 목적으로 재판관을 치켜세울 때, 또는 미래의 좋은 것이 칭송될 때 다른 유형의 수사술을 함께 사용할 수 있다. 그리고 올바른 용어 사용과 관련하여 (종종 무익한) 논쟁들이 벌어지곤 한다. 또한 용어의 의미를 근거 없이 확장함으로써 혼란이 초래되기도 한다. 곧,

행사 연설에서 교육적 차원을 강조하다 보면 설득 연설과 아무런 차이도 없게 될 것이다.

(2) 바오로 편지들의 수사적 분류

순수하게 소식을 주고받는 기쁨을 누리기 위해 친구 아티쿠스에게 정기적으로 편지를 쓰곤 했던 키케로와 달리, 바오로는 긴박한 필요가 있을 때 외에는 결코 펜을 들지 않았다. 바오로에게 편지란 항상 정해진 목적이 있을 때만 사용하는 도구였다. 바오로는 무엇인가를 달성하기 위하여 편지를 썼다. 자기 뜻을 관철시킬 수 있는 논리적 구성이 부족할 때는 편지를 쓸 수가 없었다. 편지 읽는 이들을 반드시 설득해야 했기 때문이다. 그래서 학자들은 '바오로의 편지들이 수사술의 세 범주 가운데 어디에 속하는가?'라는 질문에 답하려고 시도해 왔다.

H. D. 베츠는 갈라티아서가 체계적으로 법정 변론 양식을 사용하는 일종의 호교론적 편지라고 주장했다(Betz 1979, 14-25). 그의 가설에 이의를 제기하는 이들은 베츠가 편지의 일부를 바탕으로 전체를 해석하려고 했다는 점을 기본적으로 비판했다. 바오로는 분명 갈라 1-2장에서 자신을 변론하고 있으며 그가 사용하는 기교는 법정 변론이다. 하지만 편지의 나머지 부분은

다르다. 나머지 대목은 설득에 취지가 있다(Kennedy 1984, 144-145; Hall 1987; Smit 1989; Longenecker 1990, cxiii).

베츠의 입장에 대한 주된 반대는 긴 권고(exhortatio: 갈라 5,1-6,10)와 관련되어 있다. – 권고나 연설의 구성 요소와 관련된 다른 용어들에 관해서는 다음 장에서 설명할 것이다 – 어쨌든 권고는 일반적으로 법정 변론의 요소는 아니다. 게다가 베츠는 법정 변론적 편지의 다른 예를 제시하지 못한다. 오히려 갈라티아서의 경우는 〈평화에 대하여(*On Peace*)〉(Vouga 1988)라는 데모스테네스(Demosthenes)의 설득 담화에서 거의 완벽한 병행을 찾아볼 수 있다. 그런데 설득 담화에서는 확장된 진술(narratio: 갈라 1,12-2,14)이 일반적으로 나타나지 않는다. 이렇게 볼 때 갈라티아서는 분명 전통적인 수사술의 범주 가운데 어느 것에도 완전하게 합치되지는 않는다. 따라서 이 점을 항상 유념하는 가운데, 갈라티아서가 사람들을 교정시키고자 설득하는 데 관심을 기울인다는 점에서 기본 취지는 설득에 있음을 인식해야 한다.

콜로새서의 관심사도 갈라티아서와 유사하다. 둘 다 잘못된 가르침에 빠져 있는 공동체에게 그들이 잘못된 길을 걷고 있다고 설득함으로써 마음을 돌리기 위해 쓴 것이기 때문이다. 이런 측면에서 콜로새서 역시 설득 연설로 보아야 한다.

뷜너는 코린토 1서를 '지시적' 편지로 본다. 이 편지가 교육적 내용을 담고 있기 때문이다(Wuellner 1987, 460). 하지만 편지 전체의 내용이 사실상 믿음과 실천에서의 변화된 삶에 관한 것이기 때문에, 코린토 1서와 2코린 8-9장의 경우 설득 연설인 반면 2코린 1-7장과 10-13장은 법정 변론이라고 규정하는 케네디의 주장(Kennedy 1984, 87, 93)이 코린토 1서를 더 잘 설명하는 것으로 여겨진다. 법정 변론에 해당하는 2코린 10-13장은 바오로의 크나큰 실망을 격하게 드러내는데, 여기서 바오로는 수신자들의 감정에 관해서 거의 고려하지 않는다. 이 대목은 다른 수사적 유형으로 규정하기보다 변론을 위한 연설로 분류하는 것이 더 정확하다. 하지만 2코린 1-7장은 바오로의 사도직에 관한 변론이라기보다, 영적인 것을 추구하는 사람들이 유다주의자들과 결탁하는 것을 막고, 사도 자신의 관점을 받아들이도록 설득하기 위한 지속적이고 간절한 노력이라고 보는 것이 더 적절하다. 2,14-4,6에서 바오로가 그들 자신의 유익을 위해 호소하고 있다는 생각은 틀리지 않은 해석으로 보인다(Murphy-O'Connor 1986b). 그래서 나는 2코린 1-7장을 설득 연설로 분류하는 것을 선호한다(1984, 87, 93).

케네디는 테살로니카 1·2서를 설득 연설로 본다(Kennedy 1984, 142-144). 지윗은 테살로니카 2서가 설득 연설이라는 점에 대해서는 동의하지만, 테살로니카 1서의 경우 바오로 자신이 테살로니카 사람들에게 만족하고 있음을 명백히 표현하고 있다고 지적한다(Jewett 1986a, 82). 이런 칭찬은 테살로니카 사람들이 현재 상태를 유지하도록 힘을 북돋우기 위한 것이다. 따라서 지윗은 테살로니카 1서를 행사 연설적 수사로 보아야 한다고 주장한다(1986a, 71-72). 하지만 그가 이론적 용어들을 활용해 이 분류를 정당화하더라도, 테살로니카 1서와 전통적인 행사 연설적 담화, 예를 들면 디온 크리소스토모스(Dio Chrysostom, 1세기 로마의 변론가-역주)나 아일리우스 아리스티데스(Aelius Aristides, 2세기 로마의 작가-역주)의 연설 담화(예문은 Murphy-O'Connor 1992, 119-122에 제시된다)가 큰 차이를 보인다는 점은 너무나 분명하다. 용어 사용에 주의를 기울이는 것은 그것을 이해하는 데 의심의 해석학(hermeneutic of suspicion) 만큼이나 반드시 필요하다.

케네디는 로마서가 지시적 편지라고 본다(Kennedy 1984, 152). 로마서가 로마의 특정 상황과 관련 없는 일종의 신학적 입장을 밝히는 논설이라고 한다면 이 말도 나름 받아들일 만하다. 왜냐하면 바오로는 분명 공통된 가치를 단언하면서 자신이 전하는 복음을 펼치고자 하기 때문이다. 하지만 케네디도 지적하는 것처럼 바오로가 자신의 복음을 로마 교회에 소개함으로써 그들이 자신을 기꺼이 받아들이고 동시에 자신에 대한 오해를 없애며, 잠재적인 반대를 제거하는 것이 로마서의 저술 목적이라는 점에 동의한다면, 로마서는 어떤 의미에서 볼 때(Aune 1987, 219) 설득 연설이 분명해 보인다. 바오로는 논증할 주제를 가지고 있었다(로마 1,16-17). 따라서 이 편지는 필연적으로 설득적이며 미래 지향적이다(Aletti 1991, 31-53).

케네디에 따르면 필리피서는 대개 지시적이다(Kennedy 1984, 77). 하지만 이러한 평가는 필리피서를 구성하는 편지들 가운데 하나, 곧 1,3-3,1과 4,2-9에만 적용된다. 3,2-4,1의 경우는 미래의 발전에 대한 바오로의 관심이 주요 특징이다. 결국 이 대목은 설득 연설로 분류되어야 한다. 필레몬에게 오네시모스를 풀어 달라고 설득하기 위해 기획된 필레몬서도 마찬가지로 설득 연설이다(Church 1978).

에페소서의 분류에 있어서는 아직 만족할 만한 연구가 없다. 이 편지의 독특한 입장은 그 내용이 일반적이라는 데 있다. 처음 1-3장에서는 하느님의 구원 계획을 통한 은혜의 수혜자인 독자들이 현재 누리고 있는 은총을 찬양한다. 이 부분은 지시적이다. 하지만 마지막 4-6장은 이러한 실재들에 맞게 살아야 한다는 호소로 논의가 발전하기 때문에, 이 대목은 설득 양식에 해당한다.

사목서간은 형식적 측면에서 개인에게 보낸 편지들이기 때문에 연설이라고 볼 수 없다. 그래서 수사적 측면에서 굳이 분류할 필요는 없다.

지금까지 간략하게 살펴본 결과에서 알 수 있듯이 편지들은 어느 것 하나 완전히 동일하지는 않다. 이러한 다양성은 수사 비평이 범할 수 있는 큰 위험 가운데 하나를 드러낸다. 어떤 편지를 분류할 때 대개는 편지 전체에서 논의되는 바를 상세하게 분석한 결과를 기반으로 하는 것이 아니라, 편지 내용을 읽으면서 얻은 인상을 기반으로, 한두 가지 특징으로 정당화한다. 알레티가 강조하는 것처럼 이것은 마차를 말 앞에 다는, 본말이 뒤집힌 모양새다(Aletti 1992, 390). 눈앞에 있는 복잡한 모습의 편지에 단조로운 범주들을 순진하게 적용하여 분석하는 것은 잘못된 태도임이 분명하다.

(3) 설득 연설의 구성 요소

이따금 (법정 변론에서처럼) 진실과 거짓을 식별해야 할 때가 있더라도, 바오로의 일관된 관심은 특정 행동 방식들이 지니는 가치를 독자에게 설득하는 데 있었다. 그가 생각하는 행동 방식이란 모두 우리를 사로잡고 있는 그리스도의 사랑(2코린 5,14)의 표현들일 뿐이다. 따라서 설득 연설과 법정 변론의 구성 요소들을 다소 상세히 조사할 필요가 반드시 있다.

기원전 55년 키케로는 《연설가에 관하여(*De Oratore*)》를 저술하면서 성공적인 연설가로 살았던 자기 경험의 정수를 갈무리하였다. 그 책에서 그는 30여 년 전에 쓴 《고안에 관하여(*De Inventione*)》라는 비슷한 작품을 폐기시키는데, 그것은 자신이 수사학을 공부하면서 적어 둔 노트로 급히 만든 미완성의 작품이었다고 말한다(*De Oratore* 1:2.5). 이와 동일한 비평을 퀸틸리아누스도 《연설가 교육론(*Institutio Oratoria*)》 3:6.59에서 반복한다. 동일한 과정의 강의들에서 나온 또 다른 수업 노트가 있었던 것으로 생각되는데, 이름이 알려지지 않은 한 저자가 이 노트를 발전시켜 기원전 86-82년 사이 어느 때에 가이우스 헤렌니우스를 수신자로 하는 《헤렌니우스를 위한 수사학(*Rhetorica ad Herennium*)》이라고 알려진 책을 저술한다(Kennedy 1972, 103-148). 저자 미상이지만 히르툴레이우스(L. Hirtuleius)가 저자라는 주장이 설득력 있다(Achard 1989, xxxii n. 161).

마지막에 언급한 이 책은 라틴어로 된 최초의 완전한 교재이며 그리스의 수사 전통, 특히 로도스의 수사 전통을 로마의 필요에 맞추어 적용하려는 의식적 노력이 있었음을 보여 준다. "저자는 로마 정신을 그리스 학설에 결합시킴으로써 로마 옷을 입은 그리스 기교를 우리에게 전해 준다"(Caplan, vii). 이 저작은 바오로가 받을 수밖에 없었던 수사적 영향이 무엇이었는지를 보여 주는 값진 자료다. 키케로의 완성도 높은 작품들 – 《수사학(Oratoriae Partitiones)》(대략 기원전 54년), 《최고 부류의 연설가들에 관하여(De Optimo Genere Oratorum)》(기원전 52년), 《명쾌한 연설가들에 관하여(De Claris Oratoribus)》(기원전 46년), 《토픽에 대하여(Topica)》(기원전 44년) 이후 가장 중요한 공헌이라고 할 수 있는 것은 마르쿠스 파미우스 퀸틸리아누스(Marcus Famius Quintilianus)의 《연설가 교육론》이다. 이 책은 기원후 1세기 말엽에 출간되었다.

기원 전후 시기에 수사술을 표준화하는 작업이 진행되었는데, 이는 수사술과 관련된 당시 대표적인 교재들이 일관된 형태를 지닌다는 점에서 분명하게 드러난다. 충분한 자격을 갖춘 화자라면 다섯 가지 기교를 능숙하게 익혀야 한다는 점에 대해서는 모든 교재가 동의한다. 이와 관련하여 퀸틸리아누스의 이야기를 예로 들어 보면 이러하다. "최고의 권위자들이 가르친 것처럼 수사술은 다섯 부분으로 구성된다: 고안(inventio), 배열(dispositio), 표현(elocutio), 기억(memoria), 전달(pronuntiatio)"(Institutio Oratoria 3:3.1; Butler). 마지막 세 부분에 관해서는 굳이 설명할 필요가 없다. 단어들을 잘 선택해야 하고, 문법적 구성은 정확해야 하며, 상황에 적절해야 한다. 그렇게 해서 정확히 기억해야 하며, 적절한 동작과 함께 분명하게 말해야 한다. 당시 '고안'이라는 단어는 오늘날 그 단어가 의미하는 창조적 작업을 가리키는 말이 아니다. 오히려 이 단어는 효과 있는 논증과 적절한 예시를 '찾아내는' 재능을 말한다. '배열'(라틴어 dispositio; 그리스어 taxis)은 모든 설득 연설과 법정 변론의 뼈대라고 말할 수 있는 기본 체계를 가리킨다. 지금까지 언급한 요소들은 플라톤으로부터 세네카에 이르기까지 모든 편지에서 정확히 동일하게 발견된다(Probst 1991, 55-107).

현대 학자들은 이러한 요소들을 바오로의 편지에서도 발견한다. 따라서 바오로가 이러한 요소들을 어떻게 사용하는지를 검토하기 이전에 이 요소들에 관한 전체적 윤곽을 좀 더 상세히 설명할 필요가 있다.

아리스토텔레스는 본질적인 면을 부각시키는 놀라운 재능으로 연설의 '배열'에 관하여 이렇게 말한다.

> "모든 연설은 두 부분으로 이루어져 있다. 의제를 제기하고 그것에 관해 논증하는 게 필요하다. … 연설의 필수적인 부분은 진술과 논증이다. 이것들은 연설에 빠져서는 안 될 요소이다. 하지만 연설의 요소들을 최대로 확장하면 도입(introduction), 진술(presentation), 논증(proof), 맺음(epilogue)으로 이루어진다(*Rhetoric* 3:13; 1414ab; Lawson-Tancred 개역).

조금 성급해 보인다. 사실 아리스토텔레스는 세부 요소들을 너무 쉽게 첨가시키는 것에 반대하였다. 그가 보이는 절제는 불행히도 이후 학자들에게 거의 영향을 미치지 못했다.

현대 저자들은 연설을 구성하는 단락들에 관해 언급할 때 라틴어 용어를 사용하는 경향이 있고, 여기서도 그렇게 할 것이다.[32] 왜냐하면 주석서나 논문들이 라틴어 용어를 사용하고 있을 뿐만 아니라, 영어 번역을 사용할 경우 해당 용어를 번역할 수 있는 등가의 어휘가 너무 많아 혼동을 일으킬 위험이 있기 때문이다. 앞서 소개한 아리스토텔레스의 글에 담긴 연설의 네 부분은 라틴어로 각각 exordium, narratio, probatio(또는 confirmatio 혹은 argumentatio), 그리고 peroratio다. 네 요소 외에 전통적인 수사학 교재에 나오는 다른 요소들도 첨가해서 다룰 것이다. 그것들도 바오로 편지들을 다루는 데 도움이 되기 때문이다.

도입(Exordium)

연설의 시작을 '도입'이라고 부르는 것은 당연하다.[33] 이 부분은 청중의 관심에 초점을 맞추면서 그들의 호감을 얻는 기능을 한다. 이 기능은 네 가지 방식으로 수행될 수 있다. 화자의 입장

---

32) 역주: 우리말로 읽기 편리하게 이 번역서에서는 저자의 의도와 달리 우리말을 먼저 제시하고 난 뒤 라틴어를 제시할 것이다.

33) 역주: Exordium은 '시작하다'라는 동사인 exordior에서 파생된 명사로 '시작'을 의미한다.

에서 자신이 지금 말하는 주장의 정당성을 진술하면서 절제된 방식으로 자신을 홍보하거나, 반대자를 비판하거나, 아첨하지 않으면서 청중을 띄워 주거나, 귀가 솔깃한 방법으로 논제의 윤곽을 미리 제시할 수 있다.

진술(Narratio)

이어 진술이 나오는데, 이 대목은 논제의 배경이 되는 사실들을 펼치기 위해 마련된다. 이 부분은 간결하고 명확할 뿐만 아니라 실제 있을 법한 이야기를 담아야 한다. 그러면서도 핵심 요소를 빠트려서는 안 된다. 게다가 화자에게 불리한 것은 가볍게 넘어가는 반면, 유리한 점은 가능한 한 강하게 묘사해야 한다.

    도입과 진술에서 어느 정도까지 다루어야 하는지는 화자와 청중의 관계, 논제에 대한 화자와 청중의 이해도에 달려 있다. 화자가 청중의 존경을 받고 있는 상황이라면 화자는 굳이 도입 부분에서 사람들의 호감을 끌어야 할 필요가 없다. 또한 다루어질 사실들에 관해 화자와 청중이 의견을 같이한다면 화자가 굳이 상술할 필요가 없다. 명백한 사실을 다루는 데 시간을 낭비하는 것은 설득 효과를 떨어뜨리기 때문이다. 설득 연설과 관련하여 아리스토텔레스는 적절히 이렇게 이야기한다.

> "진술은 설득 연설에서 그리 보편적이지는 않다. 왜냐하면 진술되는 내용이 앞으로 다가올 것과 관련이 없기 때문이다. 진술이 있어야 한다면 그것은 과거의 사건들에 관한 진술이어야 한다. 그 사건들을 되새김으로써 우리가 미래에 대해 더 잘 판단할 수 있게 될 것이다"(Rhetoric 3:16; 1417b; Lawson-Tancred).

여담(Digressio)

이 대목은 연설의 일부라기보다, 진술을 따라가기 위해 집중하고 있는 청중에게 잠시 휴식을 제공함으로써 그들이 호감을 가지도록 이끌기 위해 고안된 것이다. 여기서 얻게 되는 청중의 호감은 다시금 논증(Probatio)/ 확증(Confirmatio)/ 변증(Argumentatio)에 필수적인 요소가 될 것이다. 여기서 화자는 청중을 기쁘게 하기 위해 자기 능력을 십분 발휘하게 된다. 하지만 여담에서 다루어지는 주제는 이어지는 연설의 주제와 어느 정도 연관이 있어야 한다.

주제 제안(Propositio)

다음 과정은 화자가 앞으로 논의해 나갈 주제를 명확하게 정의하는 것으로, 이를 주제 제안이라고 부른다. 주제가 복잡하면 화자는 주제 분할(partitio)을 통해 논의의 구성 요소들을 정의해야 하는데, 주제 분할이란 다루어질 주제를 하위 제목으로 나누어 구분하는 것을 말한다.

확증(Confirmatio)

확증은 연설의 중심 부분으로 여기서 앞서 제시된 주제 제안이 확증된다. 이는 종종 논증(probatio) 또는 변론(argumentatio)이라고도 불린다. 법정 변론에서는 진실이 무엇인지를 논증하는 것이 중요하지만, 설득 연설은 진실을 논증하는 것과 큰 관련이 없다. 설득 연설의 경우는 그 고유한 특징 때문에 행위로 옮겨지기 전에는 결코 확실하게 알 수 없는 주제들이 다루어진다. 선택된 행동 방식이 실제로 수행되고 그 모든 결과가 명백히 드러난 뒤에서야 비로소 해당 행동의 가치에 대해 결정적으로 판단할 수 있다. 이를 판단하는 순간은 저 멀리 미래에 놓여 있다. 하지만 화자는 지금 이곳, 현재의 상황에서 해당 행동 방식이 다른 것보다 더 낫다는 점을 보여 줌으로써 더 나은 것이 무엇인지에만 관심을 기울인다.

이 점을 어떻게 수행할까? 아리스토텔레스는 모든 연설 형태에서 발견되는 보편적인 세 가지 요소, 곧 화자, 청중, 말을 기반으로 이 질문에 대한 답변을 제시하는데, 그가 제시한 답변은 오늘날까지 큰 이의 없이 받아들여지고 있다.

"연설에서 제시되는 논증에는 세 종류가 있다. 논증을 해 나가든가 논증하는 듯 보이는 연설에서 화자의 특성[에토스(ἔθος)]을 건드리는 논증이 있고, 청중의 어떤 성향[파토스(πάθος)]을 건드리는 논증이 있으며, 말 자체[로고스(λόγος)]에 관심을 쏟는 논증이 있다.

(화자의) 특성을 기반으로 하는 논증들은 화자가 믿을 만한 사람임을 드러내는 방식으로 연설이 흘러갈 때 나타난다. 우리는 모든 사안에서 대체적으로, 또는 정확한 답변이 불가능해 두 관점이 계속 양립할 수밖에 없는 문제들 앞에서는, 전적으로 사리 분별할 수 있다고 여겨지는 이의 말을 더 쉽게, 그리고 더 빨리 믿는다. 하지만 이러한 효과는 화자가 연설하는 과정에서 불러일으키는 것이지, 연설 전에 화자가 지니고 있다고 믿는 어떤 특성으로 인해 생기는 것이 아니다. 몇몇 전문가와 달리, 우리는 화자가 보여 주는 사리 분별 있는 이미지를 설득에 도움이 되지 않는 기교로 배제하지 않는다. 오히려 (화자의) 특성은, 말하자면 모든 논증에서 가장 강력하다고 할 만한 논거이다.

청중의 성향을 기반으로 하는 논증은 연설을 통해 청중이 어떤 감정적 상태로 이끌려 갈 때마다 이루어진다. 우리는 화가 났을 때와 기쁠 때, 공감할 때와 혐오감을 느낄 때 동일한 방식으로 판단하지 않는다. …

마지막으로, 우리가 특정 개별 사안이 지닌 진정한 혹은 외견상 설득력 있는 관점을 입증할 때, 그 연설에서 논증은 이루어진다"(*Rhetoric* 1:2; 1356a; Lawson-Tancred).

두 번째와 세 번째 사항에 대해서는 간략한 설명이 필요하다. 감정을 자극하는 연설 형식이 바로 권고(exhortatio)인데, 이는 가장 적절해 보이는 곳에 삽입될 수 있다.

설득 연설은 본래 상대적이며, 연설의 성공은 청중에게 제시된 주제 제안이 명예와 이득이라는 두 측면에서 모두 가치 있는 것이라는 점을 얼마나 잘 설득하느냐에 달려 있다. 이런저런 방식으로 제안된 행동 방향은 분별력, 정의, 용기, 절제라는 기본적인 덕목과 청중 자신의 관심을 반영하는 것으로 보인다. 확증이 어려운 것은 명예로운 것과 이득을 주는 것 사이에 긴장이 존재하기 때문이다. 편리한 것이 항상 명예로운 것도 아니고, 명예로운 것이 항상 이득을 주는 것도 아니다.

확증과 긴밀하게 연결되는 것이 바로 확증의 반대인 논박(refutatio)이다. 논박에서는 대안이 되는 행동 방향이 가능한 것 중 가장 매력 없는 방식이라고 제시된다. 그것은 조악하고 쓸모없으며, 위험할 뿐만 아니라 불쾌하고, 이익이 없다는 것으로 밝혀진다. 이상적으로 볼 때 논박은 확증에 이어 나온다. 그러나 실제 이 둘은 자주 뒤얽혀 나온다.

다양한 요소가 얼마나 정확하게 논리적으로 확립될 수 있을까? 이에 관해서도 아리스토텔레스가 해답을 제시한다.

"논증하는 이는 모두 예를 제시하거나 생략삼단논법(enthymemes)을 만들어 논거들을 제공한다. 그 외의 것을 사용하는 경우는 없다. 유사한 많은 경우를 바탕으로 어떤 결론이 귀결될 때 그것을 논리학에서는 귀납법(induction)이라고 부르지만 수사학에서는 예시(example)라고 부른다. 만약 어떤 조건들이 갖추어질 때 그 조건들을 기반으로 다른 것이 결과적으로 이루어진다고 할 때, 무엇이 그 조건들을 전반적으로, 혹은 대부분을 갖추고 있기 때문에 이러이러한 특정 결론을 내릴 수 있다는 식으로 논증할 수 있다. 이런 식의 논증법을 논리학에서는 연역법(deduction)이라고 부르지만, 수사학에서는 생략삼단논법이라고 부른다"(Rhetoric 1:2; 1356b; Lawson-Tancred 개역).

바꿔 말하면 논증은 귀납적이거나 연역적이어야 한다. 그리고 논증 대상 자체가 우연적인 것이기 때문에 논증의 구성 체계는 개연적일 수밖에 없다. 어떤 확실성을 기대해서는 안 된다. 예시가 전하는 효과는 '과거에 어떤 일이 그렇게 벌어졌다면 그것은 현재에도 그렇고 미래에도 그러할 것이다'라는 가정에서 나온다. 인간 본성은 변치 않기 때문이다. 삼단논법(syllogism)과 생략삼단논법의 유일한 차이는 명백함에 있다. 논리학에서 논증의 모든 요소는 명백하게 발언되어야 한다. 반대로 수사학에서는 화자와 청자 간에 발화되지 않은 공통분모를 바탕으로 논증하는 것이 충분히 가능할 뿐만 아니라 오히려 선호되기까지 한다. 이것이 바로 생략삼단논법이라는 그리스어 단어 엔티메마(ἐνθύμημα)에 내포된 의미다. 이 단어는 '안에'라는 의미의 그리스어 '엔(ἐν)'과 '마음'을 의미하는 '티모스(θυμὸς)'를 합성한 단어이다. 청자의 '마음 안에' 어떤 것이 갖추어져 있다고 생각하면 생략삼단논법 자체가 설득력을 가질 수 있을 것으로 여기게 된다.

맺음(Peroratio)
설득 연설은 맺음으로 마무리된다. 여기서 화자는 자신이 논증한 바를 요약하고(요약, enumeratio), 둘 중 논박된 의견 쪽을 거부하라고 청중을 격려하며(분개, indignatio), 청중의 동정심을 얻고자 애쓴다(한탄, conquestio).

(4) 바오로의 편지에 적용된 수사적 도식

위에서 제시한 내용이 매우 명백해 보이지만, 그것은 어디까지나 이론상 가장 완벽해 보이는 것을 기술하였기 때문이다. 앞서 언급한 것처럼 실제는 항상 이상에 딱 맞아떨어지지 않는다. 실제로 이루어지는 연설들이 항상 완벽한 모델로 제시되는 연설의 특징을 그대로 반영하지는 않는다. 게다가 바오로가 썼던 것은 편지이지 연설이 아니었다. 바오로는 자신의 수사적 기교들을 드러내 보여 주는 것에 관심이 없었다. 그럼에도 불구하고 많은 주석가가 바오로의 몇몇 편지에서 설득 연설의 요소들이 구현된 방식을 보여 주고자 시도했다(Wuellner 1979, 177-188). 학자마다 사용한 용어들이 각각 다르지만, 그 용어들을 앞서 설명한 용어에 맞추어 제시하면 다음과 같다.

로마서

W. 뷜러(Wuellner, 1976)

도입 1,1-15; 이행(Transitus) 1,16-17; 확증 1,18-15,13; 맺음 15,14-16,23.

G. A. 케네디(Kennedy1984, 153-154)

도입 1,8-15; 주제 제안 1,16-17; 확증 1,18-11,36; 권고 12,1-15,13; 맺음 15,14-23.

R. 지윗(Jewett, 1986b)

도입 1,1-12; 진술 1,13-15; 주제 제안 1,16-17; 확증 1,18-15,13; 맺음 15,14-16,23.

코린토 1서

M. 미첼(Mitchell, 1991, 184-186)

서간 서언(Prescript) 1,1-3; 도입 1,4-9; 주제 제안 1,10;
진술 1,11-17; 확증 1,18-15,57; 맺음 15,58;
서간 결언 16,1-24.

갈라티아서

H. D. 베츠(Betz, 1979, 16-23)

도입 1,6-11; 진술 1,12-2,14; 주제 제안 2,15-21;
확증 3,1-4,31(여담 3,19-25); 권고 5,1-6,10;
서간의 추신(postscript) 6,11-18.

R. G. 홀(Hall)

도입 1,1-5; 주제 제안 1,6-9; 확증 1,10-6,10;
맺음 6,11-18.

J. 스밋(Smit)[34]

도입 1,6-12; 진술 1,13-2,21; 확증 3,1-4,11;
맺음 4,12-5,12; 부연(Amplificatio) 6,11-18.

G. A. 케네디(Kennedy, 1984, 148-151)

도입 1,6-10; 확증 1,11-5,1; 권고 5,2-6,10;
맺음 6,11-18.

---

34) 스밋은 갈라 5,13-6,10이 바오로가 직접 적었지만 본래 편지에 속해 있던 글은 아니라고 본다.

F. 부가(Vouga)

도입 1,6-11; 진술 1,12-2,14; 주제 제안 2,14-21;
확증 3,1-4,31; 권고 5,1-6,10.

B. L. 맥(Mack, 1990, 69-72)

도입 1,6-10; 진술 1,11-2,14; 주제 제안 2,14-3,5;
확증 3,6-4,7; 권고 4,8-20.

M. 바흐만(Bachmann, 1992, 158)

도입 1,6-10; 진술 1,11-2,14 (14ㄴ는 주제 분할)
확증 2,15-6,17; 종결(Eschatokoll) 6,18.

필리피서

D. F. 왓슨(Watson, 1988)

도입 1,3-26; 진술 1,27-30; 확증 2,1-3,21;
맺음 4,1-20.

콜로새서

J.-N. 알레티(Aletti, 1993, 39)

도입 1,3-23 (1,21-23은 주제 분할); 확증 1,24-4,1;
맺음 4,2-6.

테살로니카 1서

  R. 지윗(Jewett, 1986a, 72-76)

  도입 1,1-5; 진술 1,6-3,13; 확증 4,1-5,22;
맺음 5,23-28

  F. W. 휴스(Hughes; Jewett 1986a, 221)

  도입 1,1-10; 진술 2,1-3,10; 주제 분할 3,11-13;
확증 4,1-5,3; 맺음 5,4-11; 권고 5,12-22;
결언(Conclusio): 5,23-28.

  G. A. 케네디(Kennedy, 1984, 142-144)

  도입 1,2-10; 논박 2,1-8; 진술 2,9-3,13;
확증 4,1-5,22; 맺음 5,23-28.

테살로니카 2서

  R. 지윗(Jewett, 1986a, 82-85)

  도입 1,1-12; 주제 분할 2,1-2; 확증 2,3-3,5;
권고 3,6-15; 맺음 3,16-18.

  F. W. 휴스(Hughes)

  도입 1,1-12; 주제 분할 2,1-2; 확증 2,3-15;
맺음 2,16-17; 권고 3,1-15; 서간의 추신 3,16-18.

  G. 홀란드(Holland; Jewett 1986a, 225)

도입 1,3-4; 진술 1,5-12; 확증 2,1-17; 권고 3,1-13; 맺음 3,14-15; 서간의 추신 3,16-18.

필레몬서

F. F. 처치(Church)

도입 4-7; 확증 8-16; 맺음 17-22.

지금까지 분석한 결과들의 타당성을 논하기에 앞서, 수사적 도식을 적용하는 데서 오는 한 가지 유감스러운 결과에 먼저 관심을 가질 필요가 있다.

(5) 수사적 도식의 오용

퀸틸리아누스의 지적(190-192쪽 참조)이 옳다는 점을 인정하지 않다 보니, 학자들은 결국 수사학이 본래 의도한 적도 없는 또 다른 목적을 위해 수사적 도식을 사용하는 데까지 이르게 되었다. 즉, 한 문학 단위가 지닌 최초의 독립적 형태를 확정하려는 생각으로 해당 문학 단위의 시작과 끝을 밝히는 데 수사적 도식을 활용해 온 것이다.

G. A. 케네디는 2코린 1-7장을 다음과 같이 구분한다. 도입

1,3-8; 진술 1,8-2,13; 주제 제안과 주제 분할 2,14-17; 확증 3,1-6,13; 맺음 7,2-16. 그는 6,14-7,1이 나중에 삽입된 대목이라고 잘못 생각함으로써(Murphy-O'Connor 1988) 다음과 같은 결론을 내리게 된다. "이 점에서 이 편지는 수사적으로 완전하다. 편지의 모든 주제와 제목이 충분히 다루어졌고, 그 마지막을 시작과 잘 연결해 놓았다"(Kennedy 1984, 91). 그러고 나서 계속 이렇게 질문한다. "8장과 9장이 1장부터 7장과 동일한 편지의 부분이라 할 수 있는가? 두 부분의 본문을 이런 식으로 나란히 두는 것은 수사적으로 볼 때 그리 만족스럽지 못하다. 왜냐하면 1-7장이 8-9장의 서언이라고 보기에는 너무 길고 8-9장이 1-7장의 후기라고 보기에는 너무 많은 논의가 진행되고 있기 때문이다." 그래서 케네디는 이 편지를 분리된 두 개의 편지로 보아야 한다는 결론을 내린다. 두 편지를 전달한 이는 모두 티토였는데, 그는 1-7장이 잘 도착할 때까지 8-9장을 고이 간직하라고 지시받았다는 것이다(Kennedy 1984, 92).

이 논증에서 언급되고 있지는 않지만 가장 핵심적인 한 가지 가정은, 바오로가 2코린 1-7장을 쓴 뒤 2코린 8-9장을 이어 써서는 안 된다고 생각할 정도로 수사적 규칙에 매여 있었을 것이라는 가정이다. 하지만 위대한 문장가이면서 이론가인 키케로도 몇 가지 간단한 통계들이 말해 주듯이 수사학 규칙에 그렇게 강하게 매여 있지는 않았다. *QFr* 3에 나오는 키케로 편지의 추신 부분은 본 편지 길이의 41퍼센트 정도이고, *Att* 12:28-29.1에 나오는 추신의 경우는 본 편지 길이의 32퍼센트 가량이다. 그런데 (절수로 계산해 보면) 2코린 8-9장은 2코린 1-7장 길이의 28퍼센트밖에 되지 않는다. 키케로도 이렇게 후기를 길게 쓰는데 바오로는 왜 그렇게 쓰면 안 될까? 바오로도 퀸틸리아누스가 이야기하는 그런 "현명한 융통성"을 지니고 있기 때문에 적절하다고 생각할 때마다 수사적 양식을 충분히 무시할 수도 있지 않았을까? 바오로의 관심은 편지의 내용에 있었지, 외적 형태에 있지 않았다.

H. D. 베츠도 2코린 8-9장이 본래 각각 독립된 편지였음을 증명하기 위해 수사학 이론을 이용하였다(Betz 1985). 그의 논지는 단순하다. 8장과 9장을 각각 독립된 편지로 볼 수 있게 만드는 요소가 있기 때문에 두 편지를 독립된 편지로 본다는 것이다. 그의 주장에 따르면 두 장의 구조는 동일하다. 도입: 8,1-5과 9,1-2; 진술: 8,6과 9,3-5ㄱ; 주제 제안: 8,7-8과 9,5ㄴㄷ; 논증: 8,9-15과 9,6-14; 대리인 추천장: 8,16-23; 맺음: 8,24과 9,15. 이렇게 보면, 본래 두 장은 모두 독립된 문서였어야 한다.

베츠의 논지를 근본적으로 반대하는 학자들은 그의 분석의 정확성을 지적한다. 서간 수사학의 전문가인 S. K. 스타우어는 이렇게 예리한 비판을 한다. "8,6이나 9,3-5ㄱ을 진술로 보는 것은 신념을 넘어 상상에 가깝다고 말할 수 있다. 9,15에 나오는 감사 기도를 맺음이라고 부르는 근거는 무엇인가? 여기에 적합한 유일한 답은 베츠가 8장을 하나의 독립된 담론으로 기술하기로 결심하였다는 것이다"(Stowers 1987, 730).[35] 다시 말해 베츠의 구분법은 바오로의 자료를 전혀 맞지 않는 수사적 틀에 억지로 끼워 맞추면서 생겨난 왜곡된 그림의 완벽한 실례라는 것이다. 베츠의 관찰에 따르면, 바오로는 공동체의 운영 문제를 다루어야만 했을 때 사무적인 방식으로 처리했을 것이라는 단순한 결론을 내릴 수밖에 없다. 이 점에 관해서는 아래서 다시 살펴볼 것이다.

학자들은 코린토 1서의 수사적 도식에 더 많은 관심을 기울여 왔다. H. 프롭스트는 용감하게도 이 편지의 모든 주요한 단락을 수사적 도식에 끼워 맞추려고 노력했다. 하지만 다른 이들, 특히 B. 스탄대르트(Standaert 1983), R. 페쉬(Pesch 1986),[36] B.

---

35) 동일한 반대 의견은 2코린 9장을 다음과 같이 나눈 맥의 견해(Mack 1990,59-60)에도 적용된다. 도입 9,1-2; 진술 9,3-5; 확증 9,6-10; 권고 9,11-14; 맺음 9,15.

36) 프롭스트가 전하고 있듯이 페쉬의 결론은 세부적인 점에서 뷘커(Bünker)의 견해와 같다(Probst 1991, 306, 334).

L. 맥(Mack 55-66), 그리고 H. 메르클라인(Merklein 109-113)은 편지의 부분 부분에 수사적 도식을 접목하려고 시도했다. 그들의 연구 결과를 다음처럼 도표로 나타낼 수 있다.

	도입	진술	논증 1	맺음 1	논증 2	맺음 2
1코린 1-4장						
페쉬	1,10-17	1,18-2,16	3,1-17	3,18-23	4,1-13	4,14-21
프롭스트	1,10-31	2,1-3,4	3,5-17			3,18-4,21
메르클라인	1,10-17	1,18-2,16	3,1-17	3,18-21	4,1-13	4,14-21
1코린 5-6장						
프롭스트	5,1-5	5,6-11	5,12-6,11			6,12-20
1코린 8-10장						
프롭스트	8,1-13	9,1-18	9,19-10,17			10,18-11,1
1코린 9장						
페쉬	9,1-3	9,4-14	9,15-23			9,24-27
1코린 12-14장						
스탄대르트	12,1-11	12,12-31 +13,1-13	14,1-36			14,37-40
프롭스트	12,1-11	12,12-31	13,1-14,25			14,26-40
1코린 15장						
페쉬	15,1-3ㄱ	15,3ㄴ-11	15,12-28	15,29-34	15,35-49	15,50-58
프로스트	15,1-3ㄱ	15,3ㄴ-11	15,12-34			15,35-58
맥	15,1-2	15,3-20	15,21-50			15,51-58

이 학자들이 수사적 도식을 사용하는 의도는 각자 달랐다. 프롭스트가 1코린 1-4, 5-6, 8-10, 12-14, 그리고 15장이 본래 독립된 편지였다고 주장하는 것은 각 단락이 나름의 수사적 도식을 지니고 있다는 한 가지 사실에 근거한다. 페쉬는 코린토 1서에 나타나는 모순과 반복을 토대로 1서를 네 개의 편지로 구분한다: (A) 1,1-5,8 + 6,1-11; (B) 5,9-13 + 6,12-20 + 10,1-11,34; (C) 15,1-58; (D) 7,1-9,27 + 12,1-14,40 + 16,1-24. 그리고 자신의 가설을 뒷받침하기 위하여 프롭스트처럼 모든 단락에 수사적 도식을 제시하지 않고, 재구성된 편지들 가운데 하나만이 수사적 도식을 보여 준다고 주장한다. 스탄대르트와 맥은 코린토 1서 전체의 통일성에 관해서는 아무런 말도 없이, 단지 바오로의 생각이 편지의 다양한 단락에 어떻게 유기적으로 구성되어 있는지에만 관심을 기울인다.

코린토 1서에 관한 페쉬의 분석 근거를 엄밀히 검토해 보면, 그 근거들이 타당하지 않다는 사실이 드러난다. 그가 관심을 두는 모순과 반복이라는 요소는 억지로 끼워 맞춘 것이거나 실제로 존재하지 않는 것이다. 또한 편지들이 어디서 분리되고, 어디서 다시 결합되는지의 편집 과정에 대한 페쉬의 근거들도 쉽게 받아들이기는 어렵다. 페쉬의 작업이 가져다 준 긍정적인 공헌은 오직 하나, 전통적 자료 비평(source criticism)이 코린토 1서의 문학적 통일성을 부인할 수 있는 어떤 근거도 제시하지 못한다는 점을 밝힌 것이다.

여기서 프롭스트가 제시하는 가설 전체를 논의하는 것은 불가능하기 때문에, 한 가지 예만 제시하는 것으로 만족하자. 프롭스트가 매우 상세히 분석하는 본문인 1코린 8-10장은 그의 접근법이 얼마나 위험한 것인지를 잘 보여 준다. 왜냐하면 수사적 범주 자체가 바오로가 말하고자 하는 것이 무엇인지를 항상 정확히 기술해 주지는 않기 때문이다. 프롭스트는 8,1-13을 도입으로 규정한다. 하지만 이 구절들은 이어지는 내용들을 위한 도입부가 아니다. 오히려 이 구절들은 우상에게 바치는 고기에 관한 주제를 다루는 그 자체로 완결된 하나의 단락이다. 이 단락에서 바오로는 자신의 반대자들의 논거들(프롭스트가 무시하고 있는 관점)을 상세히 다루면서 적절한 행동 방침을 위해 충분히 합리적인 근거를 제시하고 있다. 9,1-6은 어느 면에서 진술로 여길 수 있으며, 사도는 형식적인 면에서 9,7부터 생략삼단논법을 활용하여 논거를 발전시켜 나간다고 볼 수 있다. 마찬가지로 맺음을 그렇게 앞당겨 10,18에서 이미 시작되었다고 말할 수는 없다. 만약 맺음이라고 말하고자 한다면 10,31-11,1만 그렇다고 볼 수 있다.

코린토 1서가 서로 분리된 주제 단락들로 이루어져 있다는 것은 오랫동안 인정되어 왔다. 바오로가 하나의 주제를 일관되게 다루고 있지 않기 때문이다. 바오로는 편지 전체에 걸쳐서 매우 다른 두 가지 정보에 대응하는데, 하나는 클로에 집안 사람들이 알려 준 정보이고(1코린 1,11), 또 다른 하나는 코린토에서 보내온 편지에 담겨 있던 정보이다(1코린 7,1). 바오로는 공동체의 다양한 필요에 따라 말을 하였고, 그 말들이 기록되었다. 그래서 통일성이 부족하다는 인상은 피할 수가 없다. 하지만 다루어지는 주제가 다양하다고 해서 반드시 편지가 여러 통 있었다고 볼 필요는 없다. 실제로 이러한 예는 *QFr* 3에서 볼 수 있는데, 이 편지에서 키케로는 자기 동생 퀸투스가 보낸 편지 다섯 통에 하나하나 답하고 있다. 그 결과 키케로의 편지는 평소보다 훨씬 더 길어졌고 그가 전하는 생각도 여기저기 산만하게 흩어져 있다. 하지만 그것을 여러 다른 편지를 모은 것이라고 가정하는 사람은 하나도 없다. 그렇다면 코린토 1서도 굳이 여러 편지를 모은 것이라고 가정할 필요는 없다.

(6) 주제 제안(Propositio)의 중요성

지금까지 살펴본 바오로의 편지에 대한 각종 수사 분석에 감추어져 있는 방법론을 좀 더 명확히 밝힐 필요가 있다. 그래야 앞서 제시된 여러 수사 분석의 결과가 얼마나 무너지기 쉬운 것이었는지가 잘 드러나기 때문이다. 여기서도 출발점은 바오로가 수사적 도식을 따른다는 가정이다. 앞서 논의한 감사 단락(142-143쪽 참조)이 '도입'과 동일한 기능을 수행한다는 점을 생각하면 이 가정은 처음부터 확증된다. 서간의 본문도 이어지는 수사적 도식의 여러 부분과 상응하는 방식으로 구분된다.

바로 이 점에서 일반적으로 활용되는 수사적 접근은 문제가 된다. 자신이 찾고자 기대하는 것에 따라 서간 구조의 구분 작업을 통제한다는 것이다. 그런데 앞서 언급한 저자들 가운데 아무도 바오로와 수사학 이론가들을 잘못 해석할 위험 요소들을 줄이기 위한 통제 작업을 하지 않았다. 한편, 우리는 앞서 제시된 수사적 체계의 하위 부분으로 범주화할 수 있는 그 무언가를 바오로에게서 찾고자 하는 열망 때문에 바오로의 시각을 왜곡할 수 있다. 예를 들면, 바오로가 전혀 의도하지 않은 어떤 단락의 작은 한 부분을 중요하다고 분석할 수 있다. 또 다른 한편에서, 바오로를 올바로 해석했을 때 그가 보이는 모습이 일반적으로 정의되는 수사적 도식과 정확히 맞지 않을 수도 있다. 그럴 때 수사학 이론가들은 수사적 접근 방법을 융통성 있게 적용해야 할 필요가 있다고 말한다. 그럼에도 불구하고 앞서 언급한 학자들은 이 사실을 잊어버리고, 자신이 기대하는 바에 대한 근거를 제시하고자 수사학 이론가들이 언급한 이론들에서 부차적인 요소를 찾아 끼워 맞추려는 경향까지 보인다.

논증의 배열에 관해 《헤렌니우스를 위한 수사학》에는 이렇게 쓰여 있다.

> "배치에는 두 종류가 있는데, 하나는 수사학 규칙을 기반으로 하는 것이고, 또 하나는 상황에 맞도록 배치하는 것이다. 만약 1권에서 제시된 원칙들을 따른다면 연설은 다음 규칙에 따라 이루어진다: 도입, 진술, 주제 분할, 확증, 논박, 맺음. … 이 규칙들을 무시해야 할 필요가 있을 때 배치는 연설가의 판단에 맡겨지는데, 연설가가 상황에 맞게 배치를 바꾼다. 이때 그는 진술이나 확실한 증거, 혹은 증거 자료를 읽어 줌으로써 연설을 시작할 수 있다. 또는 도입 뒤에 즉시 확증을 배치할 수도 있고, 진술 다음에 도입을 배치할 수도 있다. 위치 변경은 얼마든지 가능하나, 모든 것은 상황의 필요에 따라 이루어져야 한다"(3:16; Caplan).

따라서 누구도 다음에 나올 수사적 요소가 무엇인지를 미리 가정할 수는 없다.

위에서 언급한 위험 요소들은, 스탠대르트와 알레티가 주장하듯이(Standaert 1986, 80; Aletti 1990, 9-12), 수사 분석이 주제 제안, 곧 저자 본인이 다루고자 하는 것을 밝히는 대목에 초점을 맞추고 시작될 때에만 해소될 수 있다. "모든 논증의 시작에는 주제 제안이 있다"(퀸틸리아누스, *Institutio Oratoria* 4:4.1). 주제 제안은 이어지는 확증 단락이 논증해야 하는 주제다. 주제 제안의 중요성을 좀 과장되게 표현해 보면, 수사적 도식이 감당하는 자료가 어디서부터 어디까지인지 그 한계를 알려 주는 유일한 객관적 실마리가 주제 제안이다.

더 나아가 연설이나 편지의 목적은 일반적으로 제시된 항목들이 하나하나 쌓일 때 달성된다. 곧, 어떤 문서가 주제 제안 하나만 가지고 있다고 가정해서는 안 된다. 퀸틸리아누스는 오랜 경험에서 나온 지혜로 이렇게 지적한다.

> "주제 제안은 하나이거나 두 개, 또는 여러 겹일 수 있다. 이는 여러 가지 이유에 기인한다. 소크라테스가 젊은이들을 미혹시키고 새로운 미신들을 끌어들인다고 단죄되었을 때처럼, 몇 가지 죄목이 함께 제시될 수도 있기 때문이다. 반면에 제안된 한 가지 주제에 여러 개의 논증이 붙을 수도 있다. 예를 들면 아이스키네스가 외교관으로서 잘못된 행동을 했다고 단죄되었을 때 그 근거로 거짓말과 지시 사항 불

이행, 시간 허비, 뇌물 수수 등이 거론되었다. … 만약 제각기 논증을 첨부한 주제 제안들이 하나씩 나온다면, 그것들은 서로 구분되는 주제 제안이라고 할 수 있다. 하지만 여러 주제 제안과 논증이 하나로 결합되어 제시되면, 그것은 주제 분할에 속한다"(*Institutio Oratoria* 4:4.5-7; Butler).

이것이 실제 의미하는 바는 로마서에서 잘 볼 수 있다(Aletti 1992, 392). 일반적으로 편지 전체를 지배하는 주제 제안은 1,16-17에서 찾아볼 수 있다. 주제 제안에 앞서 도입(1,1-15)이 나오고, 주제 제안에 이어 진술(1,18-32)과 확증(2,1-15,13)이 나온다. 하지만 확증 안에 소주제 제안이 많이 나오는데, 이 제안들이 수사적 도식을 소소하게 적용할 수 있는 중심이 된다. 그런 작은 수사적 단위 가운데 하나를 예로 들어 보면 5,1-8,39이다. 이 단락은 도입(5,1-11), 진술(5,12-19), 주제 제안(5,20-21), 확증(6,1-8,30), 맺음(8,31-39)으로 이루어져 있다. 이 단락들은 전체 편지의 통일된 요점을 만들어 내기 위해 서로 역동적인 상호작용을 한다.

로마서에서 공들여 찾고자 하는 것이 코린토 1서에서는 훨씬 더 분명하게 드러난다. 이 편지에는 전체를 아우르는 주제 제안이 없다. 하지만 각 단락에서 바오로는 특정한 점을 지적하려고

하는데, 그것을 명확하고 설득력 있는 체계적 방식으로 수행할 필요가 있었다. 수사적 도식은 그 목적을 달성하기 위해 시도할 수 있는 검증된 방법이었다. 그래서 바오로는 직감적으로 그것을 적용했다. 바오로가 수사적 부적절성에 대해 한 발언(1코린 2,1)을 결코 문자 그대로의 의미로 받아들일 수는 없다(Forbes 1955). 바오로의 생각에 담겨 있는 수사적 꼴을 읽어 냄으로써 얻는 이득은 1코린 12-14장에 대한 스탄대르트의 분석에서 잘 볼 수 있다(Standaert 1983: 앞서 언급한 181-182쪽 참조). 왜냐하면 그가 여담으로 제시하는 대목은 1코린 13장이 성령의 은사에 대한 논의 과정 안에 배치된 이유를 가장 설득력 있게 설명하기 때문이다[프롭스트도 같은 의견이지만 설명이 다소 불분명하다(Probst 1991, 331); 한편 Mack 1990, 64-66은 반대 의견을 제시한다]. 13장을 본래 독립적으로 존재하던 단위로 취급하는 것(Sanders 1966, 181-187)은 이제 불가능해 보인다. 이 장은 신중하고 주도면밀한 접근 과정에서 빠질 수 없는 부분이기 때문이다.

처음부터 주제 제안에 초점을 맞추는 수사 비평은 바오로의 생각이 정밀하게 이어져 가는 것을 보는 색다른 관점을 제공하여 그의 편지를 새로운 방식으로 연구할 수 있도록 자극한다는 데 그 가치가 있다. 주제 제안을 밝히는 자체만으로도 수사 비평은 편지 본문의 모습을 분명히 드러내 줄 것이다. 여기서 위험 요소들은 수사학 이론에 억지로 맞추려고('프로크루스테스의 침대'처럼) 편지들의 본 모습을 뒤틀어 버리는 것, 그리고 범주들과 그 하위 분류들을 명확히 정의하기 위해 끝없는 논의에 모든 시간을 허비해 버리는 것이다. 퀸틸리아누스가 말했던 것처럼 "전문용어를 고안하기 위해 너무 섬세하게 다루는 척하는 것은 단지 공들인 겉치레일 뿐이다"(3:9.21).

퀸틸리아누스는 "[수사학] 이론가들이 임의로 만들어 놓은 규정에 마치 불가사의한 힘이 있는 것처럼 가치"(2:13.15)를 부여하는 것을 경고함으로써, 《헤렌니우스를 위한 수사학》이 주장하는 유연성을 보완한다. 퀸틸리아누스의 말은 여전히 강력하며, 이 단락을 마무리하는 데 가장 적절한 결론이다.

> "그러나 나에게 교과서 저자 중 대부분이 제시해 온 것과 같은 그런 고정된 규칙 서간집을 만들어 달라고 요구하지 말라. 그리고 학생들에게 운명처럼 결코 변경할 수 없는 그런 수사 규칙 체계를 강요하라고 요구하지 말라. 그 체계에서는 도입과 관련된 규칙들과 그것이 지닌 고유한 속성에 따라 도입이 길을 연다. 그 뒤로 사실들에 대한 진술과 그 둘이 서로 연결될 때에 지켜져야 할 일정한 규칙이 나온다. 이어서 주제 제안이 나오거나 원하는 이의 선호에 따라 여담이 등장한다는 식이다. 이 모든 것이 다양한 질문을 논의할 때 지켜

야 할 순서에 대한 규칙을 따르는 것이어야 한다고, 그리고 몇몇 화자가 마치 그것들을 순서대로 다루는 것 외에는 다른 어떤 선택권도 없는 것처럼, 다른 길을 따르는 것이 마치 범죄인양 여기는 듯 그렇게 다른 모든 규칙을 따라야 한다고 가르치라고 요구하지 말라.

만약 수사학 전체가 이렇게 하나의 꽉 짜인 규칙들로 모일 수 있다면, 그것은 거의 다른 길을 굳이 돌아갈 필요 없는 쉬운 작업이 될 것이다. 하지만 대부분의 규칙은 사건의 성격에 따라, 시간과 공간의 상황에 따라, 그리고 현실의 필요성 그 자체로 인해 얼마든지 바뀔 수 있다. 결국 연설자에게 가장 중요한 재능이란 현명한 융통성이다. 왜냐하면 그는 매우 다양한 응급 상황을 마주하도록 요구되기 때문이다.

수사 규칙은 법률이나 평민 규정과 같은 공식 권위를 지니지 않는다. 오히려 그 규칙에 담겨 있는 것을 모두 고려해 볼 때, 편리함의 산물이라고 볼 수 있다. 나는 수사 규칙을 따르는 것이 대개는 편리하다는 점을 부인하지 않을 것이다. 그렇지 않다면 나는 지금 글을 쓰고 있지 않을지도 모른다. 하지만 만약 우리 친구인 이 편리함이 우리에게 몇 가지 다른 방향을 제시한다면, 우리는 스승들의 권위를 무시하고 그 편리함을 따라가야 하지 않을까?"(*Institutio Oratoria* 2:13.1-7; Butler)

(7) 교차 구조와 동심 구조

바오로 편지의 형식적 구조와 관련해서 마지막으로 살펴볼 요소는 동심 구조다. 이 구조에서 본문의 요소들은 중심점을 기준으로 하여 대칭으로 배치되는데, 중심점의 뒷부분에 나오는 요소들은 앞부분에 나오는 요소들을 역순으로 대칭시키는 방식을 취한다. 다시 말해서 A-B-C라는 순서로 소개된 생각이나 용어가 C′-B′-A′라는 역순으로 반복된다는 것이다.

학자들은 이러한 현상이 두 가지 층위, 곧 편지 전체의 층위와 편지 속의 단락 층위에서 나타난다고 주장한다. 편지 전체 층위와 관련해서는 갈라티아서에 대한 블라이의 분석 작업이 대표적이다(Bligh 1969, 39).

A. 서언(1,1-12)
  B. 자서전적 단락(1,13-2,10)
    C. 믿음으로 의롭게 됨(2,11-3,4)
      D. 성경을 기반으로 한 논증(3,5-29)
        E. 중심 교차 구조(4,1-10)
      D′. 성경을 기반으로 한 논증(4,11-31)
    C′. 믿음으로 의롭게 됨(5,1-10)
  B′. 윤리적 가르침 단락(5,11-6,11)

A′. 결언(6,12-18)

편지 속 단락 층위와 관련된 예시로 갈라 4,1-7의 구조를 소개한 벨히의 견해는(Welch 1981a, 214), 동일한 절수를 고려하지 않는다는 점에서 블라이의 견해와 다르다(Bligh 1969, 330).

  A. 상속자가 어린아이이면서 종으로 남아 있다(4,1)
   B. 아버지가 정해 놓은 기한까지(4,2)
    C. 때가 차자, 하느님이 당신의 아드님을 보내셨다(4,4)
     D. 율법 아래 놓이게 하셨다(4,4)
     D′. 율법 아래 있는 이들을 속량하시어(4,5)
    C′. 하느님께서 당신 아드님의 영을 보내셨다(4,6)
   B′. 여러분이 아빠, 아버지라고 외칠 수 있도록(4,6)[37]
  A′. 그대는 더 이상 종이 아니라 자녀이자 상속자입니다(4,7)

이러한 분석의 정당성과 그 결과를 검증하기에 앞서, 그 분석 방법이 어느 정도 수사적 전통에 근거를 두고 있는지에 관해 질문해야 한다. 결론부터 말하자면, 매우 애매한 상황이다. 학자

---

37) 역주: 가톨릭 공용 《성경》과 달리 번역한 것은 그리스어 원문을 따른 것이 아니라, 번역 원문 자체를 그대로 전달하기 위함이다.

들은 호메로스의 《일리아스》, 헤시오도스의 《헤라클레스의 방패》, 헤로도토스의 《역사》, 플라톤의 《국가》가 모두 동심 구조로 구성되어 있다고 주장해 왔다(Lohr 1961, 425). 하지만 이 책들이 동심 구조로 짜여 있다면, 우리는 당연히 수사 이론가들이 그것과 관련된 기법과 그것을 적용할 수 있는 규칙들에 관해 논의한 바가 있었을 것으로 기대할 수 있다.

하지만 그런 증거자료에 관한 조사 결과는 매우 빈약했다. 스탄대르트는 단지 플라톤의 공식적 발언에 의미를 부여하고 있을 뿐이다(Standaert 1978, 36).

> "모든 연설은 살아 있는 생명체처럼 구성되어야 한다. 몸을 가지고 있는데 머리와 발이 없으면 안 된다. 곧 연설은 중간과 양쪽 끝이 있어야 하는데, 양쪽 끝은 서로서로, 그리고 전체와 연관될 수 있는 방식으로 구성되어야 한다"(《파이돈》 264C).

이 발언은 연설에서 시작과 끝이 연관성을 지녀야 한다는 단순한 권고라는 점에서 다소 진부하다. 왜냐하면 그것이 어떤 종류의 연관성이어야 하는지는 언급하지 않기 때문이다. 이와 관련해서 《헤렌니우스를 위한 수사학》의 조언은 훨씬 더 실제적이다.

> "논증들의 증명과 논박에서 다음과 같은 종류의 배열을 적용하는 것이 적절하다. ① 가장 강한 논증들은 변론 작업의 시작과 끝에 배치되어야 한다. ② 중간 강도의 논증과 연설에 쓸모없지는 않으나 논증에 본질적이지는 않은 주장, 곧 따로따로 개별적으로 제시될 때는 힘이 떨어지나, 다른 것들과 함께 제시될 때에는 강해지며 그럴듯해 보이는 논증들이 가운데에 배치되어야 한다"(3:10.18; Caplan).

퀸틸리아누스는 이를 "호메로스 식" 배열(*Insitutio Oratoria* 5:12.14)이라고 부른다. 호메로스가 트로이 앞 평원에 펼쳐진 전투 진영에 관해 기술할 때 이런 식으로 진영을 배치하기 때문이다.

> "네스토르는 말과 전차를 가지고 있는 전차병들을 앞에 배치시켰다. 그리고 뒤에는 후위를 지키는 최정예 보병 부대를 배치했다. 그리고 그 사이에 다소 수준이 떨어지는 부대들을 배치함으로써 도망치려는 군사들마저도 싸울 수밖에 없도록 만들었다"(《일리아스》 4:299; Rieu).

이런 구조는 연설이 점점 약해지는 방향으로 마무리되는 것이 아니라 더 강력한 쪽으로 마무리되어야 한다는 수사학 원칙과 매우 잘 맞아떨어진다. 퀸틸리아누스는 "우리는 강한 논증에서 약한 논증으로 내려가는 것을 피해야 한다"(*Insitutio Oratoria*

5:12,14)고 주장한 바 있다.

동심 구조로 이루어진 문서들

지금까지 인용된 본문들 가운데 그 어떤 것도 블라이가 갈라티아서에 관해 가정하는, 벨히(Welch 1981a)가 코린토 1서(216-217), 에페소서(221-222), 필레몬서(225-226), 티모테오 1서(226-227)와 2서(229-230)의 구성 원리라고 주장하는 상세한 동심 구조에 관한 이론적 바탕을 제시하지 않는다는 사실은 분명하다. 오히려 앞서 인용된 본문들은 벨히의 분석이 전제하는 (다른 많은 학자도 동의하는) 핵심 가정, 곧 동심 배열의 기능은 "각 중심 진술을 향하여 나아가거나 그로부터 멀어지는 구절들의 틀"(1981a, 225)을 고안하는 데 있다는 가정에 반대된다. 다시 말해, 그들의 가정에 따르면 동심 구조는 저자가 강조하기를 원하는 부분을 명확히 조명하기 위해 고안되었다는 것인데, 사실 고전 수사학에서 중앙 부분은 항상 가장 약한 지점이었다!

벨히의 입장이 받아들이기 어렵다는 것을 보여 주는 또 다른 근거는 그가 구분하고 있는 중심이 정말 해당 편지의 핵심 요소인지를 물을 때 더욱 분명히 드러난다. 지면 관계상 관련된 모든 대목을 다 분석할 수는 없지만, 두 가지 예만 살펴보아도 충분하다. 벨히는 코린토 1서의 중심이 5-11장이라고 주장한다.

이 부분에서 다루어지는 다양한 문제가 정말 바오로의 마음에서 15장에서 다뤄지는 부활을 거부하는 이들의 문제보다 더 중요한 것으로 간주되었을까? 대답은 부정적이다. 코린토 1서는 본래 서로 아무 관련이 없는 일련의 주제들을 다루기 때문에 중심을 가지고 있지 않는 것이 분명해 보인다. 벨히는 에페소서의 중심을 4,1-6로 보며, 이 단락을 (일종의 막간에 주어지는) "간주곡(interlude)"이라고 칭한다. 하지만 이 단락은 편지의 후반부를 시작하는 대목(4,1-16)의 첫 부분일 뿐 온전한 문학 단위를 이루지 못하기 때문에, 그의 주장은 설득력이 떨어진다.

하나의 문서 전체를 아우르는 동심 구조를 찾기 위해서는 서로 대응하는 짝을 강조하는 구성 요소들을 파악하고, 잘 분류해야 한다. 일정 부분의 일반화도 분명 필요하다. 하지만 모든 것을 너무 통칭하여 묶다 보면 각 단락의 특징적 의미가 사라진다는 점에서 비판적 의견이 제기된다. 이런 일이 생기면 동심 구조를 찾는 과정을 그르치게 된다.

아무 제약 없이 동심 구조를 적용하다 보면 자칫 매우 주관적인 주석 작업으로 흘러갈 수밖에 없다. 이와 관련된 예로 블라이가 어떤 근거로 B(갈라 1,13-2,10)와 B′(갈라 5,11-6,11)가 서로 대응된다고 설명하는지를 살펴보자.

"자서전적 단락과 윤리적 가르침 단락이 서로 대응된다는 것은 한눈에 즉시 명백히 드러나지는 않는다. 이 주석서의 해당 단락에 가서 다시 설명하겠지만, 윤리적 가르침 단락은 두 가지 삶의 길, 아니 오히려 생명의 길과 죽음의 길, 곧 여기서 '영에 따라 걷는 것'과 '육에 따라 걷는 것'이라고 불리는 두 가지 길에 대해 기술한다. 만약 바오로 성인이 이 단락을 1,13-2,10과 비교해서 보기를 바랐다고 한다면, 회심 이전에는 육에 따라 걷다가 회심 이후에는, 그의 반대자들이 말하는 것이 무엇이든 영에 따라 걷게 되었음을 자서전적 단락에서 보여 주고자 했음이 틀림없다. 따라서 서간이 보여 주는 이러한 (동심) 구조는 자서전적 단락의 주목적이 지금까지 자주 제시되어 왔던 것처럼, 알리바이를 공들여 제시함으로써 다른 사도들에게서 복음을 받지 않았음을 증명하는 데 있지 않고, 바오로 자신이 그리스도인으로 사는 내내 성령이 알려 주는 바에 순명해 왔음을 보여 주는 데 있었음을 제시해 준다"(Bligh 1969, 39-40).

여기서 볼 수 있듯이 블라이는 존재하지도 않는 대응을 가정하였을 뿐만 아니라, 그것을 만들어 내기 위해 완벽하게 1,13-2,10의 의미를 왜곡하고 있다. 이 대목에서 바오로는 회심 이후 자신이 보냈던 모든 순간을 이야기해야 한다고 느끼고 있었는데, 이는 자신이 단지 성령에 순명하고 있음을 확인시켜 주는 것이 아니라 실제 알리바이를 제공하고자 하였음을 알려 준다.

전체 편지를 아우르는 동심 구조를 찾는 작업은 별로 추천하지 않는다. 그런 배열은 수사학 전통에서도 아무런 근거를 찾을 수 없다. 전체 편지를 아우르는 동심 구조를 찾기 위해서는 반드시 일반화해야 하는데, 그 과정에서 추상화시킬수록 점점 더 주관적인 해석이 될 수밖에 없다. 결국 지금까지 출간된 그런 식의 분석 결과들은 설득력을 얻는 데 실패하였다. 이런 형태의 접근법을 처음 시도한 닐스 룬트(Nils Lund)에 관해 예레미아스는 그가 너무 광범위한 본문 단락을 다루려고 한다고 지적한 바 있는데(Jeremias 1958, 145), 그런 지적을 받는 룬트도 문서 전체를 교차 구조로 가정한 적이 결코 없었다는 점은 의미심장하다.

문서 일부가 동심 구조로 이루어진 경우

하나의 편지를 구성하는 작은 단락들에서는 상황이 전혀 다르다. '교차 구조'라는 용어는 종종 확장된 동심 구조를 잘못 지칭하는 데 사용되기도 했지만, 작은 단락들의 경우에는 완벽하게 맞아떨어지는 용어다. 키아즘(Chiasm)이라는 영어 단어는 "특히 하나의 마침표로 끝나는 네 개의 절에서 첫 번째가 네 번째와, 두 번째가 세 번째와 상응하는 그런 대각선적 배열"을 의미하는 그리스어 키아스마(χίασμα)를 글자 그대로 옮긴 것이다(LSJ,

1991b). 그리스어 철자 X는 '키'라고 읽는다.

매우 간단한 수준에서 이루어지는 교차 구조의 경우는 기원전 2천년대 이래로 모든 문자 문화에서 보편적으로 발견된다(Smith 1981, 17). 당시 노예들은 자기 주인들이 실용적인 기술을 가지지 못했음을 비꼬며 이렇게 노래하곤 했다.

주인처럼 짓고 – 노예처럼 산다[38]
↕
노예처럼 짓고 – **주인**처럼 산다.

신약성경 시기의 것으로는

안식일이 *사람*을 위하여 생긴 것이지,
↕
*사람*이 **안식일**을 위하여 생긴 것은 아니다(마르 2,27).

오늘날에도 많이 사용되는데

늙은 임금 콜은 *유쾌한* 늙은 영혼이었다
↕
그리고 *유쾌한* 늙은 영혼이 바로 그였다.

---

38) 역주: 수메르의 잠언이다.

바오로에게서도 유사한 예는 쉽게 발견된다.

> 이렇게 신령한 언어는 **믿는 이들**이 아니라 *믿지 않는 이들*을 위한 표징입니다;
> ↕
> 그러나 예언은 *믿지 않는 이들*이 아니라 **믿는 이들**을 위한 표징입니다(1코린 14,22).

> 주님 안에서 부르심을 받은 **종**은 이미 주님 안에서 해방된 *자유인*입니다;
> ↕
> 마찬가지로 부르심을 받은 *자유인*은 그리스도의 **종**입니다(1코린 7,22).

이러한 대구법은 쉽게 확장될 수 있으며 그것을 고안하는 것도 그리 어렵지 않다. 마지막 예문의 경우 원칙이 먼저 발설되고 나서(7,20), 교차대구로 그 원칙을 발전시켜 가며(7,21-23) 그 원칙을 반복함으로써 전체를 마무리한다(7,24).

> A. 저마다 부르심을 받았을 때의 상태대로 지내십시오.
> B. 그대가 부르심을 받았을 때에 종이었습니까? 그것에 마음을 쓰지 마십시오. 자유인이 될 수 있다 하여도 오

히려 지금의 상태를 잘 이용하십시오.
　　　C. 주님 안에서 부르심을 받은 종은 이미 주님 안에서
　　　　해방된 자유인입니다.
　　　C′. 마찬가지로 부르심을 받은 자유인은 그리스도의 종
　　　　입니다.
　　B′. 하느님께서 값을 치르고 여러분을 속량해 주셨습니다.
　　　사람의 종이 <u>되지</u> 마십시오.
　A′. 형제 여러분, <u>저마다 부르심을 받았을 때의 상태대로</u> 하
　　느님과 함께 <u>지내십시오.</u>

이 예문의 교차대구 구조는 상응 단어들의 수가 제한되어 있고 그 한계가 명확히 정의되어 있다는 점에서 분명하게 드러난다.
　그러나 좀 더 복잡한 배열도 찾아볼 수 있다. 갈라 4,1-7에 대한 벨히의 분석 결과는 이미 앞서 살펴본 바 있다(193-194쪽 참조). 알레티는 로마 9,6-29와 관련해서 서로 상응되는 어휘들만 제시하며 다음과 같은 구조를 제안한다(Aletti 1991, 162).

　A. (6-9절)　　이스라엘(6ㄴ절) - 후손들(7-8절)
　B. (10-13절)　사랑하다(13절)
　C. (14-18절) 자비를 베풀다(15, 16, 18절)
　　　　　　　원하다(16, 18절)
　　　　　　　힘(17절)

                    보이다(17절)
        C'. (19-23절)   원하다(22절)
                    보이다(22절)
                    힘(22절)
                    자비(23절)
        B'. (24-26절) 사랑하다(25절)

    A'. (27-29절)   이스라엘(27절) – 후손들(29절)

이런 식의 예에서 동일한 어휘나 유사한 동의어가 반복된다는 것은 분석 결과가 어느 정도 객관적임을 보장해 주는 듯 보인다. 이 어휘들은 문맥에서 떼어낼 때 비로소 하나의 양식적 구조를 보여 준다(하지만 모든 어휘를 고려한 것일까?). 의도적 배열이 아니라면 우연의 일치라고 설명할 수밖에 없는데, 이 가정은 다소 받아들이기 어렵다. 그럼에도 불구하고 배열의 복잡성과 해당 단락의 길이에 따라 문제는 더욱 복잡해진다. 확장된 양식적 구조의 경우 한눈에 분명하게 드러나지 않는다는 사실을 대수롭지 않게 여겨서는 안 된다. 양식적 구조는 분명 참을성 있게 찾아내야 할 대상이다. 하지만 이 점에서 미묘한 위험이 뒤따른다. 완벽하게 균형 잡힌 형식적 배열을 찾아냄으로써 얻게 되는 만족감은 찾아낸 사람의 비판적 감각을 흐리게 만든다. 양식적 구조가 보여 주는 좌우 대칭이 그 자체로 하나의 가치를 지니는 것처럼 느껴지기도 한다. 아름다운 것은 영원한 기쁨이며 그 의미는 마법적인 매력의 일부가 된다.

하지만 형식적 분석은 단지 도구에 불과하다. 우리는 그것이 어떤 목표를 달성하는 데 도움이 되는지에 관해 물어야 한다. 교차 구조의 의미는 무엇일까? 저자가 그것을 이 지점에서는 사용하면서, 다른 지점에서는 사용하지 않는 이유는 무엇일까? 첫 번째 질문에 대한 만족스러운 해답이 제공될 때 두 번째 질문에 대한 답변이 자연스럽게 따라온다.

가장 단순한 수준에서 교차 구조는 단조로움을 피하기 위해 사용되던 사소한 수사적 도구에 불과하다는 점은 의심의 여지가 없다. 만약 동일한 어휘가 사용된다면 적어도 그 순서에서는 변화를 주어야 한다는 것이다. 《헤렌니우스를 위한 수사학》(4:39)과 퀸틸리아누스(*Institutio Oratoria* 9:3.85)는 그런 말놀이에 담겨 있는 재치를 인정하는데, 둘 다 동일한 예문을 인용한다. "나는 먹기 위해 살지 않고, 살기 위해 먹는다." 하지만 그들은 이런 표현에 심오한 의미를 부여하지는 않는다.

그들이 신약성경 주석가들이 찾아낸 수사적 도구의 확장 사용에 관해 침묵한다는 점은 매우 의미심장하다. 그것이 그들 전통에 속하지 않는다는 말이기 때문이다. 따라서 확장된 교차 구조를 판별하기 위해서는 새로운 규칙들이 도출되어야 한다. 이와 관련된 연구를 처음 시도한 이들이 모두 서로 상응되는 부분으로 이루어진 해당 본문 전체의 틀 안에서 중심 부분이 가장 중요하다고 여기기 때문에, 이것을 하나의 척도로 삼는 것도 합리적으로 보인다. 과연 동심 구조에 의해 그 범위가 설정되는 문학 단위에서 중심에 위치한 요소가 실제로 핵심 진술일까? 무수하게 다양한 교차 구조가 사용되고 있기 때문에 이 점에 관해 설득력 있는 확답을 제시하는 것이 불가능하지는 않지만, 매우 어려운 작업임은 분명하다. 만약 중심에 위치한 요소가 핵심 진술이라면 과연 동심 구조의 취지는 무엇일까? 만약 그것이 아무런 취지도 없이 사용된 것이라고 한다면 동심 구조는 의도적으로 사용되는 구조일까? 아니면 단지 주석가가 고안해 낸 결과에 불과한 것일까?

이 문제에 관해서는 알레티의 설명이 매우 뛰어나다. 알레티는 로마 9,6-29을 동심 구조로 분석한 결과 "C와 C′ 단락이 해당 부분의 요지를 이룬다"는 결론을 내린다(Aletti 1991, 164). 하지만 1년 뒤 전통적 수사 도구로 동일한 구절을 분석한 뒤에는 9,6ㄱ이 주제 제안으로서 이어지는 확증(9,6ㄴ-29)을 통제한다고 결론을 짓는다. 그리고 이 확증 자체가 두 개의 소주제 제안(subpropositiones, 9,6ㄴ과 9,14)으로 나누어지며 각 소주제 제안에 적절한 논증이 이어진다고 설명한다. 바오로의 생각과 그 생각을 표현하는 방식을 주의 깊게 분석한 결과를 바탕으로, 알레티는 자신이 제안했던 동심 구조 분석에 관하여 이렇게 말한다. "이 교차 배열 자체로는 무엇이 논점인지, 혹은 사도의 답변이 무엇인지가 드러나지 않는다"(Aletti 1992, 389). 나는 이 부정적 진술을 바오로 편지에서 발견되는 모든 동심 구조로 확대시키고자 한다.

하지만 확장된 교차 구조의 특징인 언어적 반복이 의도적인지 아닌지에 관한 질문에 대해서는 아직 명확한 답변이 주어지지 않았다. 이에 관해서 부정적인 답변이 주어진다 하더라도 그 자체로 언어적 반복을 마치 우연히 만들어진 것처럼 여겨야 한다는 말은 아니다. 알레티가 무심코 던진 말은 중도의 길을 제시해 준다. "바오로 서간에서 동심이나 교차 구조는 종종 우리에게 알려져 있는 수사학 원칙 때문에 생겨난다. 이 원칙에 따르면 구체적인 문제를 먼저 제시하고 논의한 뒤(A), 결정적인 해결책(A')을 다루기에 앞서 그 해결책을 염두에 두며 다른 것들과 비교하는 가운데(B) 해당 문제를 상술한다"(Aletti 1992, 399). 실제로 바오로는 이렇게 논리를 전개한다. 따라서 앞으로 간략하게 살펴보겠지만, 바오로는 다양한 어휘를 교체하며 글을 쓰는 데 큰 관심이 없었기 때문에 논리 전개의 시작과 끝에 같은 단어를 우연히 배치하였다고 생각하는 것도 그리 놀랍지 않다. 이는 균형 잡힌 구조가 실제로 존재하지만, 그것이 어떤 의도적인 목적에서 나온 것이 아니라 단지 바오로의 생각 구조의 부산물에 불과하다는 것을 뜻한다. 이 해결책은 이 구조가 왜 산발적으로만 그리고 뚜렷하게 임의적인 방식으로 나타나는지를 잘 설명해 준다는 점에서 더욱 설득력이 있다.

코린토 1서에 관한 요한네스 바이스의 뛰어난 주석서(J. Weiss 1910) 이래로 바오로 서간에 담겨 있는 자료들이 간혹 A-B-A'라는 양식적 구조에 따라 구성된다는 점을 알게 되었다. 바오로 사도는 이 구조에 따라 언뜻 보기에 처음 다루던 주제를 버리고 다른 주제를 다루는 듯 보이지만 다시 원래의 주제로 돌아가곤 한다. 여기서 서로 상응하는 요소들은 단지 주제적 층위에서만 발견되기 때문에, 그것을 정당화하기 위해 굳이 언어적 유사성을 찾을 필요는 없다.

이러한 배열의 예를 찾고자 가장 노력한 이는 브루노다(Brunot 1955, 41-51). 그는 편지들, 특히 코린토 1서에서 이와 관련된 설득력 있는 예들을 어렵지 않게 제시한다.

    A. 불륜(5,1-13)
    B. 송사(6,1-11)

A′. 불륜(6,12-20)

　　A. 우상에게 바친 제물(8,1-13)
　　B. 자유의 행사(9,1-10,13)
　　A′. 우상에게 바친 제물(10,14-11,1)

　　A. 코린토에서의 성찬례(11,17-22)
　　B. 성찬례의 제정(11,23-26)
　　A′. 코린토에서의 성찬례(11,27-34)

　　A. 성령의 선물(12장)
　　B. 사랑(13장)
　　A′. 성령의 선물(14장)

이 배열의 특징은 한 주제에서 다른 주제로 바뀐 뒤 다시 원래의 주제로 돌아온다는 점이다. 이와 관련해서 다양한 설명이 가능하다. 이는 다소 무능력한 편집자의 책임일 수도 있다(Héring, 11). 아니면 바오로가 부주의하게 다른 주제에 잘못 들어섰다가 앞서 말하려 하던 바를 마무리하지 못했음을 깨달았다고 보는, 곧 바오로의 부주의로 우연히 이렇게 배열되었다고 생각할 수도 있다. 하지만 이런 구조가 여러 번 반복된다는 점을 볼 때 서툰 편집자 가설은 받아들이기 어렵다. 게다가 여기서 다루어지는 내용을 올바로 평가해 보면 이 가설은 받아들이기 어려울 뿐만 아니라 무용하다는 것을 알게 된다. 각각의 경우를 면밀히 검토하다 보면 바오로가 넘어가는 다른 주제는 일종의 '여담'에 해당한다는 것을 알 수 있다. 예를 들면 1코린 5-6장에서 바오로는 비도덕적 행위에 대한 충격적 소문에 관심을 기울이고 있음이 분명하다(A와 A′). 그런데 바오로는 이 주제를 한층 강화하면서 공동체가 이 문제를 송사로 해결하기보다, 내부적으로 해결함으로써 사랑이 가져다주는 화해하는 힘을 바깥 사람들에게 보여 주어야 한다는 점을 강조한다(B).

여기서 다시금 말하는데, ABA′ 배열로 바오로 서간의 전체 구조를 설명할 수 있다고 주장한다면, 이는 유효한 통찰력을 너무 확대시킨 것이라고 볼 수 있다. 브루노는 이 양식적 구조가 코린토 2서의 구조도 다음과 같이 설명해 준다고 여긴다(Brunot 1955, 44).

    A. 바오로의 자기 옹호와 사도적 소명(1-7장)
    B. 예루살렘을 위한 모금(8-9장)
    A′. 바오로의 자기 옹호(10-13장)

이 제안은 매우 복잡한 이 편지의 세밀한 부분들을 제대로 설명하지 못할 뿐만 아니라, 10-13장이 1-9장과 동일한 편지에 속할 수 없다고 주장하는 잘 정리된 논거들도 무시하고 있다 (Murphy-O'Connor 1991a, 10-12). 브루노가 제시하는 구조는 코린토 2서의 실제 형식뿐만 아니라 바오로가 의도하는 바와도 아무 관련이 없어 보인다.

2) 편지들의 서간적 분류

편지는 사회의 전 영역에 걸쳐 일상생활에서 중요한 부분을 차지하였으므로, 편지 작성을 돕기 위한 자료들은 오래전부터 있었다. 하지만 불행히도 그와 관련하여 오늘날까지 남아 있는 책은 두 권밖에 없다.

가장 오래된 자료로는 팔레룸의 데메트리우스(기원전 350년경)의 것으로 잘못 알려져 있는 《서간의 유형들(*Typoi Epistolikoi*)》(Weichert 1910; Malherve 1977)이 있다. 학자들은 이 책이 대략 기원전 200년경부터 기원후 300년경 사이에 저술된 것으로 보지만 늦어도 기원후 100년 이전에 이 책이 존재했음은 거의 분명하다. 오늘날 이 책은 위(僞) 데메트리우스(Pseudo-Demetrius)의 저서로 다뤄진다. 이 책을 《문체론(*Peri Hermēneias*)》과 혼동해서는 안 된다. 이 작품 역시 서간의 종류에 관해 다루고 있으면서 동시에 팔레룸의 데메트리우스의 저술로 여겨졌다. 하지만 이 작품은 기원전 1세기 말엽 타르수스의 데메트리우스가 저술했을 가능성이 크다. 다음으로 두 번째 책자는 《편지의 특징(*Epistolimaioi Charactēres*)》(Weichert 1910; Malherbe 1977)으로 저자가 누구인지는 불확실하다. 하지만 이 책은 리바니우스나 프로클루스의 이름과 관련되어 있으며 대략 기원후 300년에서 600년 사이에 저술된 것으로 여겨진다. 그래서 이 책은 위僞 리바니우스(Pseudo-Libanius)의 작품으로 불린다.

위 데메트리우스는 편지를 21가지 유형(type)으로 구분하는 반면 위 리바니우스는 41개 모양(style)의 편지에 관해 이야기한다. 여기서 모양이란 글쓰기의 질과는 아무런 관련이 없고, 유형은 수사적 형식에 관한 논의에서 살펴보았던 상세한 이론적 논법에 속하는 것이 아님을 주목해야 한다. 이 표현들이 의미하는 바는 한 가지 예문을 통해 잘 설명된다. 두 저자는 불만을 표현하는 편지의 문제점을 다음과 같이 설명한다.

위 데메트리우스
비난하는 유형의 편지는 너무 거칠지 않아 보이게끔 시작한다. "당신이 받은 호의에 대해 감사를 표할 시간을 아직 가질 수 없었기 때문에, (당신이 감사하지 못했다는 것이) 당신이 받은 호의에 관해 내가 언급하지 않는 것이 좋겠다고 생각한 이유는 아닙니다. 아직도 당신은 (계속) 우리에게 화나 있을 것

이고 (우리) 탓이라고 생각할 것입니다. 우리는 당신이 그런 성질을 지녔다는 점 때문에 당신을 비난하고, 당신이 그런 사람임을 몰랐던 점에 대해 자책하고 있습니다"(4:5-11; Malherbe 1977, 31).

위 리바니우스
비난하는 종류의 편지는 편지에서 우리가 누군가를 비난하는 것이다.

비난하는 편지. "당신에게 호의를 베풀었던 이들을 잘못 대했다면 당신은 옳게 행동하지 못한 것입니다. 왜냐하면 당신은 자신의 은인들을 모욕함으로써 다른 이들에게 악행의 한 본보기를 제공하였기 때문입니다"(15:17-16,1; 22.4-6; Malherbe 1977, 71).

두 책은 모두 위의 두 예문과 동일한 방식으로 구성되어 있다. 편지의 종류를 먼저 정의한 뒤 그 종류에 관해 예시를 들어 설명하는 방식이다(다른 예들에 관해서는 Stowers 1986, 58-60 참조). 그러나 여기서 제시되는 예시는 글을 쓰는 사람이 직접 적용할 수 있도록 고안된 완벽한 예시가 아니라, 어떻게 하면 적절한 방식으로 글을 쓸 수 있는지에 관한 주관적 안내에 불과하다(Koskenniemi 1956, 62). 예시는 모든 것을 상세히 말해야 할 필요가 있는 사람이 가지는 질문, 곧 "내가 무엇을 정확히 말해야 하며, 어떤 순서로 말해야 할까?"에 관해 답하는 것이 아니라, 힌트가 주어지면 충분히 움직일 수 있는 이가 가지는 질문, 곧 "나는 이것을 어떻게 다루어야 할까?"에 대한 답변을 제공해 준다.

이런 종류의 분류와 관련하여 바오로 편지들이 어떤 종류에 해당하는지를 살펴보기 위해 위 데메트리우스가 제시하는 21가지 유형의 편지 목록을 제시하면 다음과 같다(White 1986, 203).

우호(Friendly, *philikos*)

칭찬(Commendatory, *systatikos*) 비난(Blaming, *memptikos*)
책망(Reproachful, *oneidistikos*) 위로(Consoling, *paramythētikos*)
비판(Censorius, *epitimētikos*) 훈계(Admonishing, *nouthetētikos*)
협박(Threatening, *apeilētikos*) 독설(Vituperative, *psektikos*)
찬양(Praising, *epainetikos*) 조언(Advisory, *symbouleutikos*)
탄원(Supplicatory, *axiēmatikos*) 질의(Inquiring, *erōtēmatikos*)
대답(Responding, *apophantikos*) 우의(Allegorical, *allēgorikos*)
보고(Accounting, *aitiologikos*) 고발(Accusing, *katēgorikos*)
호교(Apologetic, *apologētikos*) 축하(Congratulatory, *sugcharētikos*)
풍자(Ironic, *eirōnikos*) 감사(Thankful, *apeucharistikos*)

이 목록이 모든 편지 범주를 총망라하는 포괄적인 것으로 여겨 이것 이외의 다른 범주는 없다고 생각하거나, 한 편지 속에 해당 범주의 이름이 말하는 특징 하나만 담겨 있다고 여겨서는 안

된다. 위 리바니우스의 목록은 이보다 두 배 더 길며 거기에 제시된 마지막 범주의 이름은 "혼합된 것"(miktē)이다. 많은 경우 저자는 하나의 편지에 여러 가지 다양한 내용을 담을 필요가 있기 때문이다. 가족 구성원이 보이는 태도 가운데 어떤 점은 비난하지만 다른 점은 칭찬하는 경우를 예로 들 수 있다.

스타우어는 고대의 이방 사회와 그리스도교에서 발견되는 편지들을 바탕으로 이런 다양한 유형에 관해 설명하는 과정에서 부수적으로 바오로의 편지를 다음과 같이 분류한다(Stowers 1987, 96, 97, 109, 114, 128, 134, 155, 156).[39]

> 로마: 혼합적 편지. 본래는 권고이지만 칭찬으로 끝맺는다.
> 1코린: 혼합적, 교훈, 조언
> 2코린: 혼합적, 권고, 조언, 비난, 협박, 고발
> 갈라: 혼합적, 권고, 조언
> 필립: 혼합적, 교훈, 칭찬, 감사
> 1테살: 교훈
> 2테살: 훈계
> 필레: 탄원

---

[39] 그는 "청중에게 새로운 다른 삶의 방식을 불러일으키는 권고 문학을 언급할 때 '권고적'(protreptic)이라고 표현하고, 어떤 특정한 삶의 방식을 계속해서 살아가야 한다고 조언하고 충고할 때 '교훈'(paraenesis)이라는 용어를 사용한다"(Stowers 1987, 92).

1티모: 교훈

오우네는 나름대로 테살로니카 1서를 교훈 편지로(Aune 1987, 206-212), 갈라티아서를 설득 편지로 분류하며, 필리피서는 감사와 교훈 편지로, 필레몬서는 추천(recommendation) 편지로 분류한다.

이런 식으로 편지를 특징짓는 방법은 매우 체계적인 성격을 띠고 있는데, 바오로 편지들에 관한 기초 지식만 가진 사람도 이 방식을 분명히 사용할 수 있도록 도와준다. 하지만 복잡한 바오로 서간을 어떤 한 범주로 분류할 수만은 없다. 실제 위 데메트리우스가 제시하는 모든 유형이 개별 편지에서 모두 발견될 수도 있다. 결국 전체 편지에 관한 서간적 분류의 가치는 매우 의심스럽다고 여겨질 수밖에 없다. 하지만 비교하기 위하여 다양한 편지의 특정 부분을 범주화할 때에는 이런 전통적 범주가 여전히 유용한 역할을 할 수 있다.

5. 결문

일반적인 그리스어 편지 결문에 나오는 핵심 단어는 수신자가 한 명이면 '에로소(ἔρρωσο)', 수신자가 여럿이면 '에로스테

(ἔρρωσθε)'이다. 이 단어들은 각각 '강화하다, 강건하게 하다'라는 의미를 지닌 '론니미(ῥώννυμι)'의 완료 수동태 명령법 단수형과 복수형이다. 따라서 문자적으로는 '강건하시오', 또는 좀 더 고상하게 표현해서 '안녕히 계십시오'라고 번역할 수 있다. 같은 의미를 지닌 라틴어 인사말로는 발레(Vale)/발레테(Valete)가 있다. 이 인사말은 종종 다른 요소들, 예를 들면 수신자의 건강을 기원한다거나, 다른 이들에게 안부를 전해 달라고 수신자에게 요청한다거나, 발신자와 함께 있는 이들로부터 안부를 전한다거나, 발송하는 날짜를 담는다거나 하는 등의 요소들과 함께 연결해서 사용되기도 했다. 다음의 예문들은 모두 기원후 1세기 경의 편지에서 발췌한 것이다.

"따라서 당신이 그 점에 찬성한다면, 당신은 그를 돕기 위해 당연히 노력할 것입니다. 여하튼 건강히 잘 지낼 수 있도록 하십시오. 안녕히 계십시오. 티베리우스 카이사르 아우구스투스 제3년, 파오피 달 3일"(*POxy* Ⅳ, 746; White 1986, 118).
"침수가 걱정되니 곡물 저장고에 있는 모든 곡물을 옮기도록 하십시오. 테르미온과 당신의 아이들에게 인사합니다. 제5년, 소테르 달 21일"(*PRyl* Ⅱ, 231; White 1986, 123).

"인디케가 타이수스 부인께 인사합니다. 저는 낙타꾼 타우리노스 편으로 당신께 빵 바구니를 보냅니다. 당신이 그 바구니를 받는다면 저에게 알려 주십시오. 테온, 니코불로스, 디오스코포스, 테온, 헤르모클레스 님께도 인사합니다. 모두가 안녕하기를 바랍니다. 롱기누스가 당신께 인사를 전합니다. 제르마닉 달 … 2일"(*POxy* Ⅱ, 300; White 1986, 146).

신약성경에서 그리스어의 양식적 인사말인 에로소/에로스테는 사도행전에 담겨 있는 두 편지, 곧 예루살렘 사도 회의가 보낸 편지(15,29)와 클라우디우스 리시아스가 펠릭스 총독에게 보낸 편지(23,30: 많은 수사본에는 빠져 있다)에만 나타난다.

바오로 서간에 나오는 결문들은 길이, 문체, 내용에서 상당히 다양한 모습을 보여 주지만 나름 일관된 양식적 구조로 이루어져 있다. 갬블은 그 구조를 다음과 같이 제시하였다(Gamble 1977, 83).

> 교훈적 설명
> 평화의 기원
> 인사
> 입맞춤 인사
> 은총–축복

'교훈적 설명' 단락은 특정한 형식 없이 다양한 방식으로 제시되기 때문에 형식적 분석이 거의 불가능해 보인다. 따라서 여기서는 이 단락을 제외한 나머지 요소들만 역순으로 하나씩 살펴볼 것이다.

1) 마침 축복

편지를 마무리하는 축복은 도입 인사만큼이나 형식적인 면에서 일관된 모습을 보이는데, '은총'을 강조한다는 점에서 도입 인사와 연결된다. 시작 인사의 한 요소인 '평화'는 결문에서 인사와 독립된 요소로 활용된다.[40]

> 로마: "우리 주 예수 그리스도의 은총이 여러분과 함께하기를 빕니다."
> 1코린: "주 예수님의 은총이 여러분과 함께하기를 빕니다. 나는 그리스도 예수님 안에서 여러분 모두를 사랑합니다. 아멘."
> 2코린: "주 예수 그리스도의 은총과 하느님의 사랑과 성령의

---

[40] 역주: 여기에 번역된 마침 인사말은 우리말 《성경》의 번역과 약간 차이가 난다. 그 이유는 어떤 본문을 원문으로 보고 옮겼느냐에 따라 다르기 때문이다. 이 부분에 해당하는 영어 본문은 *The Revised Standard Version of the Bible(RSV)*이다.

친교가 여러분 모두와 함께하기를 빕니다."

갈라: "우리 주 예수 그리스도의 은총이 여러분의 영과 함께
하기를 빕니다. 아멘."

에페: "불멸의 생명과 더불어 은총이 우리 주 예수 그리스도
를 사랑하는 모든 이와 함께하기를 빕니다."

필리: "주 예수 그리스도의 은총이 여러분의 영과 함께하기
를 빕니다."

콜로: "은총이 여러분과 함께하기를 빕니다."

1테살: "우리 주 예수 그리스도의 은총이 여러분과 함께하기
를 빕니다."

2테살: "우리 주 예수 그리스도의 은총이 여러분 모두와 함
께하기를 빕니다."

1티모: "은총이 여러분과 함께하기를 빕니다."

2티모: "주님께서 그대의 영과 함께 계시기를 빕니다. 은총
이 여러분과 함께하기를 빕니다."

티토: "은총이 여러분 모두와 함께하기를 빕니다."

필레: "주 예수 그리스도의 은총이 여러분의 영과 함께하기
를 빕니다."

시작 인사에서 일관되게 나타나는 형태는 "(누구)로부터 … 은 총이 여러분에게"이다. 은총의 근원은 먼저 하느님 아버지이고 그다음에 유일하게 언급되는 이가 주 예수 그리스도다(앞서 살펴

본 124쪽 참조). 반면 마침 인사에서는 기본 형식이 '은총이 여러분과 함께'로, 그 은총은 주 예수 그리스도의 은총으로 특정된다. 마침 인사에서 소유격은 기원의 소유격(BDF §162)으로 시작 인사에 나오는 '(누구)로부터'와 같은 의미로 사용된다. 예수 그리스도는 하느님이 그를 주님으로 세우셨기 때문에(필리 2,9-11) 은총의 중재자다. 따라서 은총의 궁극적 기원은 항상 하느님이다. 하지만 여기서는 "하느님의 힘"(1코린 1,24)이신 예수 그리스도가 인성을 지니고 역사 속에 육화하였다는 사실이 강조된다. 바오로는 독자들이 그들의 행동으로 "예수님의 생명"(2코린 4,10-11), 곧 궁극적 희생 제사로 타인에 대한 사랑에 투신하는 삶의 형태를 보일 수 있게 되기를 희망한다.

코린토 1서는 "우리 주 예수 그리스도께서 여러분/여러분의 영과 함께하기를 빕니다"(1테살 5,28; 2테살 3,18; 갈라 6,18; 필리 4,23; 필레 25; 로마 16,20: 이 구절은 로마서의 마지막 구절이 아니다)라는 원래의 양식에다가 "나는 그리스도 예수님 안에서 여러분 모두를 사랑합니다. 아멘"(16,23-24)이라는 표현을 덧붙이고, 코린토 2서는 본래의 인사를 "주 예수 그리스도의 은총과 하느님의 사랑과 성령의 친교가 여러분 모두와 함께하기를 빕니다"(13,13)라는 인사로 확장한다. 에페소서는 이를 좀 더 발전시키고 있는데, 흥미롭게도 시작 인사에 나오는 두 가지 요소가 담겨 있다. "하느님 아버지와 주 예수 그리스도에게서 평화가, 그리고 믿음과 더불어 사랑이 형제들에게 내리기를 빕니다. 불멸의 생명과 더불어 은총이 우리 주 예수 그리스도를 사랑하는 모든 이와 함께하기를 빕니다"(6,23-24). 이러한 인사말들과 확실히 대조되는 것은 "은총이 여러분과 함께"(콜로 4,18; 1티모 6,21; 2티모 4,22; 티토 3,15)와 같은 짧은 인사말이다. 티모테오 2서는 이 인사말 앞에 "주님께서 그대의 영과 함께 계시기를 빕니다"라는 말을 덧붙이고 있다.

좀 더 확장된 형태의 인사말을 사용하는 이유에 관해 살펴보면 이러하다. 코린토 2서에 나오는 장엄 축복 형태의 인사말은 코린토 2서 내내 보여 주었던 어조(10-13장: Plummer 1915, 383이 올바르게 설명하듯이)를 마지막에 조금이라도 상쇄하려는 의도에서 사용된 것이라고 가정할 수밖에 없다. 바오로가 삼위일체 교리를 생각한 것은 아닐 것이다. 하지만 바오로가 사용하는 이 마침 축복 형식은 또 다른 편지와 더불어(1베드 1,1 참조) 후에 하나의 교의 정식으로 자리 잡게 될 신학적 성찰을 불러 일으켰다 (Barrett 1973, 345).

수신자들과 관련하여 표준 양식에서 발견되는 유일한 변이 형태는 "여러분 (모두)와 함께"(테살로니카 1·2서, 로마서, 코린토 1·2서, 에페소서)와 "메타 투 프네우마토스 휘몬(μετὰ τοῦ πνεύματος ὑμῶν)", 곧 "여러분(복수)의 영(단수)과 함께"(갈라티아서, 필리피서, 필레몬서)로 이 둘은 각각 번갈아가며 사용된다. 주석학자들은 이 인사말들 간에 의미의 차이가 전혀 없다고 주장한다. 그렇다면 왜 형태를 바꾼 것일까? 인사 양식의 일관성을 보면 그 인사말이 단순히 다양성을 드러내기 위한 것이 아님을 알 수 있다. 갈라티아서에서 "여러분의 영"이라는 표현이 사용된 것은 앞선 구절에서 "내 몸"이 언급되었기 때문이라고 설명할 수도 있다. 하지만 필리피서와 필레몬서에서는 이와 유사한 예가 나타나지 않는다.

로마서의 마침 영광송(16,25-27)은 특별히 다루어야 할 문제다. 이 대목은 수사본들에서 확실히 증언되고 있지만, 그 친저성에 관해서는 편지 내적 이유로 의문시되어 왔다. 이 대목의 내용, 문체, 서간 작성법 등을 고려하면 이 대목을 바오로가 직접 쓰지 않았을 수도 있다는 생각에 이르게 된다(Elliott 1981; Dunn 1988, 913-916). 바오로는 이런 식으로 편지를 끝맺지 않는다. 곧, "오랜 세월 감추어 두셨던 신비의 계시로 … 하지만 이제는 예언자들의 글을 통하여 알려지게 되었습니다"(16,25-26)라는 표현이 콜로 1,26-27과 에페 3,4-6을 떠올려 주기는 하지만, 그리스도를 언급하지 않는다는 점에서 이 대목은 전혀 바오로답지 않은 특성을 은연중에 드러낸다.

2) 마침 인사

마침 인사는 바오로의 편지에서 규칙적으로 등장하는 요소이다 (Mullins 1968). 동사는 항상 파피루스 편지들에서와 마찬가지로 '인사하다'라는 뜻을 지닌 아스파조마이(ἀσπάζομαι)다. 하지만 인사 양식은 매우 다양하게 나타나는데, 이는 바오로가 맺는 인간관계가 매우 폭넓었음을 드러낸다.

> 로마:(바오로는 개인 26명과 다섯 단체에 인사한 뒤 계속 이렇게 말한다) "거룩한 입맞춤으로 서로 인사하십시오. 그리스도의 모든 교회가 여러분에게 안부를 전합니다"(16,3-16). "나의 협력자 티모테오, 그리고 나의 동포들인 루키오스와 야손과 소시파테르가 여러분에게 인사합니다. 이 편지를 받아쓴 저 테르티우스도 주님 안에서 여러분에게 인사합니다. 나와 온 교회의 집주인인 가이오스가 여러분에게 인사합니다. 이 도시의 재정관 에라스토스, 그리고 콰르투스 형제가 여러분에게 인사합니다(16,21-24).
> 1코린:"아시아의 교회들이 여러분에게 인사합니다. 아퀼라와 프리스카가 자기들 집에 모이는 교회와 함께 주님 안에서 여러분에게 특별히 인사합니다. 모든 형제가 여러분에게 인사합니다. 여러분도 거룩한 입맞춤으

로 서로 인사하십시오"(16,19-20).
2코린: "주 예수 그리스도의 은총과 하느님의 사랑과 성령의 친교가 여러분 모두와 함께하기를 빕니다"(13,13).
갈라:
에페:
필리: "나와 함께 있는 형제들이 여러분에게 인사합니다. 모든 성도가, 특히 황제 집안 사람들이 여러분에게 인사합니다"(4,21ㄴ-22).
콜로: "나와 함께 갇혀 있는 아리스타르코스, 그리고 바르나바의 사촌 마르코가 여러분에게 인사합니다. … 유스투스라고 하는 예수도 여러분에게 인사합니다. … 여러분의 동향인이며 그리스도 예수님의 종인 에파프라스가 여러분에게 인사합니다. 그는 여러분이 완전한 사람으로, 또 하느님의 모든 뜻에 확신을 가진 사람으로 굳건히 서 있도록 언제나 여러분을 위하여 열렬히 기도하고 있습니다. … 사랑하는 의사 루카와 데마스가 여러분에게 인사합니다. 라오디케이아에 있는 형제들에게, 또 님파와 그의 집에 모이는 교회에 안부를 전해 주십시오"(4,10-15).
1테살: "거룩한 입맞춤으로 모든 형제에게 인사하십시오"(5,26).
2테살:
1티모:

> 2티모: "프리스카와 아퀼라에게, 그리고 오네시포로스 집안에 안부를 전해 주십시오. … 에우불로스와 푸덴스와 리노스와 클라우디아와 그밖의 모든 형제가 그대에게 인사합니다"(4,19-21).
>
> 티토: "나와 함께 있는 사람들이 모두 그대에게 인사합니다. 믿음 안에서 우리를 사랑하는 이들에게 안부를 전해 주십시오"(3,15).
>
> 필레: "그리스도 예수님 때문에 나와 함께 갇혀 있는 에파프라스, 나의 협력자들인 마르코와 아리스타르코스와 데마스와 루카가 그대에게 인사합니다"(23-24).

첫눈에 보더라도 갈라티아서와 테살로니카 2서에 인사가 나오지 않는다는 점이 다소 의외다. 하지만 조금만 더 생각해 보면 이 현상을 설명하는 것이 그리 어렵지는 않다. 두 편지에서 바오로는 의례적인 말에 매우 신경이 곤두서 있었다. 두 공동체 모두 바오로를 크게 실망시켰고, 바오로의 온 관심은 자신이 합당하게 이해받아야 한다는 점에 쏠려 있었다. 게다가 바오로 편에서 단호한 모습을 보여야 독자들에게 진지한 효과를 가져올 수 있었을 것이다.

인사는 에페소서와 같은 일반적인 편지에서도 생략되곤 하는데, 그 이유는 편지가 너무 길어지기 때문이기도 하고, 어떤 교회 구성원들이 굳이 다른 공동체의 구성원을 알 필요가 없기 때문이기도 하다. 게다가 이름을 계속 언급하면 편지 필사 과정이 무척 복잡해졌다.

티모테오 1서에 인사말이 나오지 않는다는 점에서 이 편지가 매우 인위적으로 작성되었음을 알 수 있다. 티모테오 2서에 담겨 있는 따뜻한 인사와 비교해 볼 때 이 점은 매우 눈에 띈다. 또 이 사실은 티모테오 1서의 친저성을 반대하는 또 다른 근거가 된다.

(1) **마침 인사의 위치**

마침 인사는 주로 마침 축복 바로 전에 나온다. 코린토 2서, 필리피서, 콜로새서, 티모테오 2서, 티토서, 필레몬서가 이 경우에 해당한다. 콜로새서와 티모테오 2서에 나오는 인사는 짧게나마 부탁하는 말 한마디가 나오면서 중간이 끊기는데, 테살로니카 1서에서는 이 부탁 말씀이 인사 부분과 마침 축복을 구분 짓는 경계가 된다.

로마 16,21-23은 마침 축복 뒤에 인사말이 나오는 유일한 경우이다. 로마 16,3-16에 인사를 전하는 확대된 목록이 나오기 때문에 그 뒤에 나오는 인사말은 분명 뒤늦게 생각이 나서 추가한 인사 부분이다. 이에 관한 설명은 단순해 보인다. 편지의 마지막 쪽이 완전히 다 채워지지 않았음을 보고 티모테오가 자기 인사도 전해 달라고 요구했을 것이고, 다른 이들도 티모테오를 따라 인사말을 덧붙여 달라고 청했을 수 있다. 이런 이유가 아니었다면 우리는 바오로의 비서들 가운데 한 사람, 곧 테르티우스의 이름도 알 수 없었을 것이다. 그런 우연한 기회로 인하여 우리는 바오로 주변 사람들의 상호 작용을 어렴풋하게나마 들여다보게 된다.

예외적으로 코린토 1서의 인사는 개인 추신 앞에 나온다. 이것은 편지 자체의 성격을 바탕으로 충분히 설명할 수 있다. 어떤 면에서 이 편지는 코린토 교회에서 온 편지에 대한 공식 답변이다(7,1). 그래서 이 편지는 코린토 공동체를 이끌어가는 것에 대한 조언으로 마무리된다(16,15-18). 아시아 주의 주도州都인 에페소에서(16,8) 공적인 방식으로 편지를 쓰면서, 바오로는 자신이 감독하던 에페소 주변 지방 교회들의 인사도 전해 주는 것이 적절하다고 생각했을 것이다. 처음에는 단순히 생각하여 다른 교회들의 인사도 포함하려고 결정했을 것이다. 하지만 바오로는 곰곰이 생각한 끝에 다른 교회의 인사를 전하는 것이 코린토인들만이 유일한 그리스도인들은 아니라는 점(1,2)을 알려 주는 또 다른 암시로 작용할 수 있음을 즉시 알아챈 것 같다.

(2) 마침 인사의 출처

세 통의 편지에서 바오로는 자신이 인사의 출처임을 밝힌다. 각 인사말에서 형식은 동일하다. "호 아스파스모스 테 에메 케이리 파울루(ὁ ἀσπασμὸς τῇ ἐμῇ χειρὶ Παύλου)"(2테살 3,17; 1코린 16,21; 콜로 4,18). 이 말을 문자 그대로 번역하면 "바오로의 나의 손으로 인사"이다. 여기서 인사라는 표현은 해당 문장에서 다소 이질적 요소로 여겨질 수밖에 없다(Roller 1933, 165-166). 하지만 여기 사용된 소유격["파울루(Παύλου)", 바오로의]이 여격["테 에메 케이리(τῇ ἐμῇ χειρὶ)", 손으로]에 바로 이어져 나온다는 것은 분명하다. 이렇게 된다면 바오로의 인사는 바오로가 자기 손으로 직접 썼다고 이해할 수 있다.

이와 다른 형식이 있는데, 이것 역시 오해의 소지가 다분하다. 1테살 5,26과 필리 4,21에서 바오로는 아스파사스테(ἀσπάσασθε), 곧 '(여러분은) 인사하십시오'라는 명령형 동사를 사용한다. 동일한 동사가 콜로 4,15; 2티모 4,19; 티토 3,15에도 사용되는데, 문맥상 바오로가 인사하는 이들은 편지 수신자들과 분명히 구분된다. 따라서 테살로니카 신자들이나 필리피 신자들이 바오로의 인사를 전해야 했던 "그리스도 예수 안에 사는 모든 성도"는 해당 공동체에 속하지 않는 다른 신자들을 의미한다고 생각할 수도 있다. 하지만 이것은 바오로의 표현 방식과 모순된다(Murphy-O'Connor 1982, 175-186). 바오로가 필리피를 거쳐 가는 불특정 그리스도인들을 염두에 두고 있다고 상상하는 것은 우스꽝스러운 일이다. 분명 바오로는 이 편지를 수신하는 그 공동체 전체에게 인사하고 있으며, 이 문장도 "나는 그리스도 예수님 안에서 사는 모든 성도에게 인사합니다"라고 번역해야 한다. 우리는 그닐카처럼(Gnilka 1968, 181) 이 표현을 "감독들과 봉사자들"(필리 1,1)에게 전했던 바오로의 인사를 나머지 공동체 신자들에게 전해 달라는 명령으로 여길 수는 없다. 바오로가 "나와 함께 있는 형제들"의 인사와 마지막에 가서는 "황제 집안 사람들"의 인사도 언급한다는 점, 곧 인사를 전달하는 이가 바오로뿐 아니라 다소 넓은 범위의 사람들이라는 점에서 이는 분명하게 확증된다. 로마 16,3에 나오는 동일한 명령형 동사도 이와 같이 해석되어야 한다(Gamble 1977, 93이 이 점을 올바로 해석한다). 던은 이것을 "누구에게 인사(합니다)"라는 말로 적절하게 바꾸어 표현한다(Dunn 1988, 891).

테살로니카 1서에서 인사는 바오로와 공동 저자들의 이름으로 전해진다. 그 밖에 인사의 출처는 바오로와 함께 있는 이들로 수신자들에게 기억되기를 바라거나 바오로가 특별히 언급하는 것이 좋겠다고 생각한 사람들이다.

가장 복잡한 방식의 인사는 코린토 1서에 나온다. 여기에는 세 종류의 출처가 언급된다. ① 아시아의 교회들, ② 아퀼라와 프리스카, ③ 믿는 모든 형제. 이 순서가 흥미롭다. 나는 앞서 언급한 이유로 바오로가 아시아 지방의 교회들만 언급하려 한 것이 아닐까라고 생각한다. 그리고 이러한 비인격적인 대상에서 자기와 가까운 친구인 친밀한 대상으로 급격히 옮겨 가는 것을 볼 때, 인사말에 자신들의 이름을 올려 달라고 청한 이들이 다름 아닌 아퀼라 그리고/혹은 프리스카였을 것으로 생각할 수 있다. 왜냐하면 그들은 코린토 신자들과 매우 친밀한 관계를 지녔기 때문이다(사도 18,1-3 참조). 이 부부의 가정교회도 함께 언급하려다 보니, 바오로가 '모든 믿는 형제', 곧 "온" 교회(1코린 14,23)에 관한 언급도 포함시킨 것으로 보인다.

앞서 살펴본 필리피서와 더불어 두 개의 편지에 나오는 인사의 출처는 "모든 성도"(2코린 13,12), "나와 함께 있는 사람들"(티토 3,15)이라는 식의 다소 형식적인 총칭으로 표현되어 있다. 티토서는 바오로의 편지를 모방한 인위적 작품이기 때문에 인사말에도 이런 식의 딱딱한 표현이 쓰였다고 설명할 수 있다. 그리고 2코린 10-13장의 경우는 이 편지 내용 전체에 깔려 있는 실망감, 곧 바오로가 느끼는 견디기 어려운 실망감을 그의 동료들도 공유하고 있었기 때문에 그들 역시 결과적으로 안부를 전하는 데 큰 관심이 없었다고 볼 수도 있다.

필리피서에서 이런 인사말을 자제한 것은 다소 설명하기가 어렵다. 필리피 공동체와 바오로의 관계가 매우 특별했기 때문이다. 바오로는 마침 인사가 필리피인들이 자신에게 보내 주었던 헌금에 대한 감사의 표현(4,10-20)을 다소 곡해하게 만들 우려가 있다고 판단했기 때문에 자제했을 수 있다. 사실 바오로는 예루살렘의 가난한 이들을 위한 모금에 참여해 달라고 여러 교회를 설득하고 있었는데, 그런 때 그가 개인적인 선물을 받았다는 사실은 아무래도 위험 요소가 될 수 있었다. 바오로의 적대자들은 그가 자기 주머니나 채운다고 주장할 수도 있었기 때문이다(2코린 12,14).

또 다른 종류의 편지들은 인사를 전하는 이들의 이름을 일일이 거명하는데, 로마서에서는 8명, 콜로새서와 필레몬서에서는 각각 5명씩, 그리고 티모테오 2서에서는 4명에다 "모든 형제"까지 언급된다. 이는 서로 소식만 전해 듣던 신앙인들 간에 사랑이 좀 더 커지게 되는, 좀 더 일반적인 상황을 반영한다. 앞서 공동 저자에 대해 언급한 것(44쪽 이하)과 관련해서 이야기하자면, 편지를 쓸 때 공동 저자들이 바오로와 함께 있었다는 사실은 시작 인사에 한두 명의 이름을 선별적으로 거론하는 것이 하나의 의도된 전략이었음을 뒷받침해 준다는 점에 주목하는 것이 중요하다.

(3) 마침 인사의 수신자

바오로는 일반적으로 인사말의 수신자를 거명하지 않는다. 그는 공동체 사람들 틈바구니에 살며 활동했기 때문에 공동체에 속한 모든 이를 잘 알고 있었다. 이런 상황에서 해당 공동체에 속한 몇몇 사람만 거명하는 것 자체가 불공정해 보였을 것이다. 바오로가 로마서에서 개인 26명(이름을 언급하지 않는 두 명을 제외한 수)과 다섯 그룹에 인사하는 것이 이 규칙을 벗어난 것이라고 볼 수는 없다. 왜냐하면 바오로는 자신이 사목한 적이 없는 교회에 편지를 쓰고 있기 때문이다. 따라서 몇몇 학자가 주장하듯이[가장 최근에는 르풀레(Refoulé)가 그랬는데], 로마 16장이 어느 시점에 에페소에 보내진 독립된 한 편의 편지라고 주장할 수는 없다. 이러한 결론은 콜로새서에서 확증된다. 거기서 바오로는 "라오디케이아에 있는 형제들"과 "님파와 그의 집에 모이는 교회"를 특정한다(4,15). 바오로는 리쿠스 계곡에 위치한 이 교회들을 설립한 인물도 아니었고, 그들을 방문한 적도 없었다.

바오로가 로마서에 언급한 26명 모두를 개별적으로 만났다고 가정할 필요는 없다. 하지만 바오로가 분명히 알고 있는 사람도 몇몇 있었다. 프리스카와 아퀼라는 코린토에서(사도 18,2), 그리고 나중에는 에페소(1코린 16,19)에서 바오로와 함께 있었던 적이 있다. 에페네토스, 암플리아투스, 스타키스를 "내가 사랑하는 이"[아가페토스 무(ἀγαπητὸς μου)]라고 말하는데, 이는 "내 사랑하는 친구"(NJB)라고 의역할 수 있으며 표현 자체만으로 공허한 양식적 표현이라고 치부할 수는 없다. 이 말은 분명 내밀한 관계를 표현한다. 만약 루포스의 어머니가 바오로에게 어머니와 같다고 한다면 바오로는 루포스와 그의 어머니 둘 다 알고 있었음이 분명하다. 하지만 안드로니코스와 유니아의 경우는 조금 의심할 여지가 있다. 왜냐하면 "나와 함께 감옥에 갇혔던"이라는 표현을 단지 바오로가 그랬던 것처럼 다른 감옥에 갇혀 고통을 받았다는 의미로 해석할 수도 있기 때문이다. 콜로 4,10과 필레 23을 읽어 보면 아리스타르코스와 에파프라스가 바오로와 함께 감옥에 갇혀 있었다는 사실은 문맥을 통해 알 수 있다. 하지만 로마서의 경우는 다르다. 바오로는 최소한 일곱 명, 최대한 아홉 명 정도를 알았을 것이고, 그들은 아마도 동방에서 로마로 이주한 이들이었을 것이다.

그러면 바오로는 어떻게 그 이름들과 다른 이들이 이루어 놓은 칭찬할 만한 업적들(Harnack 1928)에 관해 알게 되었을까? 아퀼라와 프리스카는 바오로와 계속 접촉하며 지냈을 수 있다. 그리고 로마서를 저술한 비서 테르티우스(로마 16,22)는 로마에서 어느 정도 시간을 보냈을 수 있다(Dunn 1988, 909). 그렇지 않다면 바오로가 테르티우스에게 로마에 있는 교회 구성원들의 몇몇 이름을 찾아보라고 지시했을지도 모른다. 비서가 이런 역할을 했었다는 점은 키케로가 자신의 서재에서 일어난 일에 관해 아티쿠스에게 감사를 표현한 편지(Att 4:5)와, 분명하게 그 일을 했던 사람들이 누구였는지를 알게 된 다음 그들의 이름을 일일이 거명하여 같은 날 보낸 두 번째 편지(Att 4:8)를 통해서 확인된다(Richards 1991, 116, 171). 결국, 바오로가 오랫동안 로마를 방문하기 원했다는 점(로마 1,13; 15,22)을 잊어서는 안 된다. 로마에서 들려오는 소식에 바오로의 관심과 호기심은 점점 더 커졌을 것이다.

티모테오 2서에서도 끝 인사를 받는 사람들의 이름이 거명된다. 여기서 바오로는 "프리스카와 아퀼라에게, 그리고 오네시포로스 집안에"(4,19) 안부를 전한다. 공동체에 보낸 다른 모든 편지들과 결정적으로 다른 점은 이 편지가 개인에게 보낸 편지라는 점이다. 그 개인은 바오로의 가장 오래된, 가장 가까운 협력자였다. 결국 바오로가 자신과 특별한 관계를 지닌 몇몇 개인의 이름을 거명하지 못할 이유는 하나도 없다. 특히 프리스카와 아퀼라에게서 이 점은 한층 명확해진다. 그들은 코린토와 에페소에서 바오로와 함께 활동했던 인물이다. 오네시포로스는 바오로가 로마에 투옥되어 있었을 때(2티모 1,16) 바오로를 도와주었는데, 그와 그의 가족에 관해서는 외경 《바오로 행전》 2장에 잘 기술되어 있다.

(4) 입맞춤 인사

수신자들에게 서로 "거룩한 입맞춤"[필레마 하기온(φίλημα ἅγιον)]으로 인사하라고 요청하는 것은 편지 네 통에서만 발견된다는 점에서 다소 덜 규칙적인 마침 인사의 요소라고 말할 수 있다. 이런 형태의 인사는 바오로가 시작하거나 전해 온 인사 양식과 구분되어야 하지만, 그리스도교적 인사 양식이라는 점은 분명하다. 이 인사의 가장 초기 양식은 "거룩한 입맞춤으로 모든 형제에게 인사하십시오"(1테살 5,26)인데, 그 이후 점차 "거룩한 입맞춤으로 서로 인사하십시오"(1코린 16,20; 2코린 13,12; 로마 16,16)라는 형태를 취하게 된다.

 명백하게 고정되어 있는 양식을 바오로가 무작위로 사용하고 있는 것에 관해 심도 있게 설명한 이들은 없다. 지금껏 이 점에 관해 논의한 이들은 이 주제를 직접 다루지 않고, 2세기경 이래로 입맞춤이 전례의 한 요소로 존재하였다는 사실만을 언급했다(Justin, *Apol.*, 1.65; *Const Apol.*, 2.57.12; 8.5.5; Hofmann). 그리고 이를 바탕으로, 편지에서 입맞춤을 서로 나누라는 인사가 해당 편지를 공적으로 읽고 난 뒤에 이루어질 성찬례 거행을 준비하라는 의도로 쓰인 것이라는 가정이 도출되었다(예를 들면 J. A. T. Robinson 1962, 154-157). 하지만 입맞춤이 유다인과 이방인 모두에게 일반적인 인사 형식으로 사용되었음을 인식하게 되면서(루카 7,45; 15,20; 22,48; *TDNT* 9,119-127 참조) 이 가정은 불필요하게 특정적인 것으로 간주되어 받아들여지지 않았다(Gamble 1977, 75-76; Dunn 1988, 899).

공동체 구성원들 간에 서로 입맞춤을 나누는 것은 공동체의 일치를 상징적으로 보여 주는 행위다. 교회 안에 긴장이 있는 곳이라면 서로 입을 맞추라는 것이 매우 적절한 권고로 여겨진다. 여러 측면에서 믿는 이들이 서로 갈라진 행태를 보이던 코린토가 이 경우에 해당하는 것은 분명하다(1코린 1,11-12). 로마에서도 유다계 그리스도인들과 이방계 그리스도인들 사이에 일련의 긴장이 있었을 것이라고 생각해 볼 여지가 충분하다. 하지만 이런 상황이 테살로니카에서도 있었는지는 그리 분명하지 않다(1테살 4,1; 5,11). 거기에서도 계속 일을 하는 이들과 일하기를 거부하는 이들 간에 묘한 긴장이 있었을 수 있다(1테살 4,11). 하지만 그렇게 보면 테살로니카 2서에 서로 입을 맞추라는 권고가 나오지 않는다는 점을 설명하기가 어려워진다. 해당 문제가 테살로니카 2서에서도 명백히 언급되고 있기 때문이다(2테살 3,6-13).

입맞춤에 대한 권고가 사목서간에서는 별 의미가 없어 보이고, 공동체가 바오로를 반대하는 데 일치되어 있던 갈라티아서에서는 아예 부적절해 보이기까지 한다. 콜로새 교회에서도 분열이 있었지만, 편지는 오직 믿음에 충실하게 남아 있는 이들만을 수신자로 삼고 있다. 따라서 공동체의 분열을 전혀 암시하지 않는 에페소서, 필리피서, 필레몬서와 마찬가지로 콜로새서에서도 입맞춤에 대한 권고는 불필요했다.

3) 평화 기원

로마: "평화의 하느님께서 여러분 모두와 함께 계시기를 빕니다. 아멘"(15,33).
1코린:
2코린: "평화롭게 사십시오. 그러면 사랑과 평화의 하느님께서 여러분과 함께 계실 것입니다"(13,11).
갈라: "이 법칙을 따르는 모든 이들에게, 그리고 하느님의 백성 이스라엘에게 평화와 자비가 내리기를 빕니다"(6,16).

에페: "하느님 아버지와 주 예수 그리스도에게서 평화가, 그
리고 믿음과 더불어 사랑이 형제들에게 내리기를 빕
니다"(6,23).

필리: "그리고 나에게서 배우고 받고 듣고 본 것을 그대로
실천하십시오. 그러면 평화의 하느님께서 여러분과
함께 계실 것입니다"(4,9).

콜로:

1테살: "평화의 하느님께서 친히 여러분을 완전히 거룩하게
해 주시기를 빕니다. 또 우리 주 예수 그리스도께서
재림하실 때까지 여러분의 영과 혼과 몸을 온전하
고 흠 없이 지켜 주시기를 빕니다"(5,23).

2테살: "평화의 주님께서 친히 온갖 방식으로 여러분에게 언
제나 평화를 내려 주시기를 빕니다. 주님께서 여러
분 모두와 함께 계시기를 빕니다"(3,16).

1티모:

2티모:

티토:

필레:

이미 살펴보았듯이 '하느님으로부터의 평화'는 바오로의 편지 시작 인사에 일관되게 등장하는 요소이다. 시작 인사에서 평화는 항상 '은총'과 연결되어 나온다. 그런데 결말 부분에서는 이 두 가지 요소가 "평화의 주님"(2테살 3,16) 또는 "평화의 하느

님"(1테살 5,23; 2코린 13,11; 필리 4,9; 로마 15,33; 16,20)이 그들(마침 축복에서와 마찬가지로 그들의 '영'과 함께는 아니다)과 함께하시기를 희망하거나, 다양한 은사를 베풀어 주시기를 기원하는 양식에서 일반적으로 분리되어 사용된다. 평화는 갈라 6,16과 에페 6,23에서만 기원의 직접 목적어로 나온다.

코린토 1서, 콜로새서, 필레몬서, 사목서간에는 평화에 대한 기원이 나타나지 않는다. 필레몬서와 사목서간 세 통의 경우는 바오로가 개인에게 보내는 편지에서는 습관적으로 평화 기원 양식을 사용하지 않는다는 점을 보여 준다. 코린토 1서에 나오는 "하느님은 무질서의 하느님이 아니라 평화의 하느님"(1코린 14,33; 7,15도 참조)이라는 말은 평화 기원과 매우 가깝지만 직접적인 평화 기원이라고 보기는 어렵다. 그것은 편지 결말 부분에서 너무 떨어져 있다.[41] 일시적으로 단절되는 대목이 나오면 아마도 무엇인가가 생략되었다고 설명하는 것이 최선이다.

4) 추신

G. 바르는 추신을 두 가지 유형으로 구분한다. 하나는 우리가

---

[41] 실제, 필리피서를 구성하는 여러 편지 가운데 한 편지의 결론인 필리 4,9에 관해서는 이와 동일한 비판을 할 수 없다(77-78쪽 참조).

일반적으로 추신이라고 부르는, 추가적으로 생각하는 바가 있어서 편지에 덧붙이는 요소이다. 또 다른 형태의 추신을 그는 "기록"이라고 부르는데, 이것의 예는 기원후 54년경에 쓰인 것으로 보이는 다음 편지에서 확인할 수 있다.

"암모니우스의 아들인 암모니우스가 디오니시우스의 아들 트리폰에게 인사합니다.

나는 내가 가진 직공의 베틀을 당신에게 팔았다는 점에 동의합니다. 이 베틀은 세 직공 완척[42]에서 두 뺨 정도 모자란 크기로 두 개의 롤러와 두 개의 들보로 이루어져 있습니다. 그리고 저는 옥시린코스의 세라페움 근처에 있는 로쿠스의 아들 사라피온의 은행을 통하여 우리가 서로 합의한 가격, 곧 제국과 프톨레마이오스식 화폐 단위로 은 20드라크마의 영수증을 당신에게서 수령하였으며, 이 매매와 관련된 모든 점을 보증한다고 말씀드립니다. 위약금은 당신에게 받은 가격에 반을 더 붙인 것에다 손해 배상금을 합쳐서 지불할 것입니다. 손으로 적은 이 기록은 유효합니다. 티베리우 클라디우스 카이사르 아우구스투스 게르마니쿠스 황제

---

42) 역주: 완척(cubit)은 팔꿈치에서 가운뎃손가락까지의 길이를 의미하고, 뺨(palm)은 손목에서 손가락까지의 길이를 의미한다.

> 14년, 카이사레우스 달 15일.
> *나 암모니우스의 아들 암모니우스는 베틀을 팔았고, 그 가격으로 은 20드라크마를 받았으며 매매와 관련하여 앞서 진술한 것을 보증한다. 디오니시우스의 아들인 나 헤라클리데스는 그가 문맹이기 때문에 그를 위하여 이것을 작성하였다*"(P. Oxy 264; Bahr 1968, 28).

사체로 표시한 대목은 본래 작은 대문자로 적혀 있던 부분으로 마지막 단락이 다른 이의 손에 의해 적힌 것임을 보여 준다. 고대에는 서기관이 적은 사업 문서를 법적으로 인정받으려면 한 명의 이름만으로는 충분하지 않았다. 서명자나 그를 대리하는 사람(위의 경우가 바로 그렇다)이 해당 문서의 내용을 요약함으로써 해당 내용을 이해하고 받아들였음을 밝혀야만 했다(Mitteis 1908, 1:304-305).

일반적 유형의 추신은 필적의 변화가 아니라 그 위치를 통해 알 수 있는데, 인사말 뒤나 여백에 적히게 된다. 이와 관련하여 기원전 154년에 쓰인 파피루스 편지에서 매우 흥미로운 추신의 예를 찾아볼 수 있다.

> "세라피온이 형제 프톨레마이오스와 아폴로니우스에게 인사합니다. 둘 다 잘 지내기를(그렇다면 최고일 텐데). 나도 잘 지

내고 있습니다. 나는 헤스페로스의 딸과 약혼하였으며 메조레 달에 혼인하려고 합니다. 올리브기름 반 병을 제게 보내주십시오. 둘에게 이 사실을 알리기 위하여 편지를 썼습니다. 안녕. 28(년), 에페이프 달 21일.
(혼인하는) 그날 와 주십시오, 아폴로니오스"(*UPZ* I, 66; White 1986, 73).

프톨레마이오스가 왜 잔치에 초대되지 않았는지는 알 수 없다. 파피루스 편지들에는 추신의 다른 예도 많다. 앞서 인용했던 (129쪽) 아피온이 에피마코스에게 보낸 편지는 왼쪽 여백에 추신을 적으면서 마무리하는데, 거기에서 아피온의 두 친구가 인사를 전한다. 임무를 기다리는 동안 어머니에게 편지를 썼던 또다른 젊은 선원은 다른 서기관에게 자신이 미세눔에 주둔하게 될 것이라는 내용의 추신을 첨가하게 했다(White 1986, 160-162).
 키케로처럼 규칙을 잘 따르는 사람조차도 추신을 사용했다(179쪽 참조). 그는 아티쿠스에게 편지를 쓰면서 니케아스에 관한 언급으로 마무리한다. 그는 최종 필사본을 돌려주면서 다음과 같이 덧붙였다.

"이 말은 내가 직접 쓴다네(hoc manu mea). 나는 학자들에 관해 니케아스와 이야기를 나누고 있었는데 도중에 탈나

(Talna)가 화제의 대상이 되었다네. 니케아스에 따르면 그의 지성에 대해서는 그리 말할 것이 없다고 하네. 그는 겸손하고 신중한 사람이라는 것이지. 하지만 한 가지 점이 내 마음에 들지 않았다네. 니케아스는 내게 최근 어리지도 않고 여러 번 혼인한 적 있는 퀸투스의 딸 코르니피키아에게 탈나가 청혼한 이유가 있다고 분명하게 밝혔다네. 여인들이 그의 재산이 800,000세스테리우스일 뿐임을 알게 되었을 때 그의 청혼을 거절했었다는 것이네. 자네가 이 점을 꼭 살펴보아야 한다고 생각하네"(*Att* 13:28.4-13:29.1).

리처즈가 통찰력 있게 지적한 것처럼(Richards 1991, 85), 키케로의 경우 '혹 마누 메아(hoc manu mea)', 곧 '이것은 내가 직접 쓴다네'라고 항상 명시적으로 밝혀야 할 필요는 없었다. 기원전 51년 9월경 키케로는 소아시아 남동쪽 지방으로 원정을 가던 중 카토에게 편지 한 통을, 마르켈루스에게 세 통의 편지를 보냈다(*Fam* 15:3; 15:7-9). 이 편지 네 통에는 모두 자신이 없는 동안 자신을 생각해 주고, 또 보호해 주기를 간청하는 문구가 포함되어 있는데, '(페토) 메 압센템 딜리가스 엣 데펜다스[(peto) me absentem diligas et defendas]', "제가 없는 동안 당신이 저를 사랑하고 보호해 주기를 (부탁합니다)"이라는 구절이 항상 나온다. 첫 세 통의 편지에서 그 문구는 편지의 마지막 줄에 나온다. 하지만 네 번째 편지에서 그 문구 뒤에는 다음과 같은 말이 따라 나온다.

> "제가 파르티아 사람들에 관해 보고 받은 것을 말하자면, 저는 현시점에서 그 보고 내용들을 공적으로 급히 알려야 하는 주제로 만들 필요는 없다고 생각했습니다. 우리가 친밀한 관계이지만, 당신에게 그 소식을 적지 않았던 이유도 이 때문이었습니다. 이 소식을 집정관 한 분에게 썼을 때 그것이 마치 공식적으로 쓴 것처럼 여겨지지 않도록 하기 위함이었습니다"(*Fam* 15:9.3; Williams).

이는 분명 키케로가 (시리아에 위협을 가하고 있던) 파르티아 사람들에 관해 언급하지 않은 것이 오해를 받을 수도 있겠다는 걱정 때문에 적은 추신이다(Richards 1991, 85).

　두 가지 형태의 추신은 바오로 서간에서도 발견된다. 우리는 바오로가 비서를 고용했음을 밝히면서 명시적으로 자신이 글을 쓰고 있음을 언급하는 대목에 관해 살펴본 바 있었다. 여기서 "바오로"라는 이름과 "내가 직접 씁니다"[43]라는 표현이 일정하

---

43) 역주: 글자 그대로 번역하자면 "내 손으로"이다. 이것은 키케로가 쓰던 라틴어 표현 'hoc manu mea'와 동일하다.

게 사용된다(1코린 16,21; 갈라 6,11; 콜로 4,18; 2테살 3,17; 필레 19). 나는 1테살 5,27-28도 서명이 담겨 있지 않은 일종의 추신으로 보아야 한다고 주장한다. 이 대목이 2테살 3,17-18에 나오는 믿을 만한 추신과 병행을 이룰 뿐만 아니라, 편지의 표현이 갑자기 "에노르키조(ἐνορκίζω)", "나는 간곡히 부탁합니다"라는 1인칭 단수로 바뀐 이유를 설득력 있게 설명할 수 있는 유일한 근거가 되기 때문이다.

앞서 나는 2코린 10-13장을 2코린 1-9장의 추신으로 보아야 한다는 리처즈의 견해를 받아들이지 않은 바 있다. 2코린 10-13장은 사실 분리된 하나의 편지이므로 9장과 13장에서 각각 하나씩 두 개의 추신이 있어야 한다고 생각한다. 저작성을 다룰 때, 1인칭 단수가 사용된다는 것과 갈라 6,11-18과 어조에서 병행을 이룬다는 점을 들어 9장 전체를 추신으로 보아야 한다고 주장한 바 있다. 다른 한편으로 2코린 10-13장은 '우리' 단락으로 종종 끊어지기는 하지만 기본적으로는 '나' 편지이다. 이렇게 볼 때 13,11-14에 1인칭 단수가 나온다고 해서 그것 자체로 해당 단락을 추신이라고 여길 수는 없다.

로마 16,21-23은 명백하게 추신이다. 하지만 그것은 추신에 붙어 있는 또 다른 추신일 가능성이 있다. 키케로는 그런 식의 글쓰기 방식을 볼 수 있는 병행문을 제공해 준다. 자기 형제 퀸투스에게 보내는 편지에서 키케로는 이렇게 말한다. "내가 이 편지를 막 접어 넣고 있을 때 너와 카이사르가 보낸 편지 배달인들이 왔단다"(*Qfr* 3:1.17; Williams). 키케로는 그 사실에 관해 이렇게 말한다. "내가 내 손으로 직접 마지막 말들을 쓴 뒤에 너의 아들 키케로가 들어와 나와 함께 저녁을 먹었단다"(3:1.19). 그는 이 방문을 전하면서 이렇게 말한다. "나는 저녁 식사 동안 이것을 티로에게 받아 적도록 했다. 그래서 이 대목이 다른 사람의 손으로 적힌 것을 보고 놀라지 않기를 바란다"(3.1.19). 이렇게 말한 뒤 편지는 계속 이어지는데 긴 단락이 다섯 개나 더 나온다.

로마인들이 바오로의 필체를 몰랐다 하더라도 그들은 편지 끝에 필체가 바뀌리라고 기대했을 것이다(테르티우스가 썼던 16,22). 왜냐하면 그것이 일반적인 글쓰기 방식이었기 때문이다. 개인적인 추신으로 볼 수 있는 분명한 후보는 16,17-20이다. 이 대목은 긴 목록의 인사말 다음에 나온다. 하지만 이러한 가정에 관한 유일한 논거는 그것이 테살로니카 1·2서, 코린토 1서, 갈라티아서, 필레몬서의 자필로 쓴 대목에 나오는, 판에 박힌 축복으로 마무리된다는 점뿐이다.

동일한 형태의 마침 축복은 필리피서에서도 발견된다. 하지만 나는 추신이라고 믿을 만한 대목이 어디서 시작되는지 말하고 싶지 않다. 앞서 언급한 것처럼 4,10-23은 본래 독립된 편지였고 그 내용도 매우 개인적인 것이기 때문에 바오로가 편지 전체를 자기 손으로 직접 쓴 것이라고 여길 수도 있다. 아니면 세 통의 편지가 하나로 엮이는 과정에 어쩔 수 없이 편집되었고, 그 과정에서 자필로 적힌 대목이 생략되었을 것으로 추측할 수도 있다. 왜냐하면 친저성 자체가 문제 되지도 않았고, 또 문제가 되었어도 그 내용 자체가 그리 중요한 것이 아니었기 때문이다.

III. 편지 수집

바오로의 편지들은 각 편지마다 개성이 매우 뚜렷함에도 불구하고, 따로 분리되어 전승된 것이 단 하나도 없다. 모든 편지는 바오로 사도와 관련된 다른 편지들과 함께 묶인 채로 우리에게 전달되었다. 그렇다면 바오로의 서간집은 어떻게 생겨나게 되었을까? 학자들이 이 질문에 관해 진지하게 숙고해 왔지만 아직 어떤 합의점도 도출되지 않았다. 오히려 정반대되는 두 가지 가설이 존재하는데, 하나는 서간집이 점차적으로 형성되었다는 '진화 이론'이고, 또 다른 하나는 갑자기 생겨났다는 '빅뱅 이론'이다.

1. 진화 이론

두 이론 중 더 오래된 진화 이론을 지지하는 학자들 간에는 어느 정도 의견이 모아져 있지만, 논쟁을 통해 약간의 차이를 지니게 된 두 가지 견해가 생겨났는데, 하나는 아돌프 폰 하르낙(Adolf von Harnack)과 관련되어 있고, 또 하나는 키르소프 레이크(Kirsopp Lake)와 관련되어 있다.

하르낙에 따르면, 바오로가 여러 교회에 보낸 편지들은 매우 초기부터 수신자들에게 귀하게 여겨졌다(Harnack 1926, 6-27). 게다가 바오로에게 동의하지 않던 이들도 바오로의 편지들이 지닌 힘과 권위를 인정하였다(2코린 10,10). 각 공동체는 자신이 받은 편지를 공적으로 읽었기 때문에, 그 편지들은 소위 해당 지역 교회의 기본 헌장이 되었다. 바오로에 의해 회심한 이들은 주로 바오로의 편지들에 담긴 권위 있는 주장에 근거하여 자기 정체성을 형성하였다. 그래서 그리스도교와 관련된 다른 관점을 주장하는 이들은 사도 바오로로부터 온 것으로 주장하는 가짜 편지들에 기댈 수밖에 없게 되었다(2테살 2,2; 3,17).

하지만 초기에는 그 어떤 공동체도 자신이 받은 편지가 더 폭넓은 중요성을 지니고 있다고 믿지는 않았다. 바오로의 편지들은 개별 공동체가 마주한 특별한 상황과 관련해서 보내진 것이었다. 편지들은 한 공동체의 특정한 역사의 일부였기 때문에, 다른 교회들과는 무관했다. 그러다 1세기 말엽에 와서야 특수성을 지닌 그 편지들에 보편적으로 중요한 원칙들과 통찰이 담겨 있다는 확신이 생겨났다(Dahl 1962). 그런 다음 비로소 바오로의 활동 전체를 교회에 소개하기 위해 남아 있는 편지들을 모으는 노력이 이루어졌다.

최초의 서간집은 열 통의 편지로 이루어졌다(로마서, 코린토 1·2서, 갈라티아서, 에페소서, 필리피서, 콜로새서, 테살로니카 1·2서 그리고 필레몬서). 왜냐하면 교회 공동체에 보낸 편지들만 모았기 때문이다. 이 작업은 아마도 코린토에서 이루어진 듯하다. 하르낙은 코린토 1서에 나오는 다소 일반화된 도입 인사에 주목하였다. 하르낙이 보기에 이 대목은 서간집 전체를 도입하는 대목이었다. 또한 하르낙은 코린토 2서 자체가 일종의 편집물이었다는 사실을 강조하였다. 그 단계에서 바오로를 개인적으로 알았던 일부 사람들이 거짓 편지들이 서간집에 끼어들지 않도록 통제하고 보호하는 역할을 했다. 2세기에 접어들기 직전 어느 시점에 사목서간이 첨가되면서 서간집은 13권으로 확장되었다. 그리고 2세기 말엽에는 히브리서가 첨가되어 그 수는 14권이 되었다.

하르낙과 반대로, 레이크는 각 공동체가 아주 이른 시기부터 바오로의 편지들이 지닌 가치를 확신하였기 때문에 가능한 한 많은 편지를 보유하려는 열망을 가졌다고 주장한다(Lake 1911, 356-358). 그래서 각 공동체는 매우 이른 시기에 이웃 교회들에게 복사본을 요구하곤 했을 것이다. 이런 과정에서 편지 종류에 다소 차이가 나는 여러 지역별 서간집이 생겨났고, 그렇게 부분적인 서간집들을 서로 비교하는 작업이 이루어졌다. 이 작업 가운데 편지들의 출처가 제한적임을 인식하여 가짜 편지에 대한 염려로 무엇인가를 제외시키기보다, 빠진 부분을 채워 완전성을 추구하는 방식으로 서간집을 만들게 되었다. 2세기의 어느 시점에 비록 순서에 차이는 있으나 적어도 내용 면에서는 편지 전체의 목록이 동일하다는 것이 인정되었다. 이로써 바오로 편지들의 정경화 작업이 마무리된다.

이 이론과 관련하여 솅케(H.-M. Schenke)의 주장은 좀 더 독특하다. 솅케는 바오로 '학파'가 사도의 편지들을 모으고 보급하는 역할을 하였다고 본다. 이 학파의 구성원들은 바오로의 차별화된 신학을 보존하는 것에 깊은 관심을 가졌던 바오로의 1세대와 2세대 제자들이었다. 그들은 남아 있는 바오로의 편지들을 보존하고 새로 편집함으로써 바오로의 가르침을 수호했다. 뿐만 아니라, 바오로의 생각을 깊이 이해하였으므로 바오로가 세운 교회들이 변화된 환경에 더 잘 대응하도록 사도의 이름으로 새로운 편지들을 만들어 그의 가르침을 널리 퍼뜨렸다. 바오로의 명성이 완전히 자리 잡고, 교회들이 '그의' 편지들로 된 완전한 서간집을 일반적으로 받아들이게 되었을 때, 이 학파는 해체되었다.

2. 빅뱅 이론

진화 이론에 관해 처음으로 중대한 도전을 던진 인물은 굿스피드이다(E. J. Goodspeed 1927, 1945). 그는 이전 학자들의 최초 가정이 매우 시대착오적이었다고 지적한다. 바오로 편지들은 각기 당면한 실제 목적을 위해 쓰였고, 그 목적이 달성된 뒤에는 잊혔다. 교회가 자신들이 받은 편지(들)를 나중에 참고할 필요가 있다고 여겼으면 문서고에 보관했겠지만, 그것을 전례 때 사용하거나 신학적인 논의의 대상으로 삼지는 않았다. 다른 편지들도 순전히 우연히 남겨졌을 것이다.

그러다가 기원후 90년경 사도행전이 출간되어 바오로에게 관심이 쏠리게 되자, 상황은 완전히 바뀌었다. 사도행전에서 바오로가 베드로보다 더 많은 관심을 받았다면, 그리스도교의 성립 과정에서 바오로가 수행한 역할 역시 대단히 중요한 의미를 가질 수밖에 없게 되었다. 이런 생각이 퍼지면서 바오로의 저작을 그리스도교 신앙의 토대로 여기기 시작하였다. 바오로의 제자 중 하나였던 나이든 어떤 사람이 이런 생각을 처음 가졌을 것이다. 그 제자는 바오로의 편지 한두 통이 어디에 보관되어 있는지 알고 있었고, 자신이 들었던 다른 모든 편지를 찾고자 애쓴 결과 성공적인 결실을 얻었다. 로마서, 코린토 1·2서, 갈라티아서, 필리피서, 콜로새서, 테살로니카 1·2서, 그리고 필레몬서를 찾아냈다. 그리고 그 제자는 1세기 말엽 어느 해에 이 편지들을 하나의 서간집으로 출간하면서 에페소서를 썼는데, 편지 아홉 통을 바탕으로 쓴 이 작품은 바오로 신학의 영향력과 통찰을 강조하기 위한 종합적 서문으로 계획된 것이었다(Goodspeed 1933, 79-165).

녹스(J. Knox)는 이 가설을 좀 더 발전시켰고 미톤(Mitton)이 뒤따랐다. 녹스는 신학적으로 특별한 내용을 담고 있지 않은 필레몬서가 서간집에 포함된 것은 이 편지가 편집자와 개인적인 연관이 있기 때문이라고밖에 설명할 수 없다고 주장한다. 편집자에게 이 편지가 특별한 의미를 가졌던 것은 분명한데, 그는 콜로새서에도 깊은 관심을 가졌고 그 편지를 에페소서의 틀로 삼았다. 편집자는 콜로새서를 최고의 편지로 안 것 같다. 그러면 이 편집자를 좀 더 구체적으로 특정할 수 있을까? 녹스는 2세기 초엽 이냐시오가 에페소에 보낸 편지를 토대로 여기에 긍정적으로 답한다. 그 편지에 오네시모스라는 주교의 이름이 언급되고 있기 때문이다. 녹스의 추정에 따르면, 바오로 서간집의 편집자는 필레몬서에 언급된 전직 노예(오네시모스)이다. 콜로새 출신으로 바오로 덕분에 자유를 얻은 오네시모스는 주교로서 에페소서를 쓸 만큼 교육받았으며, 서간집을 널리 확산시킬 수 있는 권위도 지니고 있었다.

굿스피드와 녹스는 이 서간집이 만들어질 때 고려했을 법한 원칙에 관해 논의하였다. 서간집과 관련된 가장 초기의 목록은 마르치온의 것인데(2세기 중반), 테르툴리아누스(약 160-225)와 에피파니우스(약 313-403)의 증언을 통해 간접적으로만 알려져 있다. 두 증언이 서로 합치하지는 않지만, ― 테르툴리아누스의 《마르치온을 거슬러서(Adversus Marcion)》 5.1.9; 5.21.1과 에피파니우스의 《파나리온(Panarion)》 42.9.4과 42.11.9-11에 있는 두 가지 다른 목록을 비교해 보라 ― 녹스는 에피파니우스의 목록에 마르치온의 의도가 잘 보존되어 있다고 주장한다. 그 순서는 갈라티아서, 코린토서, 로마서, 테살로니카서, 라오디케이아서(=에페소서), 콜로새서, 필레몬서, 필리피서이다. 그런데 만약 에페소서가 서간집의 서문으로 쓰였다고 한다면 그것이 목록의 첫자리에 와야 했다. 녹스는 이 점에 관해 처음에는 에페소서가 제일 앞에 위치해 있었는데, 갈라티아서에 담긴 반유다교 주제가 자신이 선호하는 신학적 견해를 반영하기 때문에 마르치온이 갈라티아서를 제일 앞자리로 옮기고 에페소서를 뒤로 밀었다고 여긴다.

편지의 복잡한 순서를 해명하기 위해 녹스는 마르치온파의 서문들, 곧 불가타 성경에 실려 있는 바오로의 편지들에 딸린 간략한 도입부의 도움을 받는다[상세한 것은 클라보(Clabeaux)를 참조하라]. 코린토서와 테살로니카서에는 각각 서문이 하나밖에 나오지 않기 때문에 녹스는 코린토 1·2서와 테살로니카 1·2서가 네 통이 아니라 두 통으로 취급되었다는 결론을 내린다. 이렇게 되면 필리피서 다음에 와야 할 필레몬서가 그 앞에 배치되는 것을 제외하고는 모두 길이에 따라 순서가 매겨질 수 있게 된다. 여기다가 녹스는 콜로새서와 필레몬서가 일반적으로 서로 밀접하게 연결된 편지로 여겨져서 마치 하나의 편지로 취급되었다고 가정해야 한다고 주장한다. 이렇게 되면 원래의 서간집은 본래 일곱 통의 편지로, 곧 에페소서, 코린토서, 로마서, 테살로니카서, 갈라티아서, 콜로새서+필레몬서, 그리고 필리피서로 구성되었다고 말할 수 있다. 이 일곱 편지가 요한 묵시록을 시작하는 일곱 편지(1,4-3,22)와, 69년경 안티오키아의 주교가 되었던 이냐시오가 로마에서 사형될 죄수로 끌려가던 중

작성한 일곱 편지(대략 107년경)에 영감을 주었다.

발터 슈미탈스도 바오로 서간집이 어느 한 시점에 단일 편집자에 의해 만들어졌다고 여긴다(W. Schmithals 1972, 239-274). 그는 편집자의 이름을 거명하며 특정하지는 않지만 적어도 편집자의 의도가 무엇인지를 밝혔다. 그것은 바로 교회에 영지주의의 침투에 저항할 수 있는 도움을 제공하기 위한 것이었다. 이 편집자의 목적은 바오로가 항상 그리고 어디서든 영지주의적 관념에 반대했음을 보여 주는 것이었다. 슈미탈스에 따르면 편집자는 이런 목적을 달성하기 위하여 바오로의 편지들을 여러 부분으로 해체한 뒤 다시 합쳤는데, 그렇게 만들어진 편지 각각이 적어도 어느 정도는 반영지주의적 논거를 담을 수 있도록 했다고 말한다. 또한 편지들이 쓰이게 된 특수한 상황이라는 한계를 넘어서고 그 편지들이 숫자로 일곱 통, 곧 코린토 1서, 코린토 2서, 갈라티아서, 필리피서, 테살로니카 1서, 테살로니카 2서, 그리고 로마서(순서에 따라)로 구성되었음을 보여 줌으로써 바오로의 편지들이 전체 교회와 연관되어 있음을 부각시킨 것도 편집자의 의도 가운데 하나였다.

슈미탈스의 가설은 반향을 일으키지 못했다(Gamble 1975). 편지들의 해체에 대한 그의 견해는 객관적 증거로 다룰 수 있는 길이 전혀 없다. 순전히 임의적인 그의 견해는 영지주의가 바오로 공동체에 주요한 영향을 미쳤다는 잘못된 그의 판단에서 충분히 확인할 수 있다.

3. 바오로도 관여했는가?

일세기 비서들이 수행하던 기능들을 다룰 때, "바오로 편지의 첫 서간집이 책자 형태였으며 바오로가 소장하던 개인 사본들에서 생겨났지 다른 수신자들의 소장 사본을 모은 것에서 시작되지 않았다"(Richards 1991, 165 n. 169)라는 리처즈의 견해에 관심을 기울였다. 리처즈는 여기서 좀 더 나아가 바오로 편지들을 출판한 이가 루카였다고 주장한다. 이 가설의 단순함이 도리어 강점이 된다. 그리고 발송한 편지들의 사본을 모으는 고대의 관습도 이 가설에 힘을 보태 준다. 하지만 이 가설이 본래 독립된 여러 편지를 편집한 편지들(예를 들어 코린토 2서와 필리피서)에 관해서는 아무런 설명도 해 줄 수 없다는, 반론도 제기할 수 있다. 독립된 여러 편지가 바오로의 필기 노트에서 결합하지는 않았을 것이라는 말이다.

리처즈의 가설을 전혀 모르는 상태에서, 다비드 트로비슈는 이 반론에 대한 답변을 제시한다(David Trobisch 1989, 129-131). 그는 갈라티아서가 바오로가 쓴 첫 번째 편지는 아니었지만, 그 편지를 받은 본래의 청중을 넘어 다른 이들에게도 영향을 끼친 첫 번째 편지였다고 주장한다. 그것을 읽은 모든 독자가 바오로에게 동의한 것은 아니었다. 하지만 그 편지를 읽고 싶어 하는 이들이 점점 늘어났다. 이로 인해 바오로는 자신의 가르침을 상황과 무관한 항구적 표현으로 작성해야겠다는 원의를 키우게 되었다. 동시에 에페소에서 조용히 머물면서 복음과 사목에 대해 체계적으로 사고할 수 있는 기회도 갖게 되었다. 바오로의 첫 번째 계획은 코린토 교회에 보낸 편지들에서 사목적 문제에 관한 일련의 성찰을 뽑아내는 것이었는데, 이것이 코린토 1서라는 형태로 남아 있게 되었다. 이에 대한 반응은 압도적이었다. 그 이후로(2코린 10,10 참조) 바오로는 자신의 사목적 소명이 말이 아니라 글을 쓰는 것으로 실현되어야 한다는 점을 확신하게 되었다.

하지만 이러한 변화는 에페소에서 문제가 터지면서 차질이 빚어졌다. 바오로는 에페소를 억지로 떠나야 했기 때문에 유럽 공동체에 대한 마지막 방문일지도 모른다고 걱정했던 그 일을 시작했다. 한편으로는 유럽 공동체들의 요구에 대한 응답으로, 또 다른 한편으로 완성된 기록을 남기고자 하는 자신의 원의 때문에 바오로는 다양한 교회에 보냈던 편지들을 개정하여 묶었다. 테살로니카와 필리피에 머물면서 바오로는 테살로니카 1서와 필리피서를 탈고했다. 코린토에 머무는 동안에는 편지 네 통을 묶어 코린토 2서를 만들었다. 그리고 긴 겨울을 보내면서 바오로는 자기 신학의 기본 요점을 글로 적었는데, 전체적인 생각을 담은 이 글이 후대에 로마서로 알려졌다.

그리스로부터 예루살렘으로 올라가는 여정에서 바오로는 에페소에서 파견된 사절단을 만나 그들에게 코린토 2서와 로마서의 사본을 주었는데, 이때 로마서에 자신의 개인적 인사말을 덧붙여 보냈다. 이것을 단서로 삼아, 에페소인들은 여기에 자신들이 보관하던 코린토 1서와 갈라티아서 필사본을 첨가하여 바오로의 첫 서간집을 만들었다. 이 서간집은 계속해서 또 다른 서간집에 영감을 주었는데, 이번에는 일반적인 주제를 다룬 편지 네 통, 곧 로마서, 코린토 1서, 에페소서, 히브리서로 이루어진 서간집이었다(히브리서가 포함된 것은, 마지막 13장을 바오로가 로마에서 자신이 맡은 일과 관련하여 권고하는 대목이라고 이해하였기 때문이다).

2세기 초 영향력 있는 교회 지도자 중 한 명이 남아 있던 편지들을 모두 모아 완전한 서간집을 만들기 위해 준비했다. 트로비슈는 굿스피드를 따라 그가 바로 에페소의 주교 오네시모스였다고 본다. 오네시모스는 에페소서, 필리피서, 콜로새서와 테살로니카 1, 2서에다가 개인적 이유로 필레몬서를 더했고, 이것을 계기로 개인에게 보내진 다른 편지들, 곧 티모테오 1, 2서와 티토서도 서간집에 포함될 수 있었다.

4. 편지들의 순서와 길이

연구사를 이렇게 요약하다 보면, 이 모든 이야기가 추측에 의한 것이라는 놀라운 사실을 발견하게 된다. 물론, 이와 관련된 증거가 부족하기 때문이다. 그래서 확실하게 말할 수 있는 것이 없으므로 이런 문제는 무시해야 한다고 주장하는 이들도 있다. 하지만 그런 식의 패배주의를 지지하는 이들은 많지 않다. 이러한 문제를 계속해서 해결해 보려고 하는 이들은 기존 이론들이 지니는 가정이 정말 타당한지, 그 내적 논리가 일관성과 설득력을 지니는지 비판하면서도 이전 연구의 틀 속에 머물러 있으려는 경향을 보인다. 하지만 진중한 재평가는 현재 남아 있는 증거들을 다시 조사하는 일에서부터 시작해야 한다. 이를 위해 우리가 확실하게 믿을 수 있는 자료들은 두 가지 영역에 집중되어 있는데, 하나는 편지들의 길이이고 또 하나는 가장 오래된 서간집에 나타나는 편지들의 순서이다. 불충분해 보이기는 하지만 이것만이 다음 질문들에 답하기 위한 유일한 바탕이다. 어느 이론이 좀 더 가능성이 있는가? 자료들을 설명하기에 더욱 적절한 가설이 있는가?

1) 편지들의 길이

본문 측정과 관련해서 고대에 사용되던 일반적인 방식은 '스티코스(stichos)'다. 이 단어는 나무들의 열이나 군인들의 줄, 글쓰기의 줄과 같은 열 또는 줄을 의미한다. 이 때문에 본문의 길이를 측정하는 학문을 '스티코메트리(stichometry)'라고 부른다. 이것은 현대에 와서 생긴 것이 아니다.

파피루스 편지 p46(기원후 200년경)에는 바오로 편지 중 다섯 편지에 나오는 줄(스티코스) 수가 적혀 있다. 시나이 사본(4세기경)에는 열 통의 편지에 나오는 줄 수가 나온다. 그리고 4세기에 '에우탈리우스' 주교는 신약성경 내 모든 편지의 줄 수를 세어 두었다(Marchand 1956). 이 분야 연구의 선구자였던 찰스 그로(Charles Graux)와 렌델 해리스(Rendell Harris)의 연구 결과에 따르면, 한 줄은 평균 열다섯에서 열여섯 음절 혹은 서른넷에서 서른여덟 문자로 이루어져 있었던 것으로 보인다. 피니건은 문자의 수와 관련된 결론을 요약하는데, 그 결과는 매우 놀랍다

(Finegan 1956, 96). 다음에 제시되는 도표에 나오는 줄 수와 그로가 제시한 문자 수의 출처는 피니건의 자료이다. 여기에 트로비슈(Trobish 1989, 138)가 컴퓨터로 계산한 문자 수를 첨가하였다. 컴퓨터 단어 수는 나의 학생 알프레드 노랏토(Alfred Noratto, O.P.)가 제공하였다(Aune 1987, 205 참조).

바오로 편지들의 길이

	단어 수	문자 수 (그로)	문자 수 (트로비슈)	줄 수 (p46)	줄 수 (시나이)	줄 수 (해리스)	줄 수 (에우…)
로마	7111	35266	34410	1000		942	920
1코린	6829	32685	32767			897	870
2코린	4477	21851	22280		612	610	590
갈라	2230	11202	11091	375	312	304	293
에페	2435	11932	12012	316	312	325	312
필리	1629	7975	8009	225	200	218	208
콜로	1582	7745	7897		300	215	208
1테살	1481	7468	7423			202	193
2테살	823	4011	4055		180	112	106
1티모	1591	8575	8869		250	239	230
2티모	1238	6554	6538		180	177	172
티토	659	3595	3733		96	98	97

| 필레 | 335 | 1567 | 1575 | | | 42 | 38 |
| 히브 | 4953 | 26738 | 26382 | 700 | 750 | 714 | 703 |

이 도표의 순서는 인쇄된 성경들이 전통적으로 따르는 순서다. 여기서 유일하게 확인할 수 있는 틀은 편지들이 대부분 길이 순으로 배치되어 있다는 점이다.

편집자는 편지들을 작성 연대순으로 배치할 수는 없었을 것이다. 왜냐하면 바오로 편지들에는 연대와 관련된 정보가 없었기 때문이다. 뿐만 아니라 알파벳 순서로 배치하는 선례도 없었다. 그리스도인들이 책자 형태를 채택하였기 때문에(의심할 여지 없이 분명하지만 여전히 설명되지 않는 현상이다), 자연스럽게 가장 긴 편지를 앞에 두고, 다른 편지들을 길이 순서에 따라 배치하는 것이 무난했을 것이다. 두루마리라면 항상 늘릴 수 있었지만, 한 권으로 묶인 책은 그렇지 않았다(22-23쪽에서 다룬 내용 참조). 그리고 편지를 반만 담고 있는 책이면 실제로 팔 수도 없었을 것이다(Trobisch 1989, 112). 게다가 길이에 따라 순서를 배치한 선례로, 구약성경의 대예언서와 소예언서들이 있었다. 이런 원칙은 후대에서도 계속 적용되었다. 미슈나의 여섯 대목에 담겨 있는 다양한 소책자와, 코란에 나오는 114개의 수라(*surah*, 코란의 장章)도 길이 순서에 따라 구성되어 있다(Aune 1987, 205).

하지만 전통적인 편지 목록에 대해 면밀히 조사해 보면 즉시 다수의 예외가 있음을 알 수 있다. 트로비슈의 문자 계산법에 따라 길이가 유일한 판단 기준이라고 한다면, 그 목록은 다음과 같아야 한다.

> 로마서 - 코린토 1서 - *히브리서* - 코린토2서 - 에페소서 - 갈라티아서 - *티모테오 1서* - 필리피서 - 콜로새서 - 테살로니카 1서 - *티모테오 2서* - 테살로니카 2서 - 티토서 - 필레몬서

여기서 제시된 목록에서 사체로 표시한 네 권은 원칙에 맞지 않는 위치에 놓여 있는 편지이다. 그렇다면 이 편지들은 왜 오늘날 성경에서 현재의 위치에 놓이게 된 것일까?

2) 편지들의 순서

최근 데이비드 트로비슈는 그리스어 수사본 전통에서 발견되는 바오로 편지들의 순서에 관해 철저하게 연구한 결과, 아홉 가지의 서로 다른 편지 배열을 발견했다(Trobisch 1989, 56). 첫 번째는 9세기 수사본들을 묶은 두 권(F 010과 G 012)에서 찾아볼 수 있다.

두 번째와 세 번째는 널리 찾아볼 수 있는 배열이다. 하지만 나머지 배열들은 모두 하나뿐인 수사본에서 발견된 것이다. 다음 도표에서 물음표는 불완전한 형태의 수사본이라는 표시다.

바오로 편지들의 순서

	A그룹				B그룹			
1	2	3	4	5	6	7	8	9
로마	로마	로마	로마	로마	로마	로마	로마	로마
						히브		
1코린	1코린	1코린	1코린	1코린	1코린	1코린	1코린	1코린
2코린	2코린	2코린	2코린	2코린	2코린	2코린	2코린	2코린
갈라	갈라	갈라	갈라	갈라	갈라	갈라	에페	갈라
								히브
에페	에페	에페	에페	에페	에페	에페	갈라	에페
필리	필리	필리	필리	콜로	콜로	콜로	필리	필리
콜로	콜로	콜로	콜로	필리	필리	필리	콜로	콜로
1테살	1테살	1테살	1테살	1테살	1테살	1테살	1테살	1테살
2테살	2테살	2테살	2테살	2테살	2테살	2테살	?	2테살
		히브	히브		히브			
1티모	1티모	1티모	1티모	1티모	1티모	1티모	?	?
2티모	2티모	2티모	2티모	2티모	2티모	2티모	?	?

티토	티토	티토	티토	티토	티토	티토	?	?
필레	필레	필레	필레	필레	필레	필레	?	?
		히브		히브		히브	?	?

대부분의 수사본은 그룹 A와 B에 속하는데, 히브리서를 별도로 친다면 이 둘은 단지 필리피서와 콜로새서의 순서에서만 차이를 보인다. 그렇다면 어떤 그룹이 좀 더 원래의 형태에 가까운 것일까? 트로비슈는 길이에 따라 구성되어 있는 그룹 A가 본래 순서였는데, 그룹 B가 콜로새서를 에페소서에 가까이 연결시키고자 그 순서를 바꿨다고 주장한다(Trobisch 1989, 39, 58). 왜냐하면 마르치온은 에페소서를 콜로 4,16에 언급되어 있는 라오디케이아에 보낸 편지로 보기 때문이다. 실제 테르툴리아누스와 에피파니우스가 제시하는 바오로 정경의 목록에서 에페소서는 라오디케이아서라는 이름으로 등장한다.

이것이 전혀 불가능한 답변은 아니지만 좀 더 간단하게 설명할 수도 있다. 필리피서는 콜로새서보다 실제로 더 길다. 필리피서의 문자가 7975/8009개인 반면 콜로새서는 7745/7897개다. 다시 말해 콜로새서는 필리피서 길이의 99%로, 오직 230/112개의 문자만 차이 날 뿐이다. 에우탈리우스의 표에서 둘 다 208개의 줄로 나오는 것도 그리 놀랍지 않다. 하지만 시나이 사본에 나오는 줄 측정 수에 따르면 콜로새서는 300줄, 필리피서가 200줄이다. 피니건은 시나이 사본의 줄 수를 액면 그대로 받아들이지만(Finegan 1956, 80, 103), 나는 300이라는 숫자가 필사자의 오류라고 의심한다. 실제로 시나이 사본에서는 필리피서가 콜로새서 앞에 나오기 때문이다. 어떻든 한 필사자가 필리피서와 콜로새서의 실제 순서를 뒤바꾸기 위해 콜로새서에서는 글자를 좀 더 크게 쓰고, 필리피서에서는 글자를 작게 쓴 것은 분명해 보인다. 또한 그룹 B는 6세기 D 06 사본과 14세기 소문자 사본 5번에서만 찾아볼 수 있다는 점도 염두에 두어야 한다. 따라서 필리피서 앞에 콜로새서를 배치한 순서는 역사적 의미가 없는 일종의 오류로 처리할 수 있다.

목록 8은 200년경의 사본으로 추정되는 p46의 목록이다. 이것은 필리피서-콜로새서 순이라는 점에서 그룹 A와 관계된다. 하지만 히브리서를 로마서 다음에 두고, 에페소서를 갈라티아서 앞에 둔다는 점에서 다른 모든 목록과 구분된다. 트로비슈는 이것이 그룹 A의 첫 번째 목록과 로마서, 히브리서, 코린토 1서, 에페소서를 포함하는 서간집이 결합됨으로써 생겨난 것이라고 가정한다(Trobisch 1989, 60). 하지만 나는 이 가설에 설득력이 없다고 본다. 여기서 코린토 2서를 제외하는 이유를 밝히지 않기 때문이다. 하지만 그 이유를 찾는 것이 어려운 일은 아니다. 코린토 2서를 별도로 떼어 놓지 않는다면, 트로비슈가 나중에 해당 편지의 시작 인사말에 각각 로마, 코린토, 에페소라는 장소를 언급하지 않는 로마서, 코린토서, 에페소서 사본들이 존재했음을 입증하려고 할 때 적잖은 어려움을 줄 것이기 때문이다(Trobisch 1989, 66-82). 코린토 2서는 이 가설에 반대되는 예이다.

p46에서 히브리서가 로마서 바로 다음에 위치한 이유를 설명한 이는 없다. 하지만 이것 역시 전혀 설명할 수 없는 문제가 아니다. 히브리서를 (길이에 따라) 코린토 1서 뒤에 정확히 배치하다 보면 코린토에 보낸 두 통의 편지를 갈라놓게 된다. 따라서 편집자는 히브리서를 코린토 1서 앞이나, 코린토 2서 뒤에 놓아야만 했다. 이런 처지에서 히브리서를 코린토 1서 앞에 배치시킨 것은 히브리서가 지닌 교의적 중요성 때문이었을 것이다. 반면에 (콥트어 방언인) 사히드어 사본은 히브리서를 코린토 2서 뒤에 배치하였다(Anderson 1966, 432).

물론, 트로비슈가 가정하는 앞의 목록에 에페소서를 포함시킨 것은 에페소서의 위치를 설명하기 위해 의도된 것이다. 나는 이 가정이 정말 필요한 것인지 의문스럽다. 갈라티아서와 에페소서의 길이 차이는 매우 적다. 에페소서의 문자가 730/921개 정도 더 많은데, 이 차이는 8% 정도다(갈라티아서는 에페소서 길이의 92%다). 하지만 시나이 사본의 줄 측정법에 따르면 이 둘은 각각 312줄로 동일하다. 이런 상황은 앞서 언급한 바 있는 필리피서-콜로새서의 상황과 동일하다. 어떤 필사자가 한 쪽에서는 큰 글자로 쓰고, 다른 쪽에서는 작은 글자로 씀으로써 마치 둘이 동일한 길이를 지니고 있는 것처럼 썼을 수 있다. 따라서 한 사본에서만 유일하게 발견되는 에페소서와 갈라티아서의 뒤바뀐 순서(8번)도 각 편지의 길이를 결정하는 일에서 오류가 일어난 결과라고 생각해 볼 수 있다. 따라서 이것도 무의미한 오류로 결론 내릴 수 있다.

마지막 목록(9번)은 바티칸 사본(4세기 중엽)의 것으로, 처음 나오는 편지 네 통과 마지막에 언급되는 편지 세 통의 순서가 모두 그룹 A와 관련되어 있다. 여기서는 히브리서의 위치가 유일하게 이례적인데, p46과 비교하여 로마서, 코린토서, 갈라티아서가 어느 한 단계에서 독립된 서간집 형태였다는 가정을 확증시켜 주는 듯 보인다. 만약 그렇다면 히브리서는 그 서간집에 부록으로 덧붙여졌을 것이다. 아니면 또 다른 대안으로 히브리서가 다른 서간집, 곧 에페소서, 필리피서, 콜로새서, 테살로니카서의 첫머리에 삽입되었다고도 볼 수 있다.

이러한 논의를 하게 된 취지는 편지 순서가 오류에 기인한 것으로 여겨지는 목록들에는 역사적 의미를 부여하지 않고자 하는 데 있다. 이 오류들을 바로잡을 때 오류가 있는 해당 목록을 다른 목록에 붙여서 제시할 수 있는데, 이렇게 되면 목록의 수도 다음 도표에서 볼 수 있듯이 아홉 개에서 여섯 개로 줄어든다. 이 도표는 앞서 제시한 트로비슈의 도표를 수정한 것이다 (Trobisch 1989, 57: 제일 윗칸의 숫자는 앞 도표의 목록 숫자와 동일하다).

바오로 편지들의 수정된 순서

1/5	2/7	3/6	4	8	9
로마	로마	로마	로마	로마	로마
			히브		
1코린	1코린	1코린	1코린	1코린	1코린
2코린	2코린	2코린	2코린	2코린	2코린
갈라	갈라	갈라	갈라	에페	갈라
					히브
에페	에페	에페	에페	갈라	에페
필리	필리	필리	필리	필리	필리
콜로	콜로	콜로	콜로	콜로	콜로
1테살	1테살	1테살	1테살	1테살	1테살
2테살	2테살	2테살	2테살	?	2테살
		히브	히브		
1티모	1티모	1티모	1티모	?	?

2티모	2티모	2티모	2티모	?	?
티토	티토	티토	티토	?	?
필레	필레	필레	필레	?	?
	히브		히브	?	?

트로비슈는 로마서, 히브리서, 코린토 1서, 에페소서로 이루어졌다고 가정되는 네 통의 편지 목록과 열세 통의 편지 목록이 다양하게 조합되면서 서로 차이 나는 모든 목록이 생겨났다고 설명한다(Trobisch 1989, 62). 우리는 p46에 나오는 에페소서 위치를 설명하는 데 네 통의 편지 목록 가설이 굳이 필요하지 않다는 점을 이미 살펴보았다. 여기에는 코린토 1서와 2서를 분리한 근거도, 코린토 1서의 인사말에서 "코린토에"를 삭제한 것에 대한 근거도 전혀 나오지 않는다. 코린토 1서의 내용은 이것이 보편적 내용을 담은 일반 서간이 아니라 특정 교회의 문제에 관한 매우 구체적인 답변을 제시하는 편지임을 잘 보여 준다. 게다가 히브리서가 첨가된 것을 설명하기 위해 그것이 서간집에 이미 속해 있었다고 굳이 가정할 필요는 없다.

수정한 목록에서 두드러진 특징은 히브리서의 위치가 다양하다는 점이다(Hatch 1936). 목록 1/5와 2/7의 경우는 큰 상관이 없는데, 히브리서가 첫 번째 목록에는 아예 나오지 않고 두 번째 목록에서는 가장 끝에 위치하기 때문이다. 목록 8은 편지의 길이라는 원칙에 따라 목록 9에 나오는 히브리서 위치를 바꾼 것으로 보이기 때문에 별도로 제외할 수 있다. 남아 있는 목록들(3/6, 4, 9)에서 히브리서의 위치를 에워싼 여건은 동일한데, 앞에 놓인 편지가 이어지는 편지보다 항상 짧다. 다시 말해 히브리서의 위치로 인해 길이에 따른 구조가 깨지는데, 이로써 각각 다른 세 종류의 부분적 서간집이 있었고 거기에 히브리서가 첨가되었음이 분명하게 드러난다. 그 세 종류는 다음과 같다.

서간집 A:　　로마, 1코린, 2코린, 갈라.
서간집 B:　　에페, 필리, 콜로, 1테살, 2테살.
서간집 C:　　1티모, 2티모, 티토, 필레.

5. 서간집 만들기

이 서간집들을 더욱 면밀히 조사하기에 앞서 시간-틀을 짜는 것이 중요하다. 목록 1/5에 나오는 편지 열세 통이 2세기에는 이미 알려지고 인정받았다는 데 대해서는 폭넓은 동의가 있다. 이러한 동의는 용인되는 개연성의 정도에 있어서 다양한 차이를 보이기는 하지만 바오로 작품의 영향을 받았다는 흔적이 ① 저작 시기가 가장 늦은 신약성경 작품들, 곧 요한계 문헌, 히브리서, 베드로 1·2서, 야고보서, 유다서와 ② 정경에 포함되지 않은 초기 그리스도교 작품 가운데 헤르마스의 《목자》, 《바르나바 서간》, 《열두 사도의 가르침(디다케)》, 클레멘스의 편지, 이냐시오의 편지, 폴리카르푸스의 편지에서 발견된다는 사실에 근거한다(Barnett 1941; Spicq 1969, 160-170; Lindemann 1979). 그런데 모든 저자가 바오로의 어느 편지에서 영향을 받았는지를 밝히지 않거니와, 그들 가운데 앞서 가정한 세 종류의 부분 서간집 중 하나만 아는 저자가 없다는 점은 대단히 중요하다. 실제로 그들은 세 편지 서간집을 전부 알고 있었음이 드러난다. 따라서 1세기에서 2세기로 넘어갈 즈음에 열셋/열네 권으로 구성된 서간집이 이미 자리 잡았다는 결론을 피하기는 어렵다. 따라서 앞서 언급한 부분 서간집은 1세기 후반 어느 시기에 생겨난 것으로 여길 수밖에 없다.

부분 서간집이 실재했다는 주장의 문학적 증거도 제시되었다. 이 주장이 좀 더 개연성을 갖기 위해서는 근거 자료가 더 필요하다. 편지 배열은 다른 우연한 요소들에 의해서도 달라질 수 있기 때문이다. 이에 관한 가장 간단한 검증은 지리적인 면을 살피는 것이다. 곧, 하나의 부분 서간집에 있는 편지들은 어떤 발신 장소, 어떤 수신 장소와 연관되어 있는가?

1) 서간집 A

로마서는 코린토 1·2서의 수신지인 코린토에서 저술되었다. 반대로 갈라티아서는 에페소나 마케도니아에서 쓰여서 소아시아의 중앙 지역에 보내졌다. 갈라티아서를 다른 세 편지와 하나로 묶으려면, 바오로가 하느님의 구원 계획에서 이스라엘과 율법의 역할에 관한 논의를 좀 더 발전시키기 위해 갈라티아서 사본을 코린토에 보냈고, 이것이 결국 로마서 저술을 가져왔다고 가정할 수밖에 없다.

이 서간집이 코린토에서 기원했다는 가설에는 유리한 점이 많다. 직접 쓰인 목적은 이미 오래된 과거의 일 때문이지만, 그럼에도 불구하고 영속적인 가치의 근본 바탕과 체계적인 틀이 이 편지들에 담겨 있다는 점을 발견하게 되면서 서간집 형성이 촉진되었을 것이다. 이렇게 해서 코린토 교회 편에서 편집 작업이 이루어졌는데, 그들은 자신들이 받았던 편지 세 통, 곧 코린토 1서, 2코린 1-9장, 2코린 10-13장의 경우 보존할 가치가 있다고 여겨 서간집에 넣었지만, "전에 써 보낸 편지"(1코린 5,9)와 '눈물의 편지'(2코린 2,4)는 편집 작업 중 제외하였다. 이 가운데 눈물의 편지를 제외시킨 것은 충분히 이해할 만하다. 하지만 그보다 앞서 보낸 편지는 그 보존의 중요성이 채 인식되기 전에 이미 잃어버렸을 것으로 여겨진다. 테살로니카 1·2서 사본들이 코린토에 보존되지 않았던 이유도 아마 같을 것이다.

편지들이 수집된 장소로 유력한 또 다른 장소는 에페소이지만 가능성은 매우 적다. 갈라티아서도 에페소에서 저술된 것으로 보이지만, 에페소에서 확실하게 저술된 것은 코린토 1서뿐이다. 로마서와 코린토 2서를 이루는 두 편지는 에페소와 무관하다.

2) 서간집 B

필리피와 테살로니카는 에그나티아 도로로 연결되어 있는 이웃 교회였다. 두 교회는 단지 165킬로미터 정도 떨어져 있을 뿐이다(Rossiter 1981, 562). 각 교회는 바오로에게서 각기 편지 세 통을 받았다. 그들이 받은 편지들을 필리피인들은 한 권으로 묶었고, 테살로니카인들은 두 권으로 나누어 묶었는데, 그 뒤 서로 편지를 교환하여 읽었던 것으로 보인다. 두 교회가 공유하던 선교 기풍을 볼 때 이런 식의 편지 교환은 매우 자연스러웠다. 바오로는 자신이 세운 교회들 가운데 이 두 교회만이 실제 삶으로 증언하는 교회로 여겼다(1테살 1,6-8; 필리 2,14-16).

필리피는 또한 소아시아 서쪽 해안에 위치한 교회들과도 교류했다. 155년경 순교한 스미르나의 주교 폴리카르푸스는 필리피에 있는 교회에 다음과 같은 편지를 썼다.

> "여러분과 이냐시오 모두 시리아로 가는 사람 중 우리가 보내는 편지와 함께 여러분이 전한 편지를 가져다 줄 수 있는 사람이 있는지 나에게 서면으로 문의하였습니다. 나는 이 일이 이루어지도록 신경 쓸 것입니다. 적절한 기회를 찾을 수만 있다면 내가 개인적으로 그 일을 하든지, 아니면 우리 양쪽 편을 위해 일할 수 있는 누군가를 보낼 것입니다. 나는 여러분이 요청한 대로 이냐시오의 편지를 여러분에게 보냅니다. 이는 이냐시오가 우리에게 써 보냈던 편지들과 우리가 갖고 있던 다른 편지 몇 통입니다"(*Phil* 13.1-2; Staniforth 1968, 149).

바오로의 편지들은 이 편지들에 비해 훨씬 더 높은 가치를 지니는 것으로 여겨졌다. 만약 이냐시오의 편지들이 이처럼 에게해를 넘나들며 서로 교환되었다면, 바오로의 편지들도 마찬가지였을 것이다.

에페소서의 저자가 콜로새서를 잘 알고 있었던 것은 분명해 보인다. 이 점에서 두 편지 역시 서로 밀접하게 연관되어 있다고 볼 수 있다. 콜로새는 에페소에서 180킬로미터 정도 떨어져 있다. 하지만 우리는 콜로새서가 어디서 쓰였는지는 알지 못한다. 대부분은 로마일 것이라고 보는데, 편지에 암시되어 있는 바에 따르면 에페소가 저술 장소로 추정된다. 특히 필레몬서 22절에서 바오로가 자신을 위해 콜로새에 숙소를 마련해 달라고 요청하는 것이 주목할 만하다. 콜로새는 바오로가 (에페소) 감옥에서 풀려난 뒤 처음 머물게 될 장소였던 것같다. 폴리카르푸스의 편지가 보여 주듯이, 마케도니아와 소아시아 서쪽 해안 간에 소식을 주고받는 일은 크게 어렵지 않았다. 스미르나는 날씨 좋은 날인 경우 에페소에서 북쪽으로 하루면 충분히 걸어갈 수 있는 거리에 위치해 있었다. 그리고 한 주간만 걸으면 트로아스까지 당도할 수 있었다(300킬로미터 가량). 이곳 트로아스에도 바오로가 세운 공동체가 있었는데(2코린 2,12-13), 거기서 배로 이틀이면 네아폴리스와 필리피에 당도할 수 있었다(사도 16,11-12). 따라서 테살로니카/필리피와 에페소 사이에 편지를 교환하는 것은 충분히 가능한 일이며, 또 있을 법한 이야기다. 서간집 작업이 북쪽에서 이루어졌는지, 혹은 남쪽에서 이루어졌는지는 알 수 없다. 왜냐하면 편지를 서로 교환하였다는 것은 양쪽 종착점 둘 다 활용 가능한 모든 편지를 가지고 있었음을 의미하기 때문이다.

3) 서간집 A와 B

부분 서간집 A와 B가 합쳐지는 과정은 두 가지 길을 통해 가능했을 것인데, 코린토-마케도니아 연결로나 코린토-에페소 연결로가 모두 가능하다.

바오로가 살아 있을 때도 그만이 코린토 교회와 그보다 북쪽, 동쪽에 있는 자매 교회들 사이의 유일한 접촉 창구는 아니었음이 분명하다. 코린토의 그리스도인들이 테살로니카를 방문한 뒤 바오로에게 그쪽 교회의 삶에 대한 찬사 가득한 소식을 전해 주지 않았더라면, 바오로는 테살로니카 사람들이 "마케도니아와 아카이아의 모든 신자에게 본보기"(1테살 1,7)가 되었다고 외칠 수 없었을 것이다. 또 어떤 신자는 감동을 받아 바오로 곁에 머물다가 나중에 예루살렘의 가난한 이들을 위한 모금 사업을 조직화하는 일을 돕도록 코린토로 되돌려 보내진 것으로 보인다(2코린 8,18; Murphy-O'Connor 1991b, 86). 에페소에서는 클로에 집안 사람들이 사업차 코린토를 왕래했는데(1코린 1,11), 그곳을 왕래하던 사람들이 그들뿐이 아니라는 점 또한 확실하다. 마찬가지로 코린토의 그리스도인들도 사업차 에페소를 왕래했었다고 보는 것 역시 그리 놀라운 일은 아니다.

만약 자신들이 보유하던 편지들을 편집하고 다른 편지들을 모으는 수고를 아끼지 않은 교회가 있었다면, 그 교회는 반드시 다른 교회 구성원들 앞에서 자신들이 행한 일에 침묵하지 않았을 것이다. 남들보다 자신이 뛰어나다는 것을 자랑하고 싶어 하는 유혹은 인간 본성 깊이 자리 잡고 있기 때문이다. 그런데 편지 모음과 관련된 경우 이런 우리의 교만은 두 가지 방식으로 합리화될 수 있었다. 왜냐하면 이로 인해 새로운 편지들이 모아졌으며, 서간집을 만들려고 하지 않던 다른 교회들도 서간집을 만들도록 자극하였을 것이기 때문이다. 편지를 계속 교환하게 되면 이에 참여한 양편 모두를 위해 서간집을 확장시키는 결과를 낳을 수밖에 없었을 것이다.

4) 서간집 C

이 지점에서 빅뱅 이론이 어떤 증거를 설명하지 않는지가 명백해진다. 다양한 순서는 부분 서간집들이 있었음을 보여 주며, 이 서간집들이 지리적 연결에 기인한 것이라고 생각하는 것은 개연성 있는 생각이다. 하지만 레이크 식의 진화 이론이 이치에 맞지 않는다는 점 또한 분명하다. 왜냐하면 부분 서간집들은 히브리서가 모습을 드러낸, 기원후 80년에서 90년 사이 어느 즈음에야 비로소 형성되었을 것이기 때문이다. 분명 바오로의 편지가 교환할 만한 가치를 지니는 것으로 인정받는 데는 시간이 걸렸을 것이다. 하지만 부분 서간집들이 이름을 알리기 시작했을 때 그 과정은 매우 빠르게 진행되었을 것이며, 이때 편지를 모으는 연락망은 가능한 한 넓게 펼쳐졌을 것이다.

이 단계에서 개인에게 보내진 편지들도 포함시킬 수밖에 없었다. 에페소는 이때 아홉 통의 편지를 모은 서간집을 가지고 있던 것으로 보인다. 우리는 여기에 에페소의 주교였던 오네시모스가 필레몬서를 덧붙였으며, 이것이 사목서간 세 편을 첨가시키는 계기가 되었다는 녹스의 가설을 기억한다. 하지만 구트리가 지적하듯이 이것이 유일한 가능성은 아니다(Guthrie 1966, 268).

1티모 1,3에 따르면, 티모테오 역시 에페소의 주교였고, 그도 귀중한 편지 하나를 소장하고 있었는데, 내 생각으로 그 편지는 티모테오 2서였을 것이다. 하지만 티모테오는 바오로가 살아 있는 동안 에페소를 떠났을 가능성이 높아 보인다. 그는 훌륭한 조력자이기는 했지만 교회 지도자로서는 그다지 성공적이지 못했던 것으로 보였기 때문에, 바오로는 그가 에페소를 빨리 떠나기를 바랐다(2티모 4,9.21; Prior 1989, 155, 165). 티모테오를 바오로 편지 서간집의 편집자로 가정하는 데서 오는 또 다른 어려움은 바오로 친서가 아닌 티모테오 1서와 티토서를 서간집에 포함시킨 사실이다. 그가 그것들의 저자가 아닌 한, 그 편지들을 받아들였을 가능성은 희박하다.

티모테오를 제외하게 되면 오네시모스가 바오로 편지 전체를 수집해 오늘날과 같은 완전한 서간집을 만든 유일한 후보라는 점이 더욱 강하게 드러난다. 게다가 오네시모스의 역할은 필레몬서가 이 서간집에 왜 포함되었는지를 설명하는 데 필수적이다. 오네시모스는 티모테오 1서와 티토서를 포함시키는 데서도 큰 어려움이 없었다. 왜냐하면 에페소 사람들은 티모테오가 자신들 가운데서 물러나게 만든 편지인 티모테오 2서를 알고 있었고, 다른 두 편지는 표면적으로 티모테오 2서와 비슷해 보였기 때문이다. 하지만 오네시모스가 이 두 편지를 어떻게 알게 되었는지는 여전히 해명되지 않는 질문이다. 티모테오가 티모테오 2서를 에페소에서 잃어버렸을 것으로 보이지는 않는다. 또한 그곳 공동체가 티모테오에게 편지를 필사해 달라고 요구했을 것 같지도 않다. 우리가 살펴보았듯이, 사도 바오로의 편지들을 보존하는 것에 대한 관심은 바오로가 죽은 뒤에서야 비로소 커지기 시작했기 때문이다.

약어 목록

AB	Anchor Bible
AJ	Josephus, *Antiquities of the Jews*
ATR	*Anglican Theological Review*
Att	Cicero, *Letters to Atticus*
AusBR	*Australian Biblical Review*
AUSS	*Andrews University Seminary Studies*
BAGD	W. Bauer, W. F. Arndt, F. W. Gingrich, and F. W. Danker, *A Greek-English Lexicon of the New Testament and Other Early Christian Literature*. Chicago: University of Chicago, 1979
BDF	F. Blass, A. Debrunner, and R. W. Funk, *A Greek Grammar of the New Testament and Other Early Christian Literature*. Chicago: University of Chicago, 1961
BETL	Bibliotheca Ephemeridum Theologicarum Lovaniensium
BFCT	Beiträge zur Förderung christlicher Theologie
BHT	Beiträge zur historischen Theologie
BT	*The Bible Translator*
BZNW	Beihefte zur Zeitschrift für die neutestamentliche Wissenschaft
CBQ	*Catholic Biblical Quarterly*

CNT	Commentaire du Nouveau Testament
DBS	Dictionnaire de la Bible: Supplément
EBib	Etudes Bibliques
ExpTim	*Expository Times*
Fam	*Cicero, Letters to His Friends*
HNT	Handbuch zum Neuen Testament
HNTC	Harper's New Testament Commentaries
HTKNT	Herders theologischer Kommentar zum Neuen Testament
HTR	*Harvard Theological Review*
ICC	International Critical Commentary
JBL	*Journal of Biblical Literature*
JSNTSup	Journal for the Study of the New Testament, Supplements
JSOT	*Journal for the Study of the Old Testament*
JTS	*Journal of Theological Studies*
LCL	Loeb Classical Library
LSJ	H. G. Liddell, R. Scott, and H. S. Jones, *A Greek-English Lexicon*. Oxford: Clarendon, 1966.
MeyerK	H. A. W. Meyer, ed., Kritisch-exegetischer Kommentar über das Neue Testament
MRB	Monographische Reihe von 'Benedictina'
NICNT	New International Commentary on the New Testament
NJBC	New Jerome Biblical Commentary
NovT	*Novum Testamentum*
NovTSup	Novum Testament, Supplements
NTOA	Novum Testament et Orbis Antiquus
NTS	*New Testament Studies*

PW	S. Wissowa (ed.) *Paulys Real Enclopädie der classischen Aeterkumswissenschaft*
QFr	Cicero, *Letters to His Brother Quintus*
RB	*Revue Biblique*
RHPR	*Revue d'Histoire et de Philosophie Religieuses*
SBLDS	Society of Biblical Literature, Dissertation Series
SD	Studies and Documents
TDNT	G. Kittel and G. Friedrich, eds., *Theological Dictionary of the New Testament*
THKNT	Theologischer Handkommentar zum Neuen Testament
WBC	Word Biblical Commentary
WUNT	Wissenschaftliche Untersuchungen zum Neuen Testament
ZNW	*Zeitschrift für die neutestamentliche Wissenschaft*
ZSTh	*Zeitschrift für systematische Theologie*

참고 문헌

Abbott, T. K. (1897). *A Critical and Exegetical Commentary on the Epistles to the Ephesians and to the Colossians*. ICC. Edinburgh: Clark.

Achard, G., trans. (1989). *Rhétorique à Herennius*. Budé. Paris: Belles Lettres.

Aletti, J.-N. (1990). "La présence d'un modèle rhétorique en Romains: Son rôle et son importance." *Biblica* 71, 1-24.

_____. (1991). *Comment Dieu est-il juste? Clefs pour interpréter l'épitre aux Romains*. Parole de Dieu. Paris: Seuil.

_____. (1992). "La dispositio rhétorique dans les épîtres pauliniennes: proposition de méthode." *NTS* 38, 385-401.

_____. (1993). *Saint Paul. Epitre aux Colossiens*. EBib. Paris: Gabalda.

Allo, E.-B. (1956). *Saint Paul. Seconde Épitre aux Corinthiens* EBib. Paris: Gabalda.

Anderson, C. P. (1966). "The Epistle to the Hebrews and the Pauline Letter Collection." *HTR* 69, 429-438.

Archer, R. L. (1951-52). "The Epistolary Form in the New Testament." *ExpTim* 63, 296-298.

Askwith, E. H. (1911). " 'I' and 'We' in the Thessalonian Epistles." *Expositor* 8th series, 1, 149-159.

Audet, J.-P. (1958). "Esquisse historique du genre littéraire de la 'Bénédiction' juive et de l'"Eucharistie' chrétienne." *RB* 65, 71-99.

Aune, D. E. (1977). *The New Testament in Its Literary Environment.* Library of Early Christianity. Philadelphia: Westminster.

Bachmann, M. (1991). *Sünder oder Übertreter. Studien zur Argumentation in Gal 2, 15ff.* WUNT 59. Tübingen: Mohr.

Bahr, G. J. (1966). "Paul and Letter Writing in the First Century." *CBQ* 28, 465-477.

_____. (1968). "The Subscriptions in the Pauline Letters." *JBL* 87, 27-41.

Bailey, C., trans. (1926). *Epicurus, the Extant Remains.* Oxford: Oxford University Press.

Bailey, D.R.S. (1971). *Cicero.* London: Duckworth.

_____. trans. (1982). Cicero, *Selected Letters.* London: Penguin.

Barclay, W. (1960-1961). "Hellenistic Thought in New Testament Times: The Way of Tranquillity; The Epicureans." *ExpTim* 72, 78-81, 101-104, 1461-49.

Barnett, A. E. (1941). *Paul Becomes A Literary Influence.* Chicago: University of Chicago Press.

Barrett. C. K. (1968). *The First Epistle to the Corinthians.* HNTC. New York: Harper & Row.

_____. (1973). *The Second Epistle to the Corinthians.* HNTC. New York: Harper & Row.

_____. (1987). *The New Testament Background: Selected Documents.* Rev. ed. San Francisco: Harper & Row.

Barth, M. (1984). "Traditions in Ephesians." *NTS* 30, 3-25.

Baumert, N. (1973). *Täglich sterben und auferstehen. Der Literalsinn von 2 Kor 4, 12-5.10.* Studien zum Alten und Neuen Testament 24.

München: Kosel.

Benoit, P., J. T. Milik, and R. de Vaux. (1961). *Les grottes de Murabba'at. Discoveries in the Judean Desert 2*. Oxford: Clarendon.

Berger, K. (1974). "Apostelbrief und apostolische Rede / Zum Formular frühchristlicher Briefe." *ZNW* 65, 190-231.

Betz, H. D. (1979). *Galatians. A Commentary on Paul's Letter to the Churches in Galatia*. Hermeneia. Philadelphia: Fortress.

_____. (1985). *2 Corinthians 8 and 9. A Commentary on Two Administrative Letters of the Apostle Paul*. Hermeneia. Philadelphia: Fortress.

Bjerkelund, C. J. (1967). *Parakalo: Form, Funktion und Sinn der Parakalo-Sätze in den paulinischen Briefen*. Oslo: Universitetsforlaget.

Bligh, J. (1969). *Galatians. A Discussion of St. Paul's Epistle*. London: St Paul's Publications.

Boers, H. (1975). "The Form-Critical Study of Paul's Letters: 1 Thessalonians as a Case Study." *NTS* 22, 140-158.

Bruce, F. F. (1982). *1 & 2 Thessalonians*. WBC 45. Waco, Tex.: Word Books.

Brunot, A. (1955). *Le génie littéraire de saint Paul*. Lectio divina 15. Paris: Cerf.

Bultmann, R. (1976). *Der zweite Brief an die Korinther*. MeyerK; ed. E. Dinkler. Göttingen: Vandenhoeck & Ruprecht.

Bünker, M. (1984). *Briefformular und rhetorische Disposition im 1. Korintherbrief*. Göttingen: Vandenhoeck & Ruprecht.

Butler, H. E., trans. (1920-1922). Quintilian, *Intitutio Oratoria*. LCL. Cambridge: Harvard.

Canfield, C.E.B. (1982). "Changes of Person and Number in Paul's Epistles." *Paul and Paulinism. Essays in honour of C. K. Barrett.* Eds. M. D. Hooker and S. G. Wilson. London: SPCK.

Caplan, H., trans. *Rhetorica ad Herennium.* LCL. Cambridge: Harvard.

Carrez, M. (1980). "Le 'nous' en 2 Corinthiens. Paul parle-t-il au nom de toute la communauté, de groupe apostolique, de l'équipe ministérielle ou en son nom personnel? Contribution à l'étude de l'apostolicité dans 2 Corinthiens." *NTS* 26, 474-486.

Church, F. F. (1978). "Rhetorical Structure and Design in Paul's Letter to Philemon." *HTR* 71, 17-33.

Clabeaux, J. J. (1992). "Marcionite Prologues to Paul." *Anchor Bible Dictionary* 4:520-21. New York: Doubleday.

Conzemann, H. (1975). *1 Corinthians.* Hermeneia. Philadelphia: Fortress.

Dahl, N. H. (1962). "The Particularity of the Pauline Epistles as a Problem in the Ancient Church." *Neotestamentica et Patristica.* NovTSup 6, 261-271. Leiden: Brill.

Deissmann, A. (1901). *Bible Studies. Contributions Chiefly from Papyri and Inscriptions to the History of the Language, the Literature, and the Religion of Hellenistic Judaism and Primitive Christianity.* Edinburgh: Clark.

Doschütz, E. von. (1933). "Wir und Ich bei Paulus." *ZSTh* 10, 251-277.

Doughty, D. J. (1972-1973). "The Priority of Charis. An Investigation of the Theological Language of Paul." *NTS* 19, 163-180.

Dunn, J.D.G. (1988). *Romans.* WBC 38. Dallas: Word Books, 1988.

Elliott, J. K. (1981). "The Language and Style of the Concluding Doxology at the end of Romans." *ZNW* 72, 124-130.

Ellis, E. E. (1978). *Prophecy and Hermeneutic in Early Christianity.* New Testament Essays. WUNT 18. Tübingen: Mohr.

_____.(1986). "Traditions in 1 Corinthians." *NTS* 32, 481-502.

Eschlimann, J.-A. (1946). "La rédaction des épitres Pauliniennes d'après une comparaison avec le lettres profanes de son temps." *RB* 53, 185-196.

Fee, G. D. (1987). *The First Epistle to the Corinthians.* NICNT. Grand Rapids: Eerdmans.

Finegan, J. (1956). "The Original Form of the Pauline Collection." *HTR* 49, 85-103.

Forbes, C. (1986). "Comparison, Self-Praise, and Irony: Paul's Boasting and the Conventions of Hellenistic Rhetoric." *NTS* 32, 1-30.

Forbes, R. J. (1955). *Studies in Ancient Technology.* Vol. 3. Leiden: Brill.

Frame, J. E. (1912). *A Critical and Exegetical Commentary on the Epistle of St. Paul to the Thessalonians.* ICC. Edinburgh: Clark.

Francis, F. O. and J. P. Sampley. (1975). *Pauline Parallels.* Sources for Biblical Study 9. Philadelphia: Fortress; Missoula: Scholars Press.

Funk, R. W. (1967). "The Apostolic *Parousia*: Form and Function." *Christian History and Interpretation: Studies Presented to John Knox.* Ed. W. R. Farmer and others, 249-268. Cambridge: Cambridge University Press.

Furnish, V. P. (1984). *II Corinthians.* AB 32A. Garden City: Doubleday.

Gamble, H. (1975). "The Redaction of the Pauline Letters and the Formation of the Pauline Corpus." *JBL* 94, 403-418.

_____. (1977). *The Textual History of the Letter to the Romans. A Study in Textual and Literary Criticism.* SD 42. Grand Rapids: Eerdmans.

Gnilka, J. (1968). *Der Philipperbrief.* HTKNT 10/3. Freiburg: Herder.

Goodspeed, E. J. (1927). *New Solutions of New Testament Problems.*

Chicago: University of Chicago Press.

_____. (1933). *The Meaning of Ephesians.* Chicago: University of Chicago Press.

_____. (1945). "The Editio Princeps of Paul." *JBL* 64, 193-204.

Graux, C. (1978). "Nouvelles recherches sur la stichométrie." *Revue de Philologie* 2, 97-143.

Gummere, R. M. trans. Seneca. (1953). *Ad Lucilium epistulae morales.* LCL. Cambridge: Harvard.

Guthrie, D. (1966). *New Testament Introduction. The Pauline Epistles.* London: Tyndale.

Hall, R. G. (1987). "The Rhetorical Outline for Galatians: A Reconsideration." *JBL* 106, 277-287.

Harnack, A. von. (1926). *Die Briefsammlung des Apostels Paulus und die anderen vorkonstantinischen christlichen Briefsammlungen.* Leipzig: Hinrich.

_____.(1928). "*Kopos (kopian, hoi kipióntes)* im früchristlichen Sprachgebrauch." *ZNW* 27, 1-10.

Harris, R. (1893). *Stichometry.* London.

Hatch, W. H. P. (1936). "The Position of Hebrews in the Canon of the New Testament." *HTR* 29, 133-151.

Héring, J. (1949). *La première épitre de saint Paul aux Corinthiens.* CNT 7. Neuchatel and Paris: Delachaux & Niestlé.

Hofmann, K.-M. (1938). *Philema Hagion.* BFCT 2. Gütersloh: Mohn.

Hughes, F. W. (1989). *Early Christian Rhetoric and 2 Thessalonians.* JSNTSup 30. Sheffield: JSOT Press.

Hunter, A. M. (1961). *Paul and his Predecessors.* 2d ed. London: SCM

Press.

Jay, P., trans. (1981). *The Greek Anthology and other Ancient Epigrams*. London: Penguin.

Jeremias, J. (1958). "Chiasmus in den Paulusbriefen." *ZNW* 49, 145-156.

Jewett, R. (1969). "The Form and Function of the Homiletic Benediction." *ATR* 51, 18-34.

_____. (1970). "The Epistolary Thanksgiving and the Integrity of Philippians." *NovT* 12, 40-53.

_____. (1986). *The Thessalonian Correspondence. Pauline Rhetoric and Millenarian Piety. Foundations & Facets:* NT. Philadelphia: Fortress.

_____. (1986). "Following the Argument of Romans." *Word-World* 6 382-389.

Kennedy, G. A. (1963). *The Art of Persuasion in Greece*. London: Longman, 1963.

_____. (1972). *The Art of Rhetoric in the Roman World*. Princeton: Princeton University Press.

_____. (1984). *New Testament Interpretation through Rhetorical Criticism*. Chapel Hill and London: University of North Carolina Press.

Ker, W. C. A. trans. Martial. (1919-1920). *Epigrams*. LCL. New York: Putnam.

Klauck, H.-J. (1984). *1. Korintherbrief*. Neue Echter Bible 7. Wurzburg: Echter.

_____. (1986). *2. Korintherbrief*. Neue Echter Bible 8. Wurzburg: Echter.

Knox, J. (1935). *Philemon Among the Letters of Paul. A New View of Its Place and Importance*. Reprinted 1959. New York and Nashville: Abingdon Press.

Koskenniemi, H. (1956). *Studies zur Idee und Phraseologie des griechischen Briefes bis 400 n. Chr.* Helsinki: Akateeminen Kirjakauppa.

Lake, K. (1911). *The Earlier Epistles of St. Paul.* London: Rivingtons.

Lampe, P. (1992). "Aquila," *Anchor Bible Dictionary* 1:319-320. New York: Doubleday.

Lawson-Tancred, H., trans. Aristotle. (1991). *The Art of Rhetoric.* London. Penguin.

Lietzmann, H. (1949). *An die Korinther I-II.* HNT 9. Tübingen: Mohr.

Lincoln, A. T. (1990). *Ephesians.* WBC 42. Dallas: Word Books.

Lindemann, A. (1979). *Paulus im ältesten Christentum.* BHT 58. Tübingen: Mohr.

Lofthouse, W. F. (1946-1947). "Singular and Plural in St. Paul's Letters." *ExpTim* 58, 179-82.

_____. (1952-1953). " 'I' and 'We' in the Pauline Letters." *ExpTim* 64, 241-245.

_____. (1955). " 'I' and 'We' in the Pauline Epistles." *BT* 6, 72-80.

Lohr, C. H. (1961). "Oral Techniques in the Gospel of Matthew." *CBQ* 23, 403-435.

Lohse, E. (1968). *Die Briefe an die Kolosser und an Philemon.* MeyerK. Göttingen: Vanderhoeck & Ruprecht.

Longenecker, R. N. (1990). *Galatians.* WBC 41. Dallas: Word Books.

Lund, N. W. (1942). *Chiasmus in the New Testament. A Study in Formgeschichte.* Chapel Hill: University of North Carolina.

Lyons, G. (1985). *Pauline Autobiography: Towards a New Understanding.* SBLDS 73. Atlanta: Scholars Press.

Mack, B. L. (1990). *Rhetoric and the New Testament.* Minneapolis: Fortress.

Malherbe, A. (1977). "Ancient Epistolary Theorists." *Ohio Journal of Religious Studies* 5, 3-77.

Marchand, J. W. (1956). "Gothic Evidence for 'Euthalian Matter.'" *HTR* 49, 159-167.

Martin, R. P. (1986). *2 Corinthians*. WBC 40. Waco, Tex.: Word Books.

Merklein, H. (1992). *Der erste Brief an die Korinther. Kapitel 1-4.* Ökumenischer Taschenbuchkommentar zum Neuen Testament 7/1. Gütersloh: Mohn; Würzburg: Echter.

Milik, J. (1953). "Une lettre de Siméon Bar Kokheba." *RB* 60, 276-294.

Mitchell, M. (1991). *Paul and the Rhetoric of Reconciliation. An Exegetical Investigation of the Language and Composition of 1 Corinthians*. Hermeneutische Untersuchungen zür Theologie 28. Tübingen: Mohr.

Mitteis, L. (1908). *Romisches Privatrecht bis auf die Zeit Diokletians*. Leipzig: Duncket & Humbolt.

Mitton, C. L. (1955). *The Formation of the Pauline Corpus of Letters*. London: Epworth.

Mullins, T. Y. (1963). "Petition as a Literary Form." *NovT* 5, 46-64.

_____. (1964). "Disclosure as a Literary Form in the New Testament." *NovT* 7, 44-50.

_____. (1968). "Greeting as a New Testament Form." *JBL* 87, 418-426.

_____. (1972). "Formulas in New Testament Epistles." *JBL* 91, 380-390.

_____. (1972-1973). "Ascription as a Literary Form." *NTS* 19, 194-205.

_____. (1973). "Visit Talk in New Testament Letters." *CBQ* 35, 350-358.

_____. (1977). "Benediction as a New Testament Form." *AUSS* 15, 59-64.

Murphy-O'Connor, J. (1964). *Paul on Preaching*. New York: Sheed &

Ward.

_____. (1966). "Paul: Philippiens (Épitre aux)." DBS 7. Paris: Letouzey & Ane, 1211-1233.

_____. (1979). "Food and Spiritual Gifts in 1 Cor 8:8." *CBQ* 41, 292-298.

_____. (1982). *Becoming Human Together. The Pastoral Anthropology of Saint Paul*. Good News Studies 2. Wilmington, Del.: Michael Glazier.

_____. (1986). "Interpolations in 1 Corinthians." *CBQ* 48, 81-94.

_____. (1986). "Pneumatikoi and Judaizers in 2 Cor 2:14-4:6." *AusBR* 34, 42-58.

_____. (1988). "Philo and 2 Cor 6:14-7:1." *RB* 95, 55-69.

_____. (1990). "The Second Letter to the Corinthians." NJBC 50. Englewood Cliffs, N.J.: Prentice Hall, 816-829.

_____. (1991). "2 Timothy Contrasted with 1 Timothy and Titus." *RB* 98, 403-418.

_____. (1991). *The Theology of the Second Letter to the Corinthians*. NT Theology. Cambridge: Cambridge University Press.

_____. (1992). *St. Paul's Corinth. Texts and Archaeology*. Good News Studies 6; 2d ed. expanded. Collegeville, Minn.: The Liturgical Press.

O'Brien, P. T. (1977). *Introductory Thanksgivings in the Letters of Paul*. NovTSup 49. Leiden: Brill.

_____. (1987). "Ephesians 1: An Unusual Introduction to a New Testament Letter." *NTS* 25, 504-516.

Olson, S. (1984). "Epistolary Uses of Expressions of Self-Confidence." *JBL* 103, 585-597.

_____. (1985). "Pauline Expressions of Confidence in His Addressees."

CBQ 47, 282-295.

Paton, W. R. trans. (1939). *The Greek Anthology*. LCL. Cambridge: Harvard.

Pearson, B. A. (1971). "1 Thessalonians 2:13-16: A Deutero-Pauline Interpolation." *HTR* 64, 79-94.

Perrin, B., trans. Plutarch. (1967-70). *The Parallel Lives*. LCL. Cambridge: Harvard.

Pesch, R. (1986). *Paulus ringt um die Lebensform der Kirche. Vier Briefe an die Gemeinde Gottes in Korinth*. Freiburg: Herder.

Plummer, A. (1915). *A Critical and Exegetical Commentary on the Second Epistle of St. Paul to the Corinthinans*. ICC. Edinburgh: Clark.

Prior, M. (1989). *Paul the Letter-Writer and the Second Letter to Timothy*. JSNTSup 23. Sheffield: JSOT Press.

Probst, H. (1991). *Paulus und der Brief. Die Rhetorik des antiken Briefes als Form der paulinischen Korintherkorrespondenz(1Kor 8-10)*. WUNT 2/45. Tübingen: Mohr.

Prümm. K. (I960). *Diakonia Pneumatos. Der zweite Korintherbrief als Zugang zur apostolischen Botschaft*. Vol. 2/1. Rome: Herder.

Rackham, H., trans. Pliny. (1944). *Natural History*. LCL. Cambridge: Harvard.

Radice, B., trans. Pliny. (1969). *Letters and Panegyricus*. LCL. Cambridge: Harvard.

Rawson, E. (1975). *Cicero*. London: Penguin.

Refoule, F. (1990). "A contre-courant Rom 16, 3-16." *RHPR* 70,409-420.

Richards. E. Randolph. (1991). *The Secretary in the Letters of Paul*. WUNT 2/42. Tübingen: Mohr.

Rieu, E. V., trans. Homer. (1963). *The Iliad*. London: Penguin.

Roberts, C. H., and T. C. Skeat. (1983). *The Birth of the Codex*. 2d ed. London: Oxford University Press.

Roberts, J. H. (1986). "Pauline Transitions to the Letter Body.", In *L'apôtre Paul. Personnalité, style et conception du ministère*. BETL 73, ed. A. Vanhoye. Leuven: Peeters.

Robinson, J.A.T. (1962). *Twelve New Testament Studies*. Studies in Biblical Theology 34. London: SCM Press.

Robinson, J. M. (1964). "Die Hodajor-Formel in Gebet und Hymnus des Fruhchristentums." *Apophoreta: Festschrift für Ernst Haenchen*. Ed. W. Eltester and F. H. Kettler. Berlin: Töpelmann.

Roetzel, C. (1969). "The Judgement Form in Paul's Letters." *JBL* 88, 305-312.

Rolfe, J. C. trans. Suetonius. (1979). *Lives of the Caesars*. LCL. Cambridge: Harvard.

Roller, O. (1933). *Das Formular der paulinischen Briefe. Ein Beitrag zur Lehre vom antiken Briefe*. Stuttgart: Kohlhammer.

Rossiter, S. (1981). *Greece*. Blue Guide, 4th ed. London: Benn.

Sanders, J. T. (1962). "The Transition of Opening Epistolary Thanksgiving to the Body in Letters of the Pauline Corpus." *JBL* 81, 348-362.

_____. (1966). "First Corinthians 13. Its *Interpretation* since the First World War." Interpretation 20, 159-187.

Sass, C. (1941). "Zur Bedeutung von *doulos* bei Paulus." *ZNW* 40, 24-32.

Schenke, H.-M. (1975). "Die Weiterwirken des Paulus und die Pflege seines Erbs durch die Paulusschule." *NTS* 21, 505-518.

Schlier, H. (1962). *Der Brief an die Galater*. MeyerK. Göttingen:

Vandenhoeck & Ruprecht.

Schmithals, W. (1964). "Die Thessalonischerbriefe als Briefcompositionen." *Zeit und Geschichte: Dankesgabe an Rudolf Bultmann.* Ed. E. Dinkler, 295-315. Tübingen: Mohr.

_____. (1972). "On the Composition and Earliest Collection of the Major Epistles of Paul." In idem, *Paul and the Gnostics.* Nashville: Abingdon.

Schnider, F., and W. Stenger. (1987). *Studien zum neutestamentlichen Briefformular.* New Testament Tools and Studies 11. Leiden: Brill.

Schubert, P. (1939). *Form and Function of the Pauline Thanksgivings.* BZNW 20. Berlin: Topelmann.

Skeat, T. C. (1979). "Especially the Parchments: A Note on 2 Timothy IV.13." *JTS* 30, 172-177.

Smit, J. (1989). "The Letter of Paul to the Galatians: A Deliberative Speech." *NTS* 35, 1-26.

Smith, R. F. (1981). "Chiasm in Sumero-Akkadian." *Chiasmus in Antiquity. Structures, Analyses, Exegesis.* Ed. J. W. Welch, 17-35. Hildesheim: Gerstenberg Verlag.

Spicq, C. (1969). *Saint Paul, Les Epitres Pastorales.* EBib; 2d ed. Paris: Gabalda.

Standaert, B. (1978). *L'évangile selon Marc. Composition et genre littéraire.* Nijmegen: Stichting Studentenpers.

_____. (1983). "Analyse rhétorique de chapitres 12 à 14 de 1 Co." *Charisma und Agape (1 Ko 12-14)*, MRB 7. Ed. L. De Lorenzi, 23-34. Rome: St. Paul's Abbey.

_____. (1986). "La rhétorique ancienne dans saint Paul." *L'apôtre Paul.*

Personnalité, style et conception du ministère, BETL 73. Ed. A. Vanhoye, 78-92. Leuven: Peeters, 1986.

Staniforth, M., trans. (1968). *Early Christian Writings. The Apostolic Fathers.* London: Penguin.

Stowers, S. K. (1986). *Letter-Writing in Greco-Roman Antiquity*. Library of Early Christianity 5. Philadelphia: Westminster.

_____. (1985). Review of Betz, 1985 *JBL* 106 (1987) 727-730.

Taatz, I. (1991). *Frühjüdische Briefe. Die paulinischen Briefe im Rahmen der offiziellen religiösen Briefe des Frühjudentums.* NTOA 16. Freiburg: Universitätsverlag; Göttingen: Vandenhoeck & Ruprecht.

Trobisch, D. (1989). *Die Entstehung der Paulusbriefsammlung.* NTOA 10. Freiburg: Universitätsverlag; Göttingen: Vandenhoeck & Ruprecht.

Vaux, R. de. (1973). *Archaeology and the Dead Sea Scrolls.* London: Oxford University Press for the British Academy.

Vouga, F. (1988). "Zur rhetorischen Gattung des Galaterbriefes." *ZNW* 79, 291-292.

Watson, D. F. (1988). "A Rhetorical Analysis of Philippians and its Implications for the Unity Question." *NovT* 30, 57-88.

_____. (1989). "1 Corinthians 10:23-11:1 in the Light of Greco-Roman Rhetoric: The Role of Rhetorical Questions." *JBL* 108, 301-318.

Weichert, V. (1910). *Demetrii et Libanii qui ferunter TYPOI EPISTOLIKOI et EPISTOLIMAIOI CHARACTERES.* Leipzig: Teubner.

Weiss, J. (1910). *Der erste Korintherbrief,* MeyerK. Göttingen: Vandenhoeck & Ruprecht.

Welch, J. W. (1981). "Chiasmus in the New Testament." *Chiasmus in*

Antiquity. *Structures, Analyses, Exegesis*. Ed. J. W. Welch, 211-249. Hildesheim: Gerstenberg.

_____. "Chiasmus in Ancient Greek and Latin Literatures." *Chiasmus in Antiquity*, 250-268.

Westermann, W. L. (1928). "On Inland Transportation and Communication in Antiquity." *Political Science Quarterly* 43, 364-387.

White, J. L. (1971). "Introductory Formulae in the Body of the Pauline Letter." *JBL* 90, 91-97.

_____. (1972). *The Body of the Greek Letter*. SBLDS 2. Cambridge, Mass.: Society of Biblical Literature, 1972.

_____. (1984). "New Testament Epistolary Literature in the Framework of Ancient Epistolography." *Aufstieg und Niedergang der römischen Welt*, 2.25.2, 1730-1756. Berlin: de Gruyter.

_____. (1986). *Light from Ancient Letters*. Foundations & Facets: NT. Philadelphia: Fortress.

Widman, M. (1979). "1 Kor 2:6-16. Ein Einspruch gegen Paulus." *ZNW* 70, 44-53.

Williams, W. G., trans. (1926-1929). Cicero, *Letters to His Friends*. LCL. Cambridge: Harvard.

_____. (1953). Cicero, *Letters to His Brother Quintus*. LCL. Cambridge: Harvard.

Windisch, H. (1924). *Der zweite Korintherbrief*. MeyerK. Göttingen: Vandenhoeck & Ruprecht.

Winstedt, E. O., trans. (1912-1918). Cicero, *Letters to Atticus*. LCL. Cambridge: Harvard.

Wolff, C. (1989). *Der zweite Brief des Paulus an die Korinther*. THKNT 8.

Berlin: Evangelische Verlaganstalt.

Wuellner, W. H. (1976). "Paul's Rhetoric of Argumentation in Romans: An Alternative to the Donfried-Karris Debate over Romans." *CBQ* 36, 330-351.

_____. (1979). "Greek Rhetoric and Pauline Argumentation." *Early Christian Literature and the Classical Tradition*. Ed. W. R. Schoedel & R. L. Wilken, 177-188. Paris: Editions Beauchesne.

_____. (1986). "Paul as Pastor. The Function of Rhetorical Questions in First Corinthians." *L'apôtre Paul. Personnalité, style et conception du ministère*, BETL 73. Ed. A. Vanhoye, 49-77. Leuven: Peeters, 1986.

_____. (1987). "Where is Rhetorical Criticism Taking Us?" *CBQ* 49, 448-463.

찾아보기

고전문학

키케로

《아티쿠스에게 보낸 편지》

1:13.1	94
1:18	102
2:8.1	94
2:12.4	93
2:14	102
2:23.1	
3:3	102
4:5	236
4:8	236
4:16.1	
5:17.1	
5:20.9	
6:6.4	
11:2.4	42
11:5	42, 49
12:28-29	180
13:6.3	38
13:25.3	29
13:28.4	245
13:29.1	245

《동생 퀸투스에게 보낸 편지》

2:15.1	15
3	180
3:1.8	93
3:1.17	248
3:1.19	248

《친구들에게 보낸 편지》

7:14-15	107
8:1.1	44
8:12.4	94
9:15.1	91
9:26.1	37
10:28.1	38
11:20.4	95

12:4.1	38
14:5	46
14:7	46
14:14	46
14:18	46
15:9.3	246
16:1,2,3,4,5,6,7,9,46	
16:11	46
16:17.1	40

디오 크리소스토모스
《담론 (Discourses)》

37:36	96

그리스어 선집
(Greek Anthology)

6:63	17
6:65	16
6:227	17
6:295	

호메로스
《일리아스》

4:299	197

마르티알리스
《경구 (Epigrams)》

14:7	88
14:38	18
14:208	31

파피루스들

P46	265, 266, 271, 272, 273, 275

BGU

2:423	130

PColZen

1:6	95

PLond

42	95, 132

PMich

8:490	95
8:499	94

PMur

164	35

POxy
1:264	243
1:724	37
2:300	219
4:746	218

PRyl
2:231	219

UPZ
1:66	244

플라톤
《파이돈》
264C	196

대 플리니우스
《박물지》
7:91	
13:68-83	20-21
16:157	

소 플리니우스
《편지들》
3:5.15	39
3:5.17	39
9:36.2	33

플루타르코스
《소小 카토 (*Cato Minor*)》
23:3-5	34
23:5	30

위 데메트리우스
《서간 유형들 (*Typoi Epistolikoi*)》
4:5-11	214

위 리바니우스
《편지의 특징 (*Epistolimaioi Charactēres*)》
15:17-16.1	214

퀸틸리아누스
《연설가 교육론 *Institutio Oratoria*)》
2:13.1-7	193
2:13.15	191
3:3.1	164

3:4.3	156		수에토니우스	
3:4.12-15	151		《아우구스투스》	
3:6.59	163		49	90
3:9.1	152			
4:4.1	188		타키투스	
4:4.5-7	189		《역사》	
5:12.14	197		5:5.2	138
9:3.85	206			
10:3.19-20	32			
10:3.20	29		**신약성경**	

《헤렌니우스를 위한 수사학 (Rhetorica ad Herennium)》			사도행전	
3:10.18	196		18,2-3	48
3:16	188		18,17	61
4:39	206		23,26	107

세네카			로마서	
《윤리 서간》			1-16	174-175
40:1	106		1,1-7	108,115,125
73:1	103		1,3-4	87
85:1	103		1,8-15	135
88:1	103		1,8	146
90:25	31		4,25	87
			5,1-8,39	190

8,34	87		15,3-5	87
9,6-29	205, 207		16,19-24	226-241
10,8-9	87		16,19	47
15,33-16,24	225-241		16,21	230,247
16,17-20	249			
16,21-23	229,248		**코린토 2서**	
16,22	24		1-7	158,159, 179,180,211
코린토 1서			1-8	27
1-16	175,182-183		1-9	66,75,77, 79,82,84, 96,142,212
1,1-3	109,115,125			
1,1	52			
1,4-9	175		1,1-2	108,115,125
1,4	52		1,3.11	140
1,18-31	55,59-61,76		1,3-14	67
2,1-5	60,61,74		1,15-17	67
2,6-16	55-60,76		1,18-22	67
3,1-4	60, 74		1,23-2,13	67
5-6	182,209-211		2,4	82,279
5,9	96,141,279		2,14-7,2	67,71,82
7,20-24	203		5,11	74
11,23-25	87		5,14	162
12-14	144,190		6,13	74
14,22	203		6,14-7,1	179

7,3-12	67
7,6-7	48
7,13-8,7	67
8-9	158,179,180
8,6	47,97
8,7	69
8,8-15	67, 69
8,16-24	67
9,1-15	67, 69
9,1	27, 67
9,4	55-70
9,7	69
10-13	75-76,84, 97, 158-159,247
10,12-18	76
13,11-14	220-242

갈라티아서

1-6	78,87,175, 176,194
1-2	
1,1-5	175
1,3-4	87
1,6	139
1,12-2,14	158,175-176
1,13-2,10	194,199-200
2,14-21	110, 176
4,1-7	194, 204
5,1-6,10	157, 175, 176
5,11-6,11	194,199
5,19-21	87
6,11	25
6,11-18	70,175,176, 247

에페소서

1,1-2	108,115,125
1,15-19	135,142
5,14	87
6,23-24	220-242

필리피서

1-4	177
1,1-2	107,116,125
1,3-11	135,145
2,6-11	87
4,10-20	234

4,21-23	220-242	5,23-28	137,227-241
		5,27-28	26, 247
		5,27	51

콜로새서

1-4	177		
1,1-2	108,116,125		
1,3-12	135		
1,3-14	146		
1,15-20	87		
4,7-18	220-242		
4,18	223,230,247		

테살로니카 2서

1-3	178
1,1-2	109,116,126
1,3-4	134,143,178
2,5	51
2,13	137, 138
3,16-17	227-241
3,17	51,247

테살로니카 1서

1-5	177
1,1	108,116,125
1,2-10	143,177
1,2-5	135
1,10	87
2,13-16	137
2,13	136-137
2,18	51
3,2	52
3,5	51,52
3,11-4,2	137
4,1-12	87

티모테오 1서

1,1-2	108,116,125
3,16	87
6,21	227-241

티모테오 2서

1,1-2	109,116,125
1,3-5	147
4,11	87-89
4,13	88
4,19-24	227-241

티토서
1,1-4   109,116,126
3,15   227-241

필레몬서
1-3   109,116,126
4-6   135, 144
8   69
14   69, 113
19   26, 227-247
23-25   227-241

주제

A-B-A′ 구조   209-210
감사
　감사 양식   133-134
　감사 양식의 도치 140-142
　감사의 부재   139
　감사의 중복   137
　파피루스 편지의 감사 양식
                129

고안(Inventio)   164
공동 저자   44
교차대구(Chiasm)   111, 201
　로마   204-205
　1코린   203-204
권고(Exhortatio)   157, 171
귀납법(Induction) 172
논박(Reputatio)   171
논증(Probatio)   169
　논증의 유형들   170
눈물의 편지   68, 82, 96, 140, 279
대조법(antithesis) 111
도입(Exordium)   166, 186-188
　로마   174-175, 189-190
　1코린   175, 182-183
　2코린   179-181
　갈라   175
　필리   176-177

콜로	177		필레	178
1테살	177		문체적 분석	85
2테살	178		바오로 서간집	23, 260
필레	178		서간집 제작	276
도입(Introduction)	142-147, 148		빅뱅 이론	256
동심 구조	193-212		진화 이론	253
로마	204-205		바오로의 관여	261
1코린	198, 209-211		바오로 편지 대조표	100-101
갈라	194-195		바오로 편지들	
두루마리	20-22, 267		편지들의 길이	265
로마서의 마침 영광송	225		편지들의 순서	268
맺음(Peroratio)	173		받아쓰기 기교	28
로마	174-175		발신자들, 복수의 발신자	
1코린	175, 182-183			49-50
2코린	179-180		배달인들	93, 248
갈라	175-176		배열(Arrangement, Dispositio, Taxis)	
필리	177			164-165, 198
콜로	177		법정 변론(Forensic oratory)	
1테살	177			155, 162
2테살	178		2코린	158

갈라	157		갈라	157
변증(Argumentatio)	166, 168-169		필리	161
본문 길이 측정법(stichometry)			콜로	158
	265		1·2테살	159
본문 줄(*stichos*)	265		필레	161
부분 서간집들	278-284		소스테네스, 공동 저자	
비서	23-28			45, 82
대리 저자	41		속기(tachygraphy)	30-37
받아쓰는 이	28		그리스어 속기	34-37
편집자	39		라틴어 속기	30-34
속기	30		수사적 질문	148
바오로의 비서	24, 230, 237		수사학 이론	180, 187, 191
사도로서의 사명	110		신뢰 문구	148
생략삼단논법(Enthymeme)			실바누스, 공동 저자	51-52
	172		양피지	22, 87-89
서간(Epistle)	101-102		에피쿠로스의 편지들	105
설득 연설(Deliberative oratory)			여담(Digressio)	168
	154, 162		1코린	190
로마	160		여행 계획	149
1·2코린	158		연설(수사술)	

연설의 요소들	164-165, 188	자	16
연설의 역사	162-164	자서전적 진술들(단락)	
연설의 유형들	154-155		149, 194,
연역법	172		199-200
예시(Example)	172, 194, 214-215	전에 써 보낸 편지(1코린 5,9)	96, 141, 279
왁스 칠된 서판들(나무판)	35, 39, 88	전통적 자료	184
		제본 책자	22
요청 문구	148	종결 문구	148
우편 제도	90-98	종이	15-16, 18-23
원고 교정자	39-41	주제 분할(Partitio)	169
융통성의 필요성	180, 187, 193	갈라	176
이행 기교들	148	콜로	177
인사		1테살	177
마침 인사	225	2테살	178
시작 인사	124	주제 제안(propositio)	168, 186
입맞춤 인사	238	로마	174-175, 189-190
잉크			
검은색 잉크	19	1코린	175, 190-191
빨간색 잉크	19	2코린	179-180

찾아보기 313

갈라	175-176		문체 기반의 논증	83-86
지시적 편지			로마서의 마침 영광송	
로마	160			225
1코린	158		사목서간의 친저성	114, 123,
필리	161			140, 228
진술(Narratio)	167		친필 서명	28, 230
로마	174-175		테두리 표시	22
1코린	175		테르티우스, 비서	24-25, 226,
2코린	179			236, 248
갈라	175-176		통일성	135, 184-185
필리	177		1코린	182-186
1테살	177		2코린	27, 180-182,
2테살	178			211-212
책	38-39		필리	27-28, 78,
철필(Stylus)	35			145
축복			1테살	136-138
마침 축복	220		티로, 비서	25, 31, 34,
시작 축복(감사)	128, 140-148			37-41, 46-
친저성	28, 85, 114,			47, 79, 248
	228-249		티모테오, 공동 저자	45, 51, 65

파피루스	15, 18-20, 22-23, 35			153-156, 159-160
펜	14-19		로마	160
펜촉	18		1테살	159-160
편지 결문	218		헤르메스	16-17
편지들			호감 사기(captatio benevolentiae)	
만남을 대신하는 도구				143
	105-106		확증(Confirmatio)	169
편지의 유형들	212-216		로마	174-175
편지 배달인들	91		1코린	175
바오로의 편지 전달자			2코린	179
	95-98		갈라	175-176
일반적인 편지 전달자			필리	177
	95		1테살	177
편지 수신자들	231		2테살	178
편지 인사말	106		필레	178
평화의 기원	220, 240		추신(Postscript)	242
필기 노트	39, 261			
해면	16, 19			
행사 연설(지시적 연설)				

역자 후기

　　　　　　　　　　　　　　이 책은 로마에서 바오로의 편지로 논문을 쓸 때 바오로 서간 입문서로 소개받은 책입니다. 바오로의 편지 내용보다, 당대에 편지가 어떻게 저술되었는지 그 방식과 형식을 세밀하게 소개하는 책으로 바오로의 편지들을 읽는 데 큰 도움이 되었습니다. 이 책을 읽다 보면 저자가 서문에서 밝혔듯이, 바오로의 편지가 정말 나에게 온 편지인 것처럼 가깝게 느껴집니다. 편지를 왜 쓰고, 어떻게 썼는지를 공부하다 보면, 바오로가 편지를 쓰기 위해 얼마나 많은 노력을 했으며, 그 어려움이 얼마나 컸을지를 깨닫게 됩니다. 아울러 상대방을 얼마나 세심하게 신경 쓰며 편지를 썼는지도 알게 됩니다. 또한, 당시 사람들을 설득할 때 어떤 수사학적 방법을 사용했는지를 공부하다 보면, 수사학을 전혀 알지 못한 채 편지들을 읽었을 때 잘 와 닿지 않던 부분들이 좀 더 쉽게 다가오는 것을 경험합니다. 분량이 아주 많지는 않지만, 책에 담겨 있는 정보는 성경, 특히 바오로 서간과 그 외의 편지로 된 글을 공부해 가는 이들에게 큰 도움을 줄 것으로 여겨집니다. 마치 성지 순례 안내서처럼 바오로의 편지를 포함한 신약성경의 모든 편지 글을 안내해 주는 책이라고 생각합니다.

이 책은 본래 부산가톨릭대학교 신학대학 4학년 학생들의 바오로 서간 수업 시간과 대학원 가톨릭 서간 세미나 시간에 로마 헬레니즘 시대의 편지 양식을 소개하는 부분에 사용하였습니다. 그러다가 2012년 대학원 세미나 과정의 학생들과 번역을 해 보았습니다. 그 작업을 도왔던 윤성완, 김유태, 이시몬, 임성섭, 서성민, 유상우, 최연수, 강호성, 김승태, 이정철 신부와 서지원 학생에게 감사드립니다. 이제야 번역 작업이 마무리되어 책이 나오게 되었습니다. 최종 원고를 읽고 교정을 도와준 오정환 부제와 정병진 신학생, 어려운 여건에서도 책을 출간해 준 성서와함께 출판사에 감사드립니다. 이러한 노력들이 한국 가톨릭교회의 성경 연구에 밑거름이 될 수 있기를 바랍니다.

염철호 사도 요한 신부

편지를 쓴 바오로

서울대교구 인가: 2018년 4월 13일
초판 1쇄 펴낸날: 2018년 11월 19일
지은이: 제롬 머피 오코너
옮긴이: 염철호
펴낸이: 백인실
펴낸곳: 성서와함께
06910 서울특별시 동작구 흑석로13길 7
Tel (02) 822-0125~7/ Fax (02) 822-0128
http://www.withbible.com
e-mail: order@withbible.com
등록번호 14-44(1987년 11월 25일)

ⓒ 2018 성서와함께
성경 ⓒ 한국천주교중앙협의회

ISBN 978-89-7635-335-1 93230

이 도서의 국립중앙도서관 출판예정도서목록(CIP)은
서지정보유통지원시스템 홈페이지(http://seoji.nl.go.kr)와
국가자료공동목록시스템(http://www.nl.go.kr/kolisnet)에서
이용하실 수 있습니다. (CIP제어번호 : CIP2017000104)